카인드 스토리
Do the KIND Thing

카인드 스토리

한 조각 스낵에 담은 비즈니스 철학

대니얼 루베츠키 지음 | 박세연 옮김

DO THE KIND THING:
THINK BOUNDLESSLY, WORK PURPOSEFULLY, LIVE PASSIONATELY
by DANIEL LUBETZKY

일러두기
• 모든 각주는 옮긴이주다.

이 책은 실로 꿰매어 제본하는 정통적인 사철 방식으로 만들어졌습니다.
사철 방식으로 제본된 책은 오랫동안 보관해도 손상되지 않습니다.

매일 더 좋은 사람이 되라고 내게 영감을 불어넣어 주는
우리 아이들 로미, 요나, 앤디, 내털리, 그리고 내 아내 미셸에게

서문

　이 책을 펼치기 전에, 여러분은 카인드KIND의 모토, 〈친절한 일을 하라*Do the KIND thing*〉라는 말을 들어 본 적이 있는가? 그리고 그 진정한 의미를 생각해 본 적이 있는가? 이 말의 핵심은 우리 자신의 몸, 맛봉오리, 그리고 우리가 살아가는 세상을 위해서 친절한 일을 해야 한다는 것이다. 가령, 우리는 영양이 풍부하면서도 맛있는 음식을 먹고, 다른 사람들에게 친절한 행동을 하도록 영감을 불어넣음으로써 그렇게 할 수 있다. 하지만 내게 〈친절한 일을 하라〉라는 말은 그 이상을 의미한다. 이는 내가 생각하고, 행동하는 방식에 관한 것이며, 카인드가 사람들의 신뢰를 얻고 유명한 브랜드가 될 수 있도록 도움을 주는 10가지 원칙으로 요약할 수 있다. 그리고 우리 기업의 문화를 구축하고 강화하도록 우리 직원들을 상기시켜 줄 수 있는 도구이자, 이 세상을 좀 더 친절한 공간으로 만들어 나가기 위해 우리가 추구해야 할 가치다. 나의 소망은 여러분이 이 책을 읽는 동안 〈친절한 일을 하라〉라는 말의 의미를 정확하게 이해하고, 그러한 이해를 바탕으로 틀에서 벗어나 생각하고, 목적의식을 갖고 일하며, 그리고 열정적으로 살아가는 것이다.

차례

서문   7

1장   **<그리고>와 더불어 사고하기** 잘못된 타협을 피하는 방법   11

2장   **목적** 열정의 원동력   29

3장   **끈기** 비전을 향해 흔들림 없이 달려 나가다   67

4장   **진실과 원칙** 브랜드와 자신에게 진실하자   105

5장   **단순함을 유지하기** 흔들리지 않기 위한 기준   145

6장   **독창성** 틀을 깨고 사고하기   185

7장   **투명성과 진정성** 열린 의사소통의 가치   219

8장   **공감** 공동체를 연결하고 창조하기 위한 역량을 이끌어 내기   253

9장   **신뢰** 다른 사람들이 이끌어 가도록 하기   299

10장 **주인 의식과 풍부함의 문화** 지구력 강한 문화 구축하기   325

카인드 성장 도표 혁신 연대표 | 판매량 | 유통 | 조직　　　　　356

감사의 글　　　　　361
찾아보기　　　　　367

1장
<그리고>와 더불어 사고하기
잘못된 타협을 피하는 방법

때는 1994년 5월이었다. 어머니날을 일주일 앞두고, 나는 초조한 마음으로 전화기만 바라보고 있었다. 뉴욕 시 전역의 지역 신문들에 작은 광고를 내서 나의 새로운 벤처 기업이 출범했다는 소식을 알린 터였다. 우리 벤처 기업에서는 아랍인과 이스라엘인들이 함께 협력해서 목욕용 사해 소금, 핸드크림, 진흙 마스크 등 우리가 선물 바구니 세트로 출시한 피부 관리 용품들을 만들어 내고 있었다. 나는 신문 광고를 통해 우리의 제품이 어머니들을 위한 완벽한 선물이 될 것이라는 점을 강조했고, 이와 더불어 진지한 평화의 메시지를 전하고 있었다.

조만간 주문이 밀려들 것을 기대하며, 나는 좁은 원룸형 아파트에 검은색 이케아 책상과 중고 의자로 <사무실>을 차렸다. 나의 유일한 걱정은 폭주하는 주문들을 어떻게 처리할 것인가였다.

나는 초등학교 시절부터 사업을 했다. 우선 내가 태어난 멕시코시티의 동네 아이들을 대상으로 마술쇼를 선보였다. 그리고 스물다섯 무렵에는 월 스트리트 변호사의 꿈을 접고 스스로 회사를 설립했다. 그 회사는 내가 생각하기에 세상을 바꿀 수 있는 획기적인 아이디어에 기반을 두고 있었다. 그것은 갈등으로 분열된 사람들 사이에 경제적 협력을 구축하고, 이를 통해 모두가 서로를 이해하고, 함께 미래를 개척해 나가고, 그리고 평화를 되찾을 수 있도록 도움을 주는 것이었다. 나의 소망은 사람들 사이에 다리를 놓는 일이자, 비즈니스를 기반으로 지역 주민들이 더 가까워질 수 있도록 도움을 주는 일이었다.

나는 《《오로지》 수익만 추구하는 것은 아닌》 기업을 얼마든지 세울 수 있다고 믿었다. 훌륭한 제품들을 판매하면서, 〈그리고〉 동시에 더 좋은 세상을 만들기 위해 작은 역할을 담당하는 그런 회사를 만들고자 했다. 두 가지 중에서 오직 하나만 선택할 필요는 없다고 생각했다. 우리 회사는 두 가지 목표를 동시에 성취할 수 있었다. 하지만 그러기 위해서는 우리 제품들을 사도록 우선 소비자들을 설득해야 했다.

일주일 전, 배송 트럭 기사로부터 84번가 두 번째 도로 끝에 위치한 아파트 8A호에 있는 사무실로 전화가 걸려 왔다. 사해 화장품이 드디어 도착했다는 것이었다.

나는 건물 인터콤으로 말했다. 「가지고 올라와 주세요.」

하지만 기사는 퉁명스럽게 대답했다. 「이해를 못 하셨나 본데, 아래로 내려오셔야 합니다.」

나는 일단 시험적으로 해외 판매업자들에게 미네랄이 들어 있는 머드 마스크, 아보카도 오일이 함유된 핸드크림, 다양한 에센셜 오일이 첨가된 목욕용 사해 소금, 그리고 여러 가지 머드 비누들을 몇백 개씩 보내 달라고 요청했다. 그리고 그것들을 내 조그마한 사무실 구석에 쌓아 놓고 쉽게 팔 수 있을 거라 생각했다.

하지만 아래로 내려왔을 때, 나는 내가 주문한 것들이 약 6미터 길이의 컨테이너 트럭 전체를 덮고 있는 모습에 놀랐다. 나는 트럭 기사와 함께, 이스라엘과 이집트, 터키, 팔레스타인에 있는 업체들이 협력을 통해서 생산한 말린 토마토 스프레드 샘플로 이미 가득 차 있는 사무실 안으로 박스들과 선물용 바구니 포장 자재들을 하나씩 옮기기 시작했다. 천장 꼭대기까지 빽빽하게 상자들을 쌓고 난 뒤에도, 나는 나머지 재고들을 쌓기 위해 결국 건물 주인에게 사정해 쓰레기 압착기가 놓여 있던 건물의 지하 공간까지 빌려야 했다. 동굴처럼 아득한 그 지하 공간은 이후 2년 동안 나의 새로운 사무실이 되어 주었다.

이제 회사는 공식적으로 내 삶을 전부 차지하게 되었다. 이불을 깔고 바닥에 누웠을 때, 나는 언제라도 나를 덮칠 것만 같은 상자들의 높다란 성벽을 바라보아야 했다.

그래도 나는 고생을 감수할 만한 가치가 있는 일이라 생각했다. 베두인족과 유대인들이 함께 사해 화장품을 만든다는 아이디어는 부드러운 피부와 평화로운 공존을 소중하게 생각하는 모든 엄마들을 분명히 기쁘게 할 터였다. 그리고 이러한 참신하고 획기적인 아이디어 덕분에 전화 주문이 끊임없이 밀려들 거라고 기대했다.

그렇게 한 주가 지났다. 어머니날이 찾아왔고, 그리고 지나갔다. 하지만 단 한 명의 소비자도 내 선물 바구니를 사지 않았다. 문의조차 없었다. 당연히 매출도 없었다. 이제 나의 자금 대부분은 어디에도 옮겨 놓을 수 없는 재고에 묶여 버렸다. 게다가 에센셜 오일의 향은 숨을 쉴 수 없을 정도로 지독했다.

우울했다. 겁이 났다. 내 꿈이 사라져 버리고 있다는 걱정과 함께, 집세를 어떻게 내야 할지 막막했다.

부모님께서 뭐라고 하실지 걱정이었다. 우리 부모님은 이미 내가 로스쿨 졸업장을 낭비하고 있다고 걱정하고 계셨다. 나는 친척들을 포함한 우리 가족 중에서 최초로 대학원을 졸업한 사람이었다. 나치의 대학살에서 살아남은 유대인 아버지의 아들로서, 그리고 자녀 교육을 뒷바라지하기 위해 희생을 감내한 부모님의 아들로서 강한 책임감과 죄책감이 밀려들었다.

하지만 이것은 나의 열정이었다. 그리고 사명이었다. 나는 목표를 향해 달려 나가야 했다. 멈출 수 없었다. 일이 돌아가게 해야 했다.

주말에 나는 낡은 인조 가죽 서류 가방에 샘플 몇 개를 집어넣고는, 상자들이 무너지지 않도록 조심하면서 아파트 문을 닫고 거리로 나왔다. 재고들을 모두 처분하려면, 맨해튼 전 지역을 집집마다 돌아다니면서 모든 소비자들을 개인적으로 설득해야 했다.

〈그리고〉 철학 — 카인드의 첫 번째 원칙

이 책은 피스웍스PeaceWorks의 사해 제품을 시작으로, 그 경험에서 진화한 스낵 식품 업체인 카인드에 이르기까지, 사람들 사이에 다리를 구축하는 비즈니스를 창조하는 과정에 인생을 바치면서 내가 깨달은 것에 관한 이야기다. 2014년까지 카인드는 매년 10만 곳이 넘는 매장을 통해서 10억 개 이상의 카인드 스낵 바와 카인드 클러스터를 판매했다. 뜻밖의 친절한 행동을 실천함으로써(그리고 공동체 사람들이 실천하도록 영감을 불어넣음으로써), 카인드의 사회적 사명을 실현하는 카인드 무브먼트KIND Movement는 이미 백만 명이 넘는 사람들과 관계를 맺었다.

많은 신생 기업들의 경우와 마찬가지로, 우리 회사의 운영 과정 역시 순조롭지 못했다. 지난 20년의 세월은 열광적인 흥분과 절망적인 좌절을 극단적으로 오가는 상승과 하락의 연속이었다. 기업가 정신은 심약한 사람들을 위한 것이 아니다. 그리고 그 이야기가 결국 어떻게 흘러가게 될 것인지 예측하는 것은 불가능하다. 다만 우리가 갖고 있는 것은 확신과 성실함, 그리고 포기를 모르는 단호함이다.

이 책을 관통하고 있는 한 가지 주제는, 내가 그 여정을 따라 확인하고 있는 놀라운 요인인 〈그리고〉 사고방식thinking with AND의 힘이다. 사람들은 종종 주변 상황으로 인해 모순된 것처럼 보이는 두 가지 선택권 중에서 하나만을 선택하려 한다. 가령, 맛이 좋은 스낵 바, 혹은 몸에 좋은 스낵 바 중에서 하나를 선택한다. 카인드 사람들은 이러한 잘못된 타협에서 벗어나는 새로운 길과 모델을 창조하고 있다는 사실에 자부심을 느낀다. 우리는 〈또는〉 대신에 〈그리고〉를 말한다.

〈그리고〉 철학은 카인드의 핵심적인 사고방식으로, 우리는 내부적으로 이를 〈카인드 브랜드 철학〉이라고 부른다. 그 핵심은 선입견에 도전하고, 창조적으로 생각하는 것이다. 그리고 낮은 위험에 안주하지 않고, 기꺼이 모험을 무릅쓰고, 이를 위해 더 많은 투자를 한다. 〈그리고〉 철학은 단지 긍정적인 사고방식이나 선한 태도와는 다르다. 비판적으로 사고하는 법을 배우고, 단기적으로 더 힘들어 보이는 길을 선택하는 것이다. 건강하〈고〉 맛있는, 간편하〈고〉 몸에 좋은, 경제적으로 유지 가능하〈고〉 사회적으로 의미 있는 방식을 추구하는 것이다.

최고의 아이디어들 가운데 몇몇은 돌이켜 보면 가장 자명해 보이는 것들이다. 어려운 것은 너무나 익숙해져 있어서 전혀 새로울 것이 없어 보이는 상황에서 그러한 기회들을 발견하는 것이다. 우리의 두뇌는 효율성을 유지하기 위해서 더 이상 타당하지 않은(혹은 예전에도 타당하지 않았던) 일반적인 아이디어와 생각들을 그대로 받아들이려는 경향이 있다. 심리학자들이 휴리스틱*heuristics*이라고 부르는 이와 같은 지름길은 우리가 정보를 처리하고, 신속하게 결론에 도달하는 과정에 많은 도움을 준다. 하지만 동시에 장기적인 가능성을 고려하지 못하는 성급한 접근 방식으로 우리를 몰아간다. 여기서 〈그리고〉 사고방식은 우리가 이러한 정신적 지름길로부터 벗어나는 것을 의미한다. 카인드 사람들은 천천히 생각하고, 기존에 갖고 있던 근본적인 가정들에 끊임없이 질문을 던지고, 브레인스토밍을 반복적으로 활용함으로써 기존의 가정으로부터 자유로운 새로운 해결책들을 발견해 낸다.

이러한 활동은 우리의 창조적인 과정에서 핵심을 차지하고 있다. 카인드에서 제품을 설계할 때, 우리는 비용 계산이나 생산성 향상과 같은 여러 실질적인 제약들이 초기 단계부터 필터로 기능하도록 내버려 두지 않는다. 물론 비용은 중요한 문제다. 우리도 적은 것으로 많은 것을 만들어 내는 전략과 기술을 중요하게 생각한다. 하지만 그러한 분석 작업은 열린 브레인스토밍 이후에 와야 한다. 그렇게 하지 않았더라면, 우리는 땅콩과 과일을 듬뿍 집어넣은 카인드 바를 결코 생각해 내지 못했을 것이다. 유화제를 섞거나 으깬 반죽으로 만드는 생산 방식보다 훨씬 더 어렵고 비싸기 때문이다. 하지만 〈그리고〉 사고방식을 통해, 우리는 이와 같은 추가 투자가 그만한 가치가 있다는 사실을 깨닫게 되었다. 최고의 경쟁 업체 열 곳에서 가장 잘 팔리고 있는 제품들은 균질한 반죽 덩어리로 만든 것들이다. 하지만 소비자들은 이러한 슬래브 바slab bar*에 대해 많은 불만을 갖고 있다. 그러한 식품에는 순수함과 영혼이 담겨 있지 않다.

〈그리고〉 철학에는 돈이 든다. 우리는 견과류와 씨앗을 통째로 사용하는데, 이것들은 제각각 크기와 모양이 달라서 광고보다 좀 더 크게 생산되는 경우가 많다. 하지만 그렇다고 해서 더 비싼 가격을 요구할 수는 없다. 때로는 표준 중량 〈이하〉의 제품들이 나오기도 한다. 그런 것들은 무료 샘플로 사용한다. 이와는 반대로, 성분들을 으깨어 반죽의 형태로 만드는, 전통적인 방식으로 생산된 바들의 중량은 모두 균일하다. 그렇기 때문에 우리의 생산 방식에는 비용이 더 많이 든다. 그래도 소비자들은 우리 제품의 품질이 더 좋다는 사실을 인정한다. 게다가 〈그리고〉 사고방식은 더 힘들다. 그러나 점점

* 슬래브는 일정 두께를 가진 평평한 판을 말한다. 첨가물들을 완전히 으깨서 반죽의 형태로 만든 평판을 자르기 때문에, 산업 내에서는 그렇게 부른다.

높아지고 있는 우리의 시장 점유율이 보여 주듯이, 완벽함을 향한 열정을 갖고 있다면, 즉 잘못된 타협에서 벗어나려는 의지를 갖고 있다면, 장기적으로 승리할 수 있다.

기존의 가정에 질문을 던짐으로써, 우리는 민첩하게 움직이고, 또한 안주하지 않게 된다. 모든 것이 잘 돌아가고 있다고 해서, 계속해서 궤도를 따라 올라갈 것이라고 기대해서는 안 된다는 사실을 우리는 배웠다. 우리는 기존의 전략들을 끊임없이 비판적으로 바라본다. 다음번 경쟁 위협은 어디서 올 것인가? 어떻게 새로운 제품을 개발하〈고〉 어떻게 핵심 제품군을 지킬 것인가?

〈그리고〉 철학은 기업가들을 위한, 특히 사회적 기업가들을 위한 훌륭한 도구다. 사회적 기업가란 우리 사회의 문제를 해결하고, 그리고 창조적인 방식으로 사회가 변화하는 흐름에 영향을 미치려는 사람들을 말한다. 본질적으로, 기업가 정신은 가치를 창조할 수 있는 기회들을 항상 모색한다. 사회적 기업가들은 사회 속에서 문제점을 확인하고, 세상을 더 좋은 곳으로 만들 수 있는 해결책을 발견하는 반면, 일반적인 기업가들은 시장에서 빈 공간을 발견하고, 이를 채움으로써 경제적 이익을 도모한다. 시장의 힘을 잘 인식하고 있는 사회적 기업가들은 사회적 목표와 비즈니스 목표 모두를 조화로운 방식으로 달성하고자 한다. 또한 〈그리고〉 사고방식은 근본적인 가정에 직면하고, 서로 긴장 관계에 있는 목표들을 발견하도록 우리를 압박함으로써, 사회적 문제들을 해결하면서 〈동시에〉 시장의 빈 공간을 발견할 수 있도록 도움을 준다. 일단 우리가 성취하고자 하는 모순된 목표들, 그리고 그러한 목표들이 상호 작용하는 방식을 이해했다면, 이제 여러분은 두 가지 목표를 동시에 달성할 수 있는 창조적인 방법들에 대한 고민을 시작할 수 있다.

카인드 비즈니스의 또 다른 원칙들

〈그리고〉 철학 이외에도, 다른 여러 가지 핵심 원칙들이 삶과 비즈니스에 대한 나의 접근 방식을 이루고 있다. 〈그리고〉 철학은 카인드가 하고 있는 모든 일들의 기반이다. 이것은 카인드의 첫 번째이자 가장 중요한 원칙에 그치지 않고, 우리가 하고 있는 일들 전반에 걸친 아홉 가지 핵심 원칙들을 뒷받침하고 있다. 다음의 아홉 장에서 나는 그 원칙들을 하나씩 다뤄 나갈 것이다.

2. 목적

목적이란 우리가 아침에 일어나 출근을 하고, 최선을 다해 일하는 이유다. 기업에 실질적인 사명이 있을 때, 이는 구성원들을 하나로 끌어모으는 구심점으로서 기능한다. 여러분과 마찬가지로, 조직의 구성원들은 함께 공유하고 있는 기업의 발전을 위해 쏟아붓는 노력이 더 숭고한 사회적 목표를 달성하는 과정에 도움이 된다고 느낀다. 2장에서는 세상을 좀 더 친절한 공간으로 만드는 동시에 비즈니스를 발전시켜 나가는 카인드의 통합적 사명, 그리고 수익만을 추구하지 않는 비즈니스 모형에서 카인드 무브먼트에 이르기까지 우리가 만들어 나가는 모든 것들에 사명을 불어넣는 방법에 대해 설명하고 있다. 2장에서는 목적을 통해 얻을 수 있는 추가적인 비즈니스 이익, 그리고 그러한 이익이 존재하기 위해 필요한 조건들에 대해 자세하게 이야기하고 있다. 또 다른 중요한 것으로, 기업이 목적으로부터 얻을 수 있다고 알려진 특정한 이익에 대한 미신을 떨쳐 버리고, 기업과 개인이 목적을 발견하기 위한 방법들을 공유하고 있다.

3. 끈기

새로운 벤처 기업을 시작하는 일이 힘들다는 것은 누구나 다 아는 사실이다. 끝까지 달려가는 사람과 중간에 포기하는 사람들 사이의 차이는 끈기, 다시 말해 목표를 달성할 때까지 버티는 지구력에 달려 있다. 끈기는 목적으로부터 큰 힘을 얻는다. 우리가 자신의 일에서 숭고한 목적을 발견할 수 있을 때, 그 어느 것도 우리를 가로막지 못할 것이다. 그리고 끈기를 지탱하는 세 개의 닻이 있다. 그것은 바로 확신과 자기 평가, 그리고 결단력이다. 깊이 있는 분석과 진지한 자기 성찰은 끈기를 만들어 낸다. 특히 〈그리고〉 사고방식과 결합되었을 때, 끈기는 산을 옮길 수 있는 엄청난 힘을 발휘한다. 3장에서 나는 결국 엄청난 보상을 거두었던 창조적인 끈기의 사례들을 여러분과 함께 공유하고 있다.

4. 진실과 원칙

브랜드에 대한 진실함은 많은 이들이 생각하는 것보다 더 힘들고 더 중요하다. 모든 브랜드들은 저마다 고유한 가치와 특성을 드러낸다. 여러분이 지금 브랜드를 잘못된 방향으로 몰아가고, 혹은 메시지를 흐리고 있다면, 소비자들은 배신감을 느낄 것이다. 유행을 쫓고, 다양한 소비자층을 동시에 만족시키려 하거나, 브랜드의 약속에 대한 진지한 고민 없이 무조건 빨리 사업을 확장하려는 유혹은 기업을 죽일 수 있다. 브랜드의 약속을 실현하려 들기 전에, 우리는 그 약속이 정말로 무엇을 의미하는지에 대해 이해할 필요가 있다. 우리의 브랜드는 무엇을 지향하고 있는가? 그리고 고유한 가치 제안은 무엇인가? 4장에서는 피스웍스에서 내가 겪었던 초창기 시절의 경험(그때 나는 너무나 열정적이고, 빨리 시작하고 싶은 마음이 컸기에 치명적인 실수를 저지르고 말았다), 그리고 모두를 만족시키려 하기보다 지속적인 성장을 추구하는, 보다 집중적이고 원칙적인 카인드의 접근 방식을 비교하고 있다.

5. 단순함을 유지하기

5장에서는 단순함을 유지하고, 비즈니스와 삶에서 중심을 지켜야 한다고 말하는, 흔히들 과소평가하는 덕목에 대해 살펴보고 있다. 단순함의 원칙은 브랜드와 제품, 문화, 운영 등 카인드의 모든 측면에 스며들어 있다. 카인드의 직설적인 브랜드 이름, 특성을 그대로 설명하는 제품 명칭, 최대한 자연과 가까운 식품에 대한 약속, 그리고 솔직한 마케팅 스타일은 우리가 노출되어 있는 현대 사회의 복잡함에 대한 반발이기도 하다. 카인드의 투명한 업무 환경과 중심을 잃어버리지 않는 문화는 성공의 중요한 요인이다. 단순함은 또한 겸손과도 밀접하게 연결되어 있는 원칙이다. 강한 리더는 자만을 경계함으로써 공정하지 못한 판단을 멀리한다. 기업의 시장 영향력, 그리고 자신의 판단 능력에 대한, 회의주의를 뛰어넘은 편집증은 건강한 것이다.

6. 독창성

카인드 사람들은 오랜 기간에 걸쳐 우리가 개발한 엄격한 절차를 활용하는 브레인스토밍을 통해서 최고의 아이디어를 발견한다. 창조성을 향한 우리의 접근 방식은 우선 최대한 넓은 범위에서 모든 아이디어들을 그대로 받아들이는 것이다. 불가능하거나 믿기 힘든 이상한 아이디어들까지 모두 받아들이고 난 뒤, 그다음으로 우리는 그것들을 걸러 낸다. 이를 통해 우리는 여러 가지 목표를 동시에 달성하고, 〈그리고〉 철학과 조화를 이루는 신선한 아이디어를 찾아낸다. 이는 새로운 비즈니스를 시작할 때에만 해당되는 것은 아니다. 기존의 비즈니스를 개선하고 새롭게 혁신하는 과정에도 중요하다. 비판적인 사고와 분석 작업은 우리의 마케팅 캠페인과 세일즈 전략, 그리고 신제품 개발을 뒷받침하고 있다. 혁신은 기업의 성장에 핵심적인 요인이지만, 진정한 혁신과 진정한 브랜딩 사이에서 균형을 잡을 수 있어야 팬들을 혼란에 빠트리거나 브랜드에 피해를 입히지 않을 수 있다. 6장에서는 이러한 균형을 상실했을 때 벌어질 위험에 대해 설명하면서, 카인드의 혁신이 어떻게 우리 브랜드가 지향하는 바를 실현하고 있는지를 보여 준다. 또한 일상적인 생활에도 도움을 주는, 틀을 벗어나서 생각하는 방법에 대해서도 논의하고 있다.

7. 투명성과 진정성

투명성과 진정성은 소비자들이 카인드에서 쉽게 연상하는 가치일 것이다. 그것은 주로 우리가 영양 및 건강 스낵 바 카테고리에서 처음으로 선보였던 투명한 포장지의 물리적인 투명성 때문일 것이다. 하지만 우리에게 투명성은 이보다 더 많은 것을 의미한다. 투명성은 카인드가 비즈니스의 모든 측면에서 전달하고 있는 진정성과도 밀접한 관련이 있다. 사람들은 우리의 이러한 특성을 인식한다. 투명성과 진정성은 필요할 때 실수를 인정하고, 그리고 모든 문제들을 해결 불가능한 것으로 치부하려 들지 않는 태도를 의미한다. 공급업체나 고객 업체들과의 관계에서, 투명성은 정보 공유를 의미하는 것으로, 이를 기반으로 우리는 일반적으로 거리가 먼 관계를 전략적인 협력 관계로 전환할 수 있다. 공동체와 소비자들과의 관계에서, 투명성은 우리의 장점만이 아니라 한계에 대해서도 솔직하게 이야기한다는 것을 의미한다. 그리고 내부적인 차원에서는, 직원들 사이에 개방적이고 솔직한 의사소통을 장려하고, 그들과 기업의 세부적인 금융 정보까지 함께 공유한다는 뜻이다.

8. 공감

공감, 즉 다른 사람의 감정을 이해하고 함께 느끼는 능력은 대단히 중요하다. 비록 리더십에서 저평가된 자질이기는 하지만, 공감 능력은 신뢰의 문화를 구축하는 데 도움을 준다. 어떤 기업이든 직원들의 주요 관심사들 중 하나는, 관리자들이 얼마나 그들과 그들의 업무적 성장에 진심으로 관심을 기울이고 있는가에 관한 것이다.

나는 특히 공감에 익숙하다. 다리를 연결한다는 것은 곧 내가 하는 모든 일에서 공통점을 발견한다는 것이며, 그것은 내가 이타적인 영혼이어서가 아니라, 합리적인 이기심으로부터 비롯된 것이다. 홀로코스트 생존자의 아들로서, 나는 아버지에게 일어났던 비극이 다른 이들에게는 절대 일어나지 않도록 하겠다고 다짐했다. 8장에서는 아버지의 이야기와 아버지가 내게 미친 영향에 대해 자세하게 다루고 있다. 그리고 카인드 무브먼트의 발전 과정에 대해 구체적으로 설명하고, 중동에서 평화를 구축하기 위해 내가 했던 여러 가지 사업들을 소개하고 있다. 또한 특히 인생의 힘든 순간에 박애주의에 대한 의무감과 가족에 대한 책임감 사이에서 겪어야만 했던 갈등에 대해서도 솔직하게 밝히고 있다.

9. 신뢰

1인 기업으로 비즈니스를 시작했기 때문에, 처음에 나는 모든 일을 해야만 했고, 그 과정에서 비즈니스의 다양한 측면에 대해 전반적으로 이해할 수 있게 되었다. 카인드의 초기 단계에서, 나는 여러 가지 업무들을 한꺼번에 처리하기 위해서 열정적인 제너럴리스트들로 이루어진 소수 정예 팀에 의존해야만 했다. 하지만 조직이 커지면서, 점차 스페셜리스트들을 필요로 하게 되었고, 그와 함께 나의 역할도 바뀌었다. 이제 나는 비전을 제시하고, 직원들에게 영감을 불어넣고, 조직을 관리하는 일을 맡고 있다. 나는 카인드의 문화에 영양분을 공급하고 있으며, 이를 위해서는 내가 언제 물러서서 다른 사람들이 이끌어 가도록 허락해야 하는지를 정확하게 알고 있어야 한다. 직원들을 신뢰하고, 권한을 부여하고, 그리고 그들을 위한 공간을 마련해 주는 것뿐만 아니라, 우리의 브랜드와 가치를 지키기 위해 내가 언제 개입해야 하는지를 아는 것 역시 중요한 과제가 되었다. 9장에서 나는 어떻게 이러한 교훈들을 깨닫게 되었는지는 물론, 수년 동안 우리 회사의 자문들로부터 들었던 조언들에 대해 이야기하고 있다.

10. 주인 의식

주인 의식이라 함은 무엇보다 하나의 태도를 의미한다. 주인 의식으로 가득한 문화는 도전적이고, 탄력적이고, 그리고 유연하다. 주인 의식을 갖는다는 말은, 우리가 자신보다 더 큰 존재(하나의 거대한 가족)의 일부라는 사실을 인식하고, 서로를 신뢰하고, 그리고 자신보다는 함께 공유하고 있는 과제를 먼저 생각해야 한다는 암묵적인 합의를 받아들인다는 의미다. 이러한 문화를 구축하기 위한 첫걸음으로, 우리는 금전적인 인센티브를 제공하고 있다. 사장에서 사무실 청소를 담당하는 직원에 이르기까지, 카인드의 모든 풀타임 직원들은 스톡옵션을 가지고 카인드의 지분을 소유할 수 있고, 그렇게 함으로써 그들은 우리의 비즈니스에 직접적인 경제적 이해관계를 갖게 된다. 하지만 그것만으로는 충분치 않다. 주인 의식은 인간의 정신을 이끌어 내는 것이다. 다시 말해, 개인의 힘과 그 힘으로부터 나오는 책임감에 대한 인식을 활용하는 것이다. 카인드에서, 그리고 이 책에서 나는 회사의 주주이자 공동 소유주로서 스스로 사고하도록 권한을 부여받은 직원들을 언급하면서 〈피고용인〉이라는 표현은 사용하지 않고 있다(그 말에는 복종의 의미가 담겨 있다).

이 책 전반에 걸쳐 위의 아홉 가지 원칙들을 논의하면서, 나는 신제품 개발에서 마케팅에 이르기까지, 인적 자원에서 재무 계획에 이르기까지, 그리고 전략 기획에서 사회적 사명에 이르기까지, 모든 분야와 업무에서 카인드가 각각의 원칙을 통해 성과를 이끌어 낼 때 〈그리고〉 철학이 어떤 도움을 주었는지를 잘 보여 주는 사례들을 함께 나누고 있다. 이와 관련하여, 나는 성공보다는 많은 실패로부터 내 자신과 비즈니스에 대해 더 많은 것들을 깨닫게 되었다. 카인드에서 이룬 많은 성취들이 과거의 실수에서 배웠던 교훈들 덕분이라고 믿기 때문에, 분명하게도 나는 이 책을 통해 여러분과 함께 많은 실수 사례들을 공유하고자 한다.

카인드의 길

오랫동안 사람들은 돈을 벌기 위해서는 열심히 일을 해야 하고, 삶의 의미와 성취감은 일에서 벗어나 발견할 수 있다고 믿었다. 그러나 이제 우리는 경제적 성공, 〈그리고〉 자신이 관심을 기울이고 있는 사회적 목표를 동시에 성취할 수 있고, 기업을 위해 일을 하고, 〈그리고〉 이 세상을 좀 더 좋은 곳으로 만드는 노력에 참여할 수 있으며, 자신의 일 속에서 보수, 〈그리고〉 목적을 동시에 발견할 수 있다는 사실을 점차 깨달아 가고 있다.

틀을 벗어나 사고하는 접근 방식은 기업 세상의 전통적인 지혜에 종종 저항한다. 카인드에서 〈그리고〉는 단지 최고의 원칙으로만 작용하지 않는다. 이는 모든 직원들이 일상적으로 활용할 수 있는 안내 지침이기도 하다. 우리는 어떤 가정에 도전해야 할까? 서로 배타적으로 보이지만 동시에 성취 가능한 선택권들에는 어떤 것들이 있는가? 왜 한 가지 제품이나 전략을 가지고 여러 가지 목표를 달성할 수는 없는 것일까? 지금의 가정과 행동 방식은 여전히 타당한 것인가? 상상 속의 한계가 우리를 가로막고 있는 것은 아닌가?

〈그리고〉 사고방식은 업무 현장을 넘어선다. 우리는 개인적인 만족감을 가로막고 있는 가정에 도전할 수 있다. 지금의 상황을 있는 그대로 받아들여야 할 이유는 없다. 우리에게 필요한 것은 다만 질문을 던지는 것이다. 왜 그런 식으로 해야 하는가? 기본적인 접근 방식이 〈또는〉이 아니라, 〈그리고〉일 때, 비로소 우리는 각자의 삶에서 더 많은 것들을 얻지 못하도록 가로막고 있는 장애물들을 허물기 시작한다.

20년 전 처음으로 방문 판매를 시작했을 때, 나는 문제를 기회로 바라보고, 창조적인 생각과 자아 성찰, 그리고 자기 평가의 힘을 발휘하기 위해서 무엇이 필요한지 깨닫게 되었다. 나는 꿈을 꾸는 것이 성공을 향한 여정을 떠올리고, 성공으로 나아가도록 도움을 주고, 그리고 실천이 뒷받침되는 한, 그러한 상상은 경쟁자들과 스스로를 차별화시키는 힘을 갖고 있다는 사실을 배웠다.

어떤 이들은 나를 낙관주의자라고 부르지만, 그들은 사실 중요한 점을 놓치고 있다. 나는 스스로를 행동가, 다시 말해 현재의 상황을 그대로 받아들이지 않고 변화를 모색하는(바라건대 더 나은 방향으로) 사람이라 생각한다. 차이를 만들어 내기 위해서는, 아이디어뿐만 아니라, 이를 실현하고자 하는 결단력과 자세가 필요하다. 나는 그러한 자질을 우리 가족의 역사(희망, 그리고 어둠을 헤쳐 나가는 끈기에 관한 이야기)로부터 얻었다. 그러한 이야기들은 언제나 내 마음속에서 타오르고 있었고, 평생 동안 내가 지금의 일에 전념할 수 있도록 힘을 주었다. 나는 어릴 적부터 우리는 하나의 인간으로서 서로에게 친절을 베풀고, 그리고 다리를 연결해야 할 책임을 지고 있다는 것을 믿으며 자라났다.

다른 사람들을 만날 때, 나는 내가 스낵 푸드 비즈니스에 종사하고 있다는 사실에 한 가지 특별한 장점이 있음을 깨닫게 된다. 출장, 혹은 가족 여행을 하는 동안, 나는 언제나 카인드 바 세 상자를 들고 다니면서, 사람들에게, 특히 타인에게 친절을 베푼 사람들에게 이를 나누어 준다. 카인드 바를 먹어 본 사람들 중 열에 아홉은 실제로 구매를 하고, 친구들에게 추천을 하기 때문에, 이러한 나의 행동이 전적으로 이타적인 것은 아니지만 그 안에는 〈그리고〉의 개념이 함께 들어 있다. 나의 더 큰 소망은 이들이 우리가 이끌고 있는 운동에 함께 참여하고, 우리 제품을 구매하는 것은 물론 친구들과 공유하며, 우리와 함께 〈친절한 일을 하라〉 캠페인에 동참함으로써 낯선 이들에게 친절을 베푸는 것이다. 우리 제품 속에는 비전과 열정, 목적, 전략, 직원들의 노력, 그리고 투명한 포장지로 직접 확인할 수 있는 성분들 등 너무나도 많은 것들이 들어 있다. 나는 그 안에 담겨 있는 모든 가치들을 여러분과 함께 나누고 싶다.

2장

목적

열정의 원동력

철인 3종 경기나 마라톤을 앞두고 훈련을 할 때면, 나는 틈날 때마다 달리고, 자전거를 타고, 수영을 한다. 2002년 여름, 나는 스리랑카의 콜롬보에서 새로운 비즈니스 모험을 모색하고 있었다. 더불어 뉴욕 마라톤 대회도 앞두고 있었기에, 거기에서 약 30킬로미터 거리를 한번 달려 보았다. 달리기를 끝냈을 때, 숨이 가쁘고, 땀이 흥건하고, 엔돌핀이 솟구치고 있었고, 문득 고요한 호수가 펼쳐져 있는 도시의 먼 외곽까지 와버렸다는 사실을 깨닫게 되었다. 신할리즈족 아이들과 친절한 얼굴의 어부들이 모여들어 내 모습이 신기한 듯 빤히 쳐다보고 있었다. 갑자기 허기가 몰려왔다. 주머니에는 마을로 돌아갈 정도의 여비가 있었다. 하지만 원기를 회복하기 위한 간식은 가져오지 못했다. 거기서 호텔로 돌아가자면 한참을 가야만 했다.

몸에 좋은 스낵을 찾는 일은 로스쿨 시절 이후로 내 인생에서 일종의 배경과 같은 일이 되어 버렸다. 이스라엘에서 햇볕에 말린 맛있는 토마토 스프레드를 시험적으로 만들어 보고 나서, 1994년 나는 처음으로 식품 회사를 설립했다. 사람들과 문화들 사이에 다리를 연결하겠다는 열정 하나로, 당시 나는 아랍-이스라엘의 유대 관계를 강화하겠다는 사명에 초점을 맞추고 있었다. 내가 설립했던 기업인 피스웍스를 기반으로, 나는 이스라엘과 팔레스타인, 터키, 이집트 사람들이 협력하여 맛있는 식품을 만들고, 공존을 모색하는 주민들 사이에서 경제적 협력을 도모했다. 이후로 나는 피스웍스와 비슷한 벤처 기업들을 설립하기 시작했다. 전쟁으로 폐허가 된 지역이나 나의 고향인 멕시코 치아파스, 그리고 스리랑카, 남아프리카, 혹은 인도네시아처럼 갈등의 골이 깊은 곳들을 중심으로 지역 특유의 소스나 음식 등을 만들었다. 나는 그러한 여정을 멈추지 않았다. 그리고 쉼 없이 달렸다. 그때의 나를 진짜 〈달리는 사람〉이라고 부를 수 있을 것이다. 나는 콜롬보와 같은 지역들을 자주 방문했고, 도심에서 한참 떨어진 곳에서 종종 굶주린 배를 움켜잡고 걷곤 했다.

집에 있을 때에도 몸에 좋은 스낵을 먹는 일은 드물었다. 나는 하루에 16시간에서 20시간을 일했고(많은 풋내기 사업가들이 그렇듯), 게다가 내 조그마한 아파트에 있을 때에도 요리를 해 먹을 시간적 여유는 없었다. 내가 어디에 있느냐는 사실 별로 중요하지 않았다. 주스 공장을 방문하기 위해 이집트 사막을 가로질러 여덟 시간 버스를 타고 가야 하는 출장길에 대비해 내가 선택하는 스낵은 미국 중서부 도로를 달릴 때 선택한 것과 비슷했다. 모두 지나치게 가공되고, 탄수화물이 많고, 설탕이 듬뿍 들어간 것들이었다. 나는 주로 페이스트리와 칩스, 혹은 짠맛의 스낵들을 먹었다. 그러나 부족한 칼로리와 심리적 죄책감 때문에 종종 염증을 느꼈다. 그렇다고 해서 시중에 나와 있던 에너지 바를 사 먹을 수는 없었다. 그런 것들에서는 마치 두꺼운 판지를 씹는 것 같은 혹은 우주 비행사의 식량을 먹는 것 같은 맛이 났고 인공 감미료와 도대체 읽을 수 없는 성분들로 가득했다. 물론 미리 계획을 세우면, 건강에 좋은 과일이나 가공하지 않은 견과류를 챙길 수 있었다. 하지만 과일은 쉽게 짓무르고 상했다. 그리고 견과류는 앉은 자리에서 한 봉지를 몽땅 먹어 치울 때가 많았다.

내가 원했던 것은 다양한 건강 스낵이었다. 편하게 가지고 다닐 수 있〈고〉, 내 몸을 채워 줄 수 있는 음식이 필요했다. 건강〈과〉 맛, 편리함〈과〉 영양, 사회적 영향력 〈그리고〉 경제적 지속 가능성 사이에서 하나만 선택하기는 싫었다. 둘 다를 모두 만족시킬 수 있는 그런 스낵 제품들이 시장에 나와야 했다.

내 생각에, 양질의 식품을 선택하는 소비자들의 수가 증가하고 있다는 사실과 더불어, 돌아다니면서 먹기에 편리한 제품을 원하는 사회적 흐름을 활용할 수 있는 방법이 분명히 있을 터였다. 나는 많은 사람들이 영양이 풍부하고, 〈확인하고 발음할 수 있는 성분들〉(이 문구는 나중에 카인드의 등록 상표가 되었다)로 만든 음식을 먹고 싶어 한다는 사실을 잘 알고 있었다.

이에 더하여, 수익을 창출하〈고〉 사회적 목표에 기여하는 비즈니스를 시작하는 것은 내게 대단히 중요한 일이었다. 나는 우리 기업이 비영리 단체가 되는 것을 원치 않았다. 외부의 후원에 의존하지 않으려면, 스스로 수익을 창출해야 했다. 나는 하나의 제품으로 두 가지 목적을 동시에 달성할 수 있다고 믿었다. 이는 카인드의 DNA에서 중요한 부분을 차지하고 있는 〈그리고〉 철학에 기반을 둔 접근 방식이다.

90년대 말에 열렸던 한 무역 박람회 현장에서 나는 그러한 나의 기준을 상당 부분 충족시키는 아몬드-살구-요구르트 바 제품을 발견하게 되었다. 그 제품을 생산한 기업 측 사람들은 내게 그 제품을 수입해 보라고 권유했다. 하지만 당시 우리의 모든 제품들은 피스웍스의 사명을 담고 있어야 했기에(가령, 제품의 생산 과정을 통해 분쟁 지역에서 살아가는 이웃들 간의 협력을 도모하는), 나는 그들의 제안을 거절했다. 게다가 피스웍스 사업들도 제대로 관리하지 못하고 있었다. 하지만 그들의 제품은 자연식품 매장을 통한 새로운 비즈니스에 도전해 볼 만큼 충분히 맛도 좋고 영양도 풍부했다. 결국 우리는 그 제품을 들여와 일 년 만에 백만 달러에 가까운 매출을 올렸다. 하지만 얼마 후 그 영세한 호주 업체는 대기업에 합병되고 말았다. 그 업체를 인수한 대기업은 생산 원가를 낮추고, 성분들을 바꾸고, 황산 방부제와 소르비톨에다가 인공 감미료까지 첨가하기 시작했다. 우리가 그러한 제품상의 변화를 소비자들에게 공지했을 때, 판매는 중단되었다. 절망적인 기분이었다. 당시 우리는 피스웍스에서 간신히 마련한 자금으로 그 새로운 비즈니스에 투자했었기 때문이다. 우리의 모든 투자가 하루아침에 날아가 버렸다. 우리는 시장에서 퇴출될 위기에 처했고, 일곱 명의 직원들은 나만 바라보고 있었다.

정말로 두려운 순간이었다. 나는 그 대기업에게 좀 더 자연친화적인 제품 개발을 건의했지만, 거절당했다. 밤잠을 설치면서까지 내가 할 수 있는 것들을 놓고 고민했지만, 눈에 들어오는 것은 아무것도 없었다. 결국 나는 경험으로부터 배워 보기로 결심하고, 견과류와 과일을 그대로 집어넣은 프리미엄 제품을 직접 생산하기로 했다. 카인드 헬시 스낵KIND Healthy Snacks의 여명은 그렇게 시작되었다. 그러나 해가 뜨기 직전의 어둠은 그야말로 칠흑 같이 깜깜했고, 나는 외롭고 무서웠다.

그러나 동시에 뚜렷한 목표와 자유로운 상상은 내게 활력을 주었다. 앞으로 우리는 제품에 대해서 다른 누군가의 의사 결정에 휘둘리지 않아도 되었다. 그리고 다른 누군가가 인공 첨가물을 넣거나, 설탕이나 영양이 부족한 것들을 주재료로 사용하거나, 혹은 원가 절감을 위해 충진재를 사용함으로써 스낵의 품질을 떨어뜨리려는 시도를 허락하지 않아도 되었다. 우리는 사람들의 몸과 영혼을 건강하게 해주는, 영양이 풍부한 제품을 개발하는 데 돌입했다. 나는 카인드 프루트 앤드 너트 바KIND Fruit & Nut bar를 개발함으로써 내 자신의 목표를 달성하고 싶었다. 몸에 좋고 맛있고, 사회적으로〈도〉 영향을 미칠 수 있는, 다시 말해 간편하면서도 건강에 도움이 되는 실용적인 뭔가를 만들어 내고 싶었다.

우리는 최선을 다해 제품의 목적을 정의하고, 또 정의했다. 가장 먼저, 우리는 혈당 지수는 낮고 영양은 풍부한 제품을 출시함으로써, 당뇨와 비만으로 병들어 가는 사회와 맞서 싸우고자 했다. 혈당 지수가 낮다는 말은 우리가 먹는 식품의 영양이 풍부하고 밀도 있기 때문에 소화가 천천히 이루어진다는 것을 의미한다. 당분을 포함한 그 안의 모든 영양과 에너지가 단계적으로, 그리고 부드럽게 체내로 흡수된다는 뜻이다. 반면, 혈당 지수가 높은 제품들의 공통점은 정제 설탕이 들어 있고, 영양이 풍부한 성분들은 부족하다는 것이다. 대표적인 사례로 사탕이 있다. 흰 밀가루로 만든 빵이나 과육과 껍질을 제거한 과일 주스 역시 혈당 지수가 높다. 이러한 음식들은 먹자마자 우리 몸속의 혈당 수치를 급격하게 높인다. 또한 그러고 나서 급격하게 떨어뜨리기 때문에 피로와 공복감을 바로 유발할 뿐만 아니라, 몸의 균형까지 망가뜨린다. 왜냐하면 급격한 변화에 대처하기 위해 췌장이 인슐린을 부지런히 만들어 내야 하기 때문이다. 이는 결국 인슐린 저항성을 발생시키고, 그것은 다시 당뇨로 이어지고, 지방간의 직접적 원인으로 작용하게 된다. 당뇨의 합병증은 신장 및 심장 질환, 뇌졸중, 그리고 치매까지 포함하고 있다. 이에 대한 우리의 사회적 부담은 크다. 영양적으로 우수한, 즉 지방은 낮고 영양은 풍부한 음식의 섭취는 이제 카인드의 근본적인 원칙으로 자리를 잡았다. 그리고 몸에 좋은 것은 물론이거니와 우리 제품은 맛있어야 했다.

하지만 내가 원한 것은 단지 훌륭한 식품을 만드는 게 아니었다. 피스웍스를 운영한 경험에서 많은 것들을 배우고 나서, 내가 정말로 중요하게 생각하는 분야에서 좋은 일을 하고 싶어졌다. 즉, 사람과 사람 사이에 다리를 연결하고 싶었다.

피스웍스에서 만드는 다른 제품들과 마찬가지로, 처음에 나는 분쟁 지역에 협동 벤처를 설립해서 바 제품을 생산하고자 했다. 하지만 적당한 지역을 찾기가 힘들었다. 그 제품의 생산 기술은 호주에서 온 것이었고, 그 나라는 어렴풋이 드러나고 있는 유일한 〈분쟁〉이 서구 이민자들이 원주민들을 대하는 부당한 처사에 불과한 지극히 평화로운 땅이었던 것이다(생산 과정에 원주민들을 끌어들이는 벤처 비즈니스를 떠올리기도 했다! 하지만 절실한 무언가가 느껴지지 않았다. 억지스럽고 부자연스러운 느낌이 들었고, 그래서 포기했다).

초기에 우리는 카인드 비즈니스 수익의 5퍼센트를 평화와 관련된 비영리 단체에 기부하는 방식으로 이러한 단절을 해결했다. 특정 연도에 수익을 전혀 기록하지 못했다고 하더라도, 그에 상관없이 전체 매출에서 의미 있는 정도의 금액을 기부하기로 했다. 비록 이는 잠정적인 결정이었지만, 〈목적〉을 기업의 DNA로 통합하려는 시도는 우리에게 대단히 중요한 일이었다.

브랜드 이름과 기업의 사명을 주제로 브레인스토밍을 진행하면서, 우리는 건강과 맛, 그리고 사회적 책임이라고 하는 세 기둥을 떠받치고 있는 한 가지 기반에 집중하게 되었다. 그것은 사람의 몸에 대한, 맛봉오리에 대한, 그리고 세상에 대한 친절함을 말한다. 친절함을 중요하게 생각하는 나의 태도는 어릴 적 부모님에게서 물려받았던 믿음, 즉 친절한 행동은 신뢰를 형성하고, 궁극적으로 사람들 사이에 다리를 연결한다는 확신에서 비롯된 것이다.

유대인 대학살 시절에 다하우 강제 수용소에서 끝내 살아남았던 우리 아버지는 나치 간수가 던져 준 썩은 감자 덕분에 목숨을 부지할 수 있었다는 이야기를 들려주셨다. 유대인 죄수를 도와준 것으로 곤혹을 치를 수 있었음에도, 그 간수는 가장 잔혹한 순간에 타인에 대한 동정심을 발휘했다. 아버지는 언제나 그의 도움 덕분에 살아날 수 있었다고 말씀하셨다.

카인드라고 하는 브랜드를 통해 우리가 던진 질문은 이런 것이었다. 모두가 서로 벽을 쌓고 타인의 고통에 무관심한 세상에서, 사람들 사이에 인간적인 유대감을 형성하고, 다른 사람들에게 영감을 불어넣을 수 있을까? 내가 피스웍스를 통해서 분쟁 지역에 살고 있는 주민들을 연결하려고 노력하고 있는 것처럼, 우리가 함께 공유하고 있는 인간성과 책임감을 친절함의 힘을 활용하여 다른 모든 이들이 인식하도록 할 수 있을까? 그리고 이러한 시도를 출발점으로, 우리 아버지와 같은 사람들이 겪었던 비극이 이 땅에서 다시는 일어나지 않도록 막을 수 있을까?

카인드의 시작

여덟 살 무렵부터 나는 사업을 했다. 그렇다고 하더라도 사회적 사명을 가지고 건강식품 분야에서 비즈니스를 시작한 것은(카인드에 앞서서) 1994년이었다. 그것은 내게 사회적 목표와 수익 창출이 손을 맞잡고 가는, 즉 내가 수익〈만〉 추구하지는 않는 모델이라 불렀던 비즈니스 모델에 대한 공식적인 첫 도전이었다.

1993년에 로스쿨을 졸업하고 나서, 나는 뉴욕으로 건너가 변호사 시험을 준비했다. 그해 여름에는 설리번 앤드 크롬웰이라는 법률 회사에서 일을 했고, 거기서 정식 일자리를 제안받기도 했다. 다음으로 그해 가을에는 컨설팅 기업인 매킨지 앤드 컴퍼니의 멕시코시티 지사에서 일을 했고, 거기서도 마찬가지로 정식 고용 제안을 받았다. 두 기업의 은혜와 이해에 힘을 얻은 나의 계획은 법률과 컨설팅 분야에 도전을 해보고, 그중에서 한 가지를 선택하는 것이었다.

내가 멕시코에 있을 때, 중동 지역의 정세와 관련하여 중대한 사건이 있었다. 1993년 9월 13일, 클린턴 대통령은 야세르 아라파트와 이츠하크 라빈을 백악관 로즈 가든으로 초청하여, 이스라엘과 팔레스타인 간의 오슬로 협정을 축하했다. 멕시코시티에서 몇몇 친구들과 함께 그 비현실적인 장면을 지켜보는 동안, 나는 나의 미래를 선명하게 떠올릴 수 있었다. 당시 나는 수년에 걸쳐 아랍과 이스라엘 사이의 경제적 협력을 주제로 논문을 쓰고 있었고, 그때만 하더라도 오슬로 협정은 먼 훗날의 이야기처럼 보였다. 어릴 적부터 나는 그 지역의 평화를 꿈꾸었고, 그 꿈을 이루기 위한 초기의 노력에 내가 가진 힘을 보태고 싶었다.

나는 이스라엘과 중동 지역으로 넘어가서 학교에 있을 때 연구했던 아랍-이스라엘 협력에 관한 제안을 실질적인 법률로 전환하고, 합작 회사 설립을 활성화하기 위한 컨설팅 기업을 세우기 위해 일 년 기간의 장학금을(하스-코슬랜드 기념 장학금) 신청했다. 법률과 컨설팅 분야 사이에서 나의 미래를 고민하고 있을 때, 1만 달러 유학 장학금에 대한 승인이 났다. 금전적인 관점에서 보자면, 1만 달러 장학금은 두 일자리 기회에 비해 보잘것없는 금액이었다. 하지만 내게 꿈을 좇으라고 격려해 주신 은사님들의 소중한 조언과 더불어, 그 장학금은 내가 내면의 열정을 따라가도록 용기를 주었다. 우리는 살아가면서 편안하고, 안전하고, 그리고 단기적으로 더 많은 돈을 벌수 있는 일, 혹은 자신의 믿음을 추구하기 위해 위험을 무릅써야하는 일 사이의 갈림길에 서게 된다. 바로 그 갈림길에서 하스-코슬랜드 장학금은 내 인생의 행로를 완전히 바꾸어 놓는 역할을 했다.

나는 매킨지의 제안을 거절했다. 설리번 앤드 크롬웰은 그들의 제안을 거절하기보다, 학업을 마친 뒤에 다시 회사로 복귀할 수 있도록 휴가 기간을 가지라고 했다. 설리번 앤드 크롬웰 파트너들은 내 계획에 차질이 생기면, 내가 즉시 그들에게 돌아갈 것이라 생각하고 있었다. 그러나 나는 순진하게도 일단 회사를 세우고, 다시 뭘 가로 돌아와 전업 변호사로 활동하면서, 부업으로 컨설팅 회사를 다닐 수 있을 것이라 생각했다(나의 스승인 설리번 앤드 크롬웰의 리처드 유로브스키와 매킨지의 자크 안테비는 이후에 내가 설립한 기업의 자문으로 들어왔다. 나중에 자크는 전략 및 국제 개발 부사장의 자격으로 카인드에서 나와 함께했다).

11월 중순에 나는 텔아비브 하케림 가에 위치한 작은 원룸 아파트를 임대했다. 그리고 법률 공부와 함께 컨설팅 기업 설립을 집중적으로 알아보았다. 우선적으로 상호 보완적인 비교 우위, 그리고 서로 존중하는 대칭적인 평등 관계를 강화할 수 있는 분야로 농업과 식품 가공, 사해 화장품, 의류, 섬유 산업을 살펴보기 시작했다.

나는 내가 설득하면 사람들이 기꺼이 마음을 열어 줄 것이라는 강한 확신이 있었다. 사람들 대부분은 성공에 대한 나의 확신에 다소 회의적인 반응을 보였지만, 그래도 나를 따스하게 맞이해 주었고, 용기와 지지를 보내 주었다.

하지만 이러한 긍정적인 분위기에도 불구하고, 컨설팅 기업을 세우겠다는 나의 아이디어는 결실을 맺지 못했다. 머지않아 나는 중동 지역에서는 누구도 컨설팅 서비스 같은 것을 필요로 하지 않는다는 사실을 깨닫게 되었다. 이스라엘 사람들은 특유의 솔직함으로 내게 이렇게 물었다. 〈왜 굳이 돈을 지불해야 하죠? 어떤 사업이 하고 싶다면, 그냥 자기가 직접 알아서 하면 되잖아요?〉

협력의 비즈니스

연구를 하고 있던 어느 날 밤, 나는 벤 예후다 거리에 있는 작은 식료품 가게에 들렀다. 그리고 선반에서 햇볕에 말린 토마토 스프레드가 들어 있는, 눈에 잘 띄지 않는 병을 발견하게 되었다. 당시만 하더라도 말린 토마토는 미국인 소비자들 사이에서 널리 알려져 있지 않았기에 호기심이 일었다. 거기서 나는 토마토 스프레드 한 병과 납작한 빵 한 봉지를 샀다. 그러고는 책상 앞으로 돌아와 단숨에 먹어 치웠다. 중독성이 강한 음식이었다.

다음 날 아침, 스프레드를 더 사기 위해 가게에 들렀지만, 재고가 다 떨어졌다고 했다. 게다가 그 회사가 망해서 더 이상 나오지 않을 것이라고 했다. 나는 그 회사의 마지막 제품을 산 것이었다.

그렇게 며칠 동안 토마토 스프레드를 그리워하다가, 어쩌면 그 제품이 내 꿈을 현실로 바꾸어 줄 절호의 기회가 될 수도 있다는 생각이 문득 들었다. 경제적 협력을 강화하는 기업을 세우는 방법에 대해 다른 사람들에게 조언을 주는 대신, 내가 직접 회사를 설립하는 것도 얼마든지 가능했다.

나는 다시 가게로 돌아가 점원을 찾았고, 말린 토마토 스프레드를 납품했던 업체의 이름을 알아냈다. 그리고는 거기에 전화를 걸어, 내 서툰 히브리어 실력으로 말린 토마토 스프레드를 가지고 중동에 평화를 가져오기 위한 합작 회사를 설립하고자 하는 열정적인 멕시코계 유대인 변호사라고 나를 소개했다. 솔직하게 말해서, 상대는 귀찮아했다. 그래도 얼마 전 파산을 맞았던 그 공장의 사장인 요엘 베네시의 전화번호를 알아내는 데 성공했다.

요엘에게 전화를 걸었을 때, 그는 나보고 공장으로 직접 찾아오라고 했다. 텔아비브에서 버스를 타고, 그리고 한참을 걸어서 네타냐 인근의 이븐 예후다 산업 지구에 도착하기까지 오랜 시간이 걸렸다. 내가 찾아 들어간 건물에는 생산 설비가 하나도 보이지 않았다. 요엘의 직원들은 손으로 직접 모든 것을 만들고 있었다. 거대한 부엌용 통에다가 손으로 재료를 섞고, 병에 담고, 뚜껑을 덮고, 그리고 살균을 위해 뜨거운 물을 받아 놓은 커다란 수조에 담가 놓았다. 그러고 나서는 그것들을 말린 후, 하나씩 상표를 붙였다.

요엘은 내게 유리병은 포르투갈에서, 토마토는 이탈리아에서, 그밖에 다른 첨가물들은 전 세계 곳곳에서 수입하고 있다고 설명해 주었다. 미국 시장을 뚫어 보려고 했지만, 비용이 너무 많이 들어 포기했다고 했다. 이탈리아나 그리스의 브랜드들과 경쟁이 되지 않았다.

요엘은 아마도 식품 비즈니스에 아무런 경험이 없는 변호사가 자신에게 무슨 도움이 될지 궁금해했을 테지만, 그는 잃을 것이 아무것도 없었다. 내가 요엘에게 내 아이디어를 말해 주었을 때, 그는 진심으로 그리고 열정적으로 내 생각에 동의해 주었다. 당시 요엘의 아버지는 팔레스타인 올리브 생산 업체들과 좋은 관계를 맺고 있었다. 그리고 요엘에게는 아랍 및 이스라엘 친구들이 많이 있었고, 그 중에는 우리의 새로운 여정에 동참하게 된 회계사인 이마드 살라이미도 포함되어 있었다. 요엘은 아마도 나만큼이나 내 아이디어를 비즈니스를 넘어선 사회적 사명으로 심오하게 받아들인 듯했다. 많고 많은 사람들 중에 요엘을 만난 것은 운명이었던가?

나는 요엘을 이집트에 있는 유리병 생산 업체에 소개했다. 그 업체는 기존의 포르투갈 업체보다 훨씬 낮은 가격에 제품을 공급해 주기로 약속했다. 그리고 이탈리아 업체보다 훨씬 경쟁력이 높은 터키의 말린 토마토 공급 업체를 함께 발굴했다. 또한 오우자 지역과 웨스트뱅크의 작은 마을에 살고 있는 팔레스타인 농부들, 언제나 유쾌한 할아버지의 모습을 하고 있는 압둘라 가넴을 포함하여, 움 엘 파헴 인근의 바카 엘 가비야 마을에 살고 있는 이스라엘의 팔레스타인 시민들로부터 올리브와 올리브 오일, 그리고 바질을 구입할 수 있었다. 지리적으로 더 가깝고 가격 경쟁력도 더 높은 재료와 유리병을 확보하게 되면서, 우리는 비즈니스에 박차를 더욱 가하기로 결심했다.

이 사업과 병행하여, 나는 사해의 미네랄을 가지고 피부 관리 제품을 만드는 사업에 몰두하고 있었다. 나는 베두인 가정에서 머드 비누를, 그리고 요르단 사람들에게서 사해 미네랄을 구매하고 있던 프랑스와 이스라엘 사업가들을 알게 되었다. 그리고 그들과 함께 미국 시장에서 제품을 팔 수 있을지 시험해 보기로 했다. 나는 우선 일곱 종의 머드 비누, 비타민 E와 아보카도 오일이 든 핸드크림, 머드 마스크, 아로마테라피 에센셜 오일이 함유된 목욕용 사해 소금을 포함하여, 모든 제품의 샘플들을 각각 500개씩 주문했다(1장을 읽었다면 이 이야기의 결말을 잘 알고 있을 것이다!).

말린 토마토를 이용한 나와 요엘의 비즈니스를 뒷받침하고 있는 아이디어는 사실 나의 대학 논문, 그리고 그 이후로 내가 연구했던 법안들로부터 직접적으로 비롯된 것이다. 그 논문과 법안은 경제적 연결 고리가 존재할 때, 전쟁을 벌이고 있는 사람들은 장기적인 평화에 더 많은 관심을 기울이게 된다고 설명하는, 경제적 협력에 관한 기존의 이론에 기반을 둔 것이다. 분쟁에 휘말린 지역의 사람들이 소유하고 일하는 기업을 설립함으로써, 우리는 그들에게 싸우지 않을 이유를, 그리고 궁극적으로 서로 미워하지 않을 명분을 만들어 줄 수 있다. 함께 협력하고 서로 교류할 때, 세 가지 분명한 장점이 모습을 드러내게 된다. 우선 개인적인 차원에서, 사람들은 서로 공유하고 있는 인간성을 발견하고, 문화적인 선입견을 허물게 된다. 그리고 비즈니스 차원에서, 서로 경제적으로 도움을 줄 수 있기 때문에 사람들은 관계를 유지하고 강화하는 노력에 분명한 관심을 기울이게 된다. 마지막으로 지역적 차원에서, 성공은 시스템 내부의 사람들에게 이익을 나누어 준다.

지금만큼이나 당시에도 나는 이 비즈니스 모델에 대해 많은 질문을 받았다. 사람들은 대개 공손한 태도로 묻지만, 그래도 핵심적인 내용은 이런 것이었다. 〈말린 토마토 스프레드가 든 조그마한 병을 팔아서 중동에 평화가 찾아올 거라고 생각하다니 너무 순진한 것 아닌가요?〉 이 질문에 대한 내 대답은 이랬다. 〈그럴 순 없겠지만, 그래도 하나의 시작입니다.〉 나의 노력들이 지배의 시대를 끝내고, 유대인들로 이루어진 민주 국가를 수립하고자 하는 이스라엘 사람들의 소망을 인정하는 팔레스타인 국가를 세운다는 주요한 지정학적 해결책을 대체할 수는 없을 것이다. 언제나 나의 작은 노력들은 다만 협조와 협력을 이끌어 내고, 오랫동안 전쟁을 치르고 있는 국가들에게 평화적이고 생산적인 상호 교류의 경험을 제공하기 위한 것이었다. 내가 원한 것은 나중에 더욱 거대한 다리를 구축하기 위한 발판으로 활용할 수 있는 작은 다리를 건설하는 일이었다.

사회적 이익이 기업의 이익과 나란히 손을 잡고 갈 수 있다는 비즈니스 아이디어는 나의 핵심적인 열정이자 상징이 되었고, 우리 기업의 DNA 속에 자리를 잡았다. 이러한 비즈니스 모델과 관련하여 내가 가장 열광했던 부분은, 사회적 사명과 기업의 목표가 조화를 이룰 수 있을 뿐 아니라, 서로를 강화하고 발전시킬 수 있다는 점이었다. 나는 지금도 그러한 확신을 갖고 있다.

말린 토마토 스프레드가 많이 팔려 나가면서, 요엘은 사업의 규모를 점차 확장했고, 협력의 범위를 더욱 넓혀 나갈 수 있게 되었다. 우리는 올리브 오일을 판매하는 팔레스타인 농부들을 더 많이 알게 되었다. 요엘은 더 많은 터키와 이집트, 그리고 아랍계 이스라엘인 사람들과 거래를 시작했다. 그리고 더 많은 사람들이 우리의 협력 비즈니스의 영향을 받게 되었고, 상대편 사람들과 함께 일할 수 있는 기회를 더 많이 누리게 되었다.

시장의 힘은 우리 사회를 움직이는 가장 강력한 요인 중 하나다. 스스로 벤처 기업을 조직하거나 혹은 사회적 목표와 조화를 이루는 비즈니스 모델을 기반으로 자신의 꿈을 실현할 수 있다면, 여러분은 더 빨리 균형 잡힌 규모의 기업을 만들고 자립 가능한 방식으로 기업을 이끌어 나가면서, 그 영향력을 확인할 수 있을 것이다. 이는 〈그리고〉 철학의 완벽한 실행이다. 사회적 기업은 선입견에 도전하며, 사회적 영향력과 경제적 영향력 사이에서 타협하지 않는다.

목적은 지구력을 선사한다

요엘과 함께 일을 시작한 지 몇 달이 지나, 나는 하스 코슬랜드 가족에게 내 연구의 진척 상황을 알리기 위해 편지를 썼다. 나는 컨설팅 아이디어에는 아무런 성과가 없었다고 언급하고, 자체적으로 합작 벤처들을 지원할 수 있는 기업을 설립하고자 하는 나의 계획에 대해 설명했다. 그리고 원래 일정보다 더 일찍 미국으로 돌아가, 그 계획을 시작할 수 있도록 허락해 줄 것을 요청했다. 그들은 내 생각에 동의했다. 1994년 봄, 나는 맨해튼에 있는 작은 원룸형 아파트를 빌렸고, 거기서 사해 비누 비즈니스를 집중적으로 연구하기 시작했다. 바로 거기서 나는 내 비즈니스 경력에 가장 큰 실수로 남을, 그리고 동시에 미래의 성공에 밑거름이 될 일을 시작하게 되었다.

처음에 피스웍스는 소기업이라고 말하기에도 부끄러울 정도로 작은 회사였다. 주문한 샘플들이 도착했을 때, 나는 계단에 나무로 만든 재활용 널빤지들을 깔아서 그것들을 〈창고〉로, 즉 아파트 건물 지하실로 내려보냈다. 그리고 길거리에 버려진 중고 가구들을 주워다가 그곳을 아늑한 공간으로 꾸몄다. 나는 창문도 없는 그 창고를 내 사무실로도 사용했다. 그곳을 찾아온 내 친구 앤디 코마로프는 우스꽝스럽게도 내게 사무실 〈투어〉를 시켜 주었다. 앤디는 건물 뒤편으로 나 있는 계단을 따라 컴컴한 지하실로 내려가면서 자랑스럽게 외쳤다. 「피스웍스 주식회사의 글로벌 본사에 온 여러분을 환영합니다.」 그러고는 세탁기가 놓인 공간을 지나며 이렇게 말했다. 「여기는 경리부입니다.」 그리고 쓰레기 압축기가 놓인 방을 지날 때에는 애써 악취를 외면하며 이렇게 말했다. 「이곳은 운영 및 물류 업무를 담당하고 있습니다.」

내가 그 일을 지금까지 계속할 수 있었던 것은 사명감 때문이었다. 즉, 평화를 위한 기반을 마련하기 위해서 내가 지금 여기에 있다는 믿음 때문이었다. 재고 관리와 마케팅, 신제품 개발, 전략에서 실수를 저지르고, 혹독하게 그 대가를 치르는 동안에 피스웍스는 이리저리 휘청거렸지만, 그래도 절대 흔들리지 않았던 것은 우리 기업의 목적이었다. 내가 인내하고, 그리고 모든 어려움을 배우고 발전하기 위한 소중한 기회로 바라볼 수 있도록 해주었다는 점에서, 기업의 목적은 대단히 중요한 것이었다. 어쨌든 나는 성과를 일구어 내야만 했다. 이스라엘과 아랍, 그리고 터키의 사업 파트너들에게 도움을 주어야 했다. 실패는 나의 선택권이 아니었다.

샘플이 든 커다란 가방을 들고 새벽 거리를 나서며, 그리고 다시 한 번 12시간 동안 힘차게 방문 판매를 시작할 각오를 다지면서, 나는 이스라엘과 팔레스타인에서 목격했던 장면들을 떠올렸다. 그곳 사람들은 평화롭게 살아갈 자격이 충분했다. 또한 내 아버지가 2차 대전 동안, 그리고 집단 수용소 안에서 어린 시절에 겪어야만 했던 아픔을 떠올렸다. 그러한 생각을 통해서 나는 지금의 문제를 거시적 인 관점에서 바라볼 수 있었다. 그리고 사명감을 다시 한 번 상기시 킬 수 있었다.

자신을 정의하고, 자신에게 의미를 부여하는 목적을 발견했을 때, 그 열정과 에너지를 비즈니스와 업무로 쏟아부으려는 노력은 성공 을 보장하는 기반이다. 자신이 믿고 있는 바를 추구한다는 것은 결 과를 떠나서 이미 성공을 이룬 것이다.

사회적 사명과 기업의 사명을 조직의 DNA 속으로 집어넣는 작 업은 결코 하룻밤 사이에 이루어지지 않는다. 두 가지 목적이 조화 를 이루고, 그리고 서로를 강화할 수 있도록 하는 방법을 이해하기 까지 며칠, 몇 주, 몇 달, 혹은 몇 년이 걸릴 것이다. 그리고 이를 위해 틀을 깨는 사고방식과 기존의 가정에 끊임없이 의문을 던지는 습관 이 필요하다. 내 경험을 바탕으로 볼 때, 사명을 지닌 모든 독자들이 사회적 병폐를 해결하고, 동시에 돈을 벌 수 있는 마법의 공식을 발 견하게 될 것이라 장담하는 것은 솔직한 자세가 아니다. 내가 그 공 식을 알아내기까지 수년의 세월이 걸렸고, 그동안 치명적인 실수들 을 저지르면서 그로부터 많은 것을 배워야만 했다. 그럼에도 내가 거기에 그대로 남아 있을 수 있었던 것은 진정한 사명감 때문이었으 며, 확신도 그로부터 나온 것이다.

그러한 목적이 있었기에, 나는 가장 걱정스런 의심과 가장 벅찬 도전 과제들을 극복할 수 있었다. 90년대 중반에 텔아비브 버스 노선을 따라 폭탄 테러 사건들이 벌어지면서, 중동 지역에 평화를 구축하기 위한 노력의 현실적인 가능성에 대한 의심이 일었다. 나는 상호 번영을 바탕으로 아주 느린 속도로 두 민족 간의 화합을 도모하고 있었던 반면, 단 한 사람의 폭력적 행위가 하룻밤 사이에 끔찍한 학살을 저지르고, 해당 지역의 분위기를 완전히 바꾸어 놓아 버렸다. 디젠고프 쇼핑 센터에서 벌어진 폭탄 테러의 참상은 나의 열정을 흔들어 놓았고, 우리의 노력이 단지 착각이나 망상이 아닌지 의심하게 했다. 나는 요엘과 압둘라, 그리고 다른 거래 파트너들에게 전화를 걸어서 그들 역시 우리가 지금 잘못하고 있으며, 적어도 일시적으로라도 노력을 중단해야 한다고 생각하고 있는 것은 아닌지 물었다. 요엘은 곧바로 이렇게 대답했다. 「대니얼, 우리는 지금 우리의 삶에 대해서 얘기하고 있어. 게임이나 학교 숙제에 대해 이야기를 나누는 게 아니라고. 어느 때보다도 지금 우리는 계속해서 노력하고, 테러리스트들이 승리를 거두지 못하도록 막아야 해.」 그 일이 있고 나서, 나는 더 이상 우리 사명의 가치에 대해 의심을 품지 않았다.

초창기 시절에 나는 오랫동안 길가에 나와 우리 제품들을 지하실로 던져서 쌓았다. 때로는 자동차 기름값과 출장 경비가 그날의 매출액을 초과하기도 했다. 여러 지역을 돌아다녀야 하는 세일즈맨의 삶은 팍팍하다. 그리고 때로는 회의가 몰려든다. 언젠가 한번은 롱아일랜드에 있는 왈드바움이라는 회사의 음침한 구매부 앞에 놓인 플라스틱 의자에 앉아서, 그 유통 기업의 담당자를 만날 차례를 기다리고 있었다. 내 무릎 밑에는 법률 회사 인턴 시절부터 썼던 초라

한 인조 가죽 서류 가방이 놓여 있었고, 그 가방은 이제 말린 토마토 스프레드 병들로 가득했다. 주위를 둘러보니 나이 많은 세일즈맨들이 나처럼 자신의 차례를 기다리며 상냥하면서도 피곤한 얼굴로 대기하고 있었다. 그들은 아마도 이 생활을 수십 년째 하고 있었을 것이다. 「세일즈맨의 죽음」을 떠올리게 하는 그 광경은 혹시 나의 미래인가? 수익과 사회적 사명 모두에서 나는 전환점을 만들 수 있을 것인가? 아니면 그저 평범한 회사로 주저앉고 말 것인가? 가장 힘들었던 시절에는 직원들에게 월급도 제대로 지급하지 못했고, 2만 4천 달러에 불과했던 내 연봉도 챙겨 가기 힘들었다. 그때 나는 변호사로 돌아가는 것을 심각하게 고민했다. 하지만 숭고한 사명은 내게 결코 포기해서는 안 된다는 확신을 주었다.

목적을 목발로 사용해서는 안 된다

사회적 사명은 여러분과 여러분의 조직이 목적의식을 갖게 하고, 소비자와 고객들로부터 신뢰와 지지를 이끌어 낼 수는 있지만, 기업의 제품이나 서비스가 핵심적인 특성을 바탕으로 성공할 수 있도록 보장하지는 못한다. 사회적 사명은 품질을 건너뛰기 위한 목발로서 기능해서도, 그리고 소비자들을 끌어들이기 위한 기반으로 작용해서도 안 된다. 소비자들이 사회적 사명 때문에 제품을 구매한다고 말하는 연구 결과들은 내 경험상 모두 틀렸다. 물론 소비자들은 그러한 이유로 물건을 구매한다고 믿고 싶어 할 수도 있겠지만(실제로 기업의 사회적 사명은 일회성 구매의 동기로 작용할 수는 있다), 실제로 그들은 자신이 정말로 원하고, 자신의 라이프스타일과 잘 어울리는 제품들을 반복적으로 구매한다.

사회적 사명만으로 판매를 할 수는 없다. 제품으로 승부를 걸어야 한다.

물론 점점 더 많은 소비자들이 그들이 구매하는 제품이나 서비스를 생산하고 있는 기업들이 사회의 진정한 구성원인지 확인하고, 세상을 더 좋은 공간으로 만들려는 노력에 더 많은 관심을 기울이고 있다. 하지만 사명이 제품의 기능적 장점을 대체하지는 못한다. 무엇보다 제품은 스스로 일어서야 한다. 기업의 사회적 사명이 마케팅 차원에서 지나치게 앞서갈 때, 소비자들은 이를 제품의 결함을 숨기려는 의도로 받아들일 것이다.

나는 피스웍스 사명에 대단히 열정적이었기 때문에, 처음부터 그 사명을 전면에 내세우면서 제품의 핵심적인 특성으로 소개했다. 우리는 처음으로 출시한 말린 토마토 스프레드 제품을 〈모셰 앤드 알리스Moshe & Ali's〉라고 이름 지었다. 또한 전설 속의 요리사 모셰 푸픽, 그리고 너무나도 맛있는 지중해식 스프레드를 가지고 상대편 군사들을 최면에 빠뜨려 친구로 만들었던 아랍 마술사 알리 미쉬문켄의 이야기를 마케팅 스토리로 삼았다. 전쟁을 벌이던 군사들은 무기를 녹여 숟가락을 만들었고, 그 숟가락을 가지고 황홀하게 맛있는 스프레드를 함께 나누어 먹었다. 나는 피스웍스의 비즈니스 모델이 어떻게 작동하는지, 그리고 음식을 공동의 연결 고리로 삼아 어떻게 사람들로부터 협력을 이끌어 내고 있는지를 재미있게 설명하기 위해, 이러한 이야기를 담은 영상과 소책자를 제작했다. 여기서 우리의 모토는 〈협력이 이렇게 달콤한 적은 없었다〉였다. 사람들은 우리의 이야기를 재미있어 했다. 그러나 흥미로운 마케팅 스토리와 사회적 사명에도 불구하고, 소비자들은 우리의 특별한 고급 스프레드와 엄선된 재료에 대해서는 별로 주목하지 않았다.

다행스럽게도 카인드를 설립했을 무렵, 나는 이미 피스웍스의 경험으로부터 많은 교훈을 얻은 상태였다. 친절함을 널리 퍼뜨리겠다는 카인드의 사명은 비록 우리 팀에게는 많은 것을 의미했지만, 그것이 처음부터 우리 브랜드를 포지셔닝하고, 제품을 판매하는 방법의 핵심이 될 수는 없다고 판단했다. 적어도 이 책을 출간하고, 동시에 카인드를 뒷받침하고 있는 모든 이야기들을 공유하기로 결정하기 전까지, 우리의 사회적 사명에 대해서 들어 본 사람들의 비중은 전체 소비자의 1퍼센트도 되지 않았을 것이다. 그렇다면 더 많이 팔기 위해서, 우리는 제품에 들어 있는 몸에 좋은 최고의 성분들과 뛰어난 맛을 더욱 강조해야 했다. 우리는 더욱 친절한 세상을 만들기 위한 카인드의 노력을 우리의 지역 사회가 이해하기를, 그리고 우리가 사명을 추구하는 과정에 지역 사회가 참여하기를 원했다. 이러한 참여를 통해 카인드와 그 제품들에 대한 신뢰와 열정이 생겨날 거라고 믿었기 때문이다. 하지만 실제로 매출을 끌어올리기 위해서는 소비자들의 욕구를 충족시키는 데에서 일등이 되어야 했다.

우리 기업의 모토인 〈우리의 몸과 맛봉오리, 그리고 우리가 살아가는 세상을 위해 친절한 일을 하라〉는 우리의 비즈니스 및 사회적 우선순위에 주목하고 있다. 몸에 좋은 제품들, 그리고 당뇨와 비만과 맞서 싸우겠다는 목표는 우리가 하는 모든 일의 전제 조건이다. 우리는 우리 몸에 친절해야 한다. 그리고 맛 역시 중요한 전제 조건이다. 우리는 우리의 맛봉오리에 친절해야 한다. 이러한 두 가지 제품의 특성이 모두 충족되어야, 우리는 친절한 행동을 장려하고 이를 널리 알리는 노력을 통해서 세상에 친절을 베푸는 사치를 누릴 수 있다.

우리의 사회적 노력에 대해 설명하고, 이를 조직화하는 과정에서 균형을 유지하기 위해, 재치 있고, 신중하고, 겸손한 자세가 무엇보다 필요하다. 여기서 잘못하면 정당성을 잃어버리고 만다. 외부의 연구 결과들은 카인드가 영양, 곡물, 그래놀라 바 카테고리 안에 있는 브랜드들 가운데, 도덕성과 투명성, 그리고 진정성의 기준에서 가장 높은 신뢰를 얻고 있다는 사실에 주목하고 있다. 우리는 상업적, 경제적 차원에서 우리 자신의 장점과 경쟁력을 바탕으로 시장에서 당당하게 경쟁해 나가고 있는 기업(물론 수익만 쫓는 것은 아니지만)이라는 사실을 스스로에게 끊임없이 상기시키고 있다. 이에 대해서 우리는 솔직해야 하고, 가식적이거나 교묘한 방식으로 사회적 사명을 악용해서는 안 된다. 우리는 매출을 늘리기 위해 착한 일을 하는 게 아니다. 우리는 다만 착한 일을 하기 위해 착한 일을 하는 것이다. 이 원칙을 고수할 때, 나는 카인드의 운명이 그 밖의 모든 문제를 해결해 줄 것이라 믿는다.

진정한 목적 Vs. 얄팍한 〈코즈 마케팅〉

반면에 〈코즈 마케팅*Cause Marketing*〉은 한 사람의 소비자로서, 그리고 사회적 기업가로서 내가 대단히 조심스러워하는 부분이다. 지난 몇십 년간 더 많은 제품을 팔아먹기 위해 사회적 명분을 마케팅 캠페인에 덧붙이는 것이 하나의 유행으로 자리를 잡았다. 실제로 일부 〈코즈 마케터〉들은 지속 가능한 비즈니스 모델을 기반으로 사회적 병폐를 해결하려 하기보다는 그들의 브랜드와 제품이 사회적으로 의식 있는 것처럼 보이도록 하기 위해서 얄팍한 장식물들을 갖다붙이고 있다. 소비자들은 아주 눈치가 빠르고, 그렇기 때문에 이러한 속임수를 금방 간파한다. 그리고 결국에는 외면한다. 물론 단기적으로는 이러한 얄팍한 상술로 전술적인 목적을 달성할 수 있을 것이다. 하지만 장기적으로 소비자들은 진실을 알게 될 것이다. 지속적인 브랜드 가치를 구축하고자 한다면, 이러한 사회적인 시도들은 진정하고 영구적이어야 한다.

기업의 사회적 책임은 두 가지 방식으로 드러나고 있다. 일부 대기업들은 사회적 책임을 진지하게 인식하고, 공동체 안에서 책임 있게 행동하고 착한 일을 하기 위해 노력한다. 실제로 많은 선행들이 대기업에 의해 이루어지고 있다. 하지만 솔직하게 말해서, 이들 대기업들이 진지하고 지속적인 자세로 노력을 할 때에도, 소비자들은 종종 그들의 진정한 동기에 의문을 품기 때문에 충분한 지지를 얻지 못할 때가 많다. 다음으로, 유사한 선행을 만들어 내기 위해 교묘하게 설계된 인위적이고 얄팍한 시도들이 있다. 특히 기업이 내세우는 사회적 사명이 그들의 핵심 비즈니스와 모순을 보일 때, 이러한 시도는 더욱 억지스럽게 느껴진다. 예를 들어, 몸에 좋지 않은 제품(사탕이나 설탕, 음료 등)을 생산하는 기업이 소아 비만 문제와 싸우고 있는 자선 단체에 기부를 하고, 그러한 사실을 널리 알리려고 하는 경우가 그렇다. 이러한 시도는 위선적으로 보이고, 그 브랜드가 사회에 미치는 해로운 영향을 더욱 부각시킬 수 있기 때문에, 실질적으로 브랜드에 악영향을 미칠 수 있다(다른 한편, 워런 버핏과 같은 비즈니스 리더들은 기업이 기부 방식을 결정해서는 안 된다고 말하고 있다. 기업은 다만 배당금을 할당할 뿐, 자원을 할당하는 방식을 선택하는 것은 주주들의 몫이라고 그들은 주장한다. 비록 나는 시장의 힘과 민간 영역이 우리의 삶을 지배하고 있는 오늘날의 시대에는 기업 스스로가 사회적으로 긍정적인 역할을 떠맡을 수 있는 힘과 책임감을 가져야 한다고 생각하고 있지만, 그래도 이론적인 측면에서는 그의 견해를 존중한다).

내 생각은 이렇다. 품질 면에서 경쟁 제품들보다 떨어지는 경우, 테레사 수녀가 그 제품을 만들었다고 하더라도, 그리고 다양한 선행을 목적으로 삼고 있다고 하더라도, 소비자들은 이를 받아들이지 않을 것이다. 품질과 기능에서 동등한 두 제품 중 하나를 선택할 때, 그중 하나가 진정한 사회적 목적을 추구하고 있다면, 물론 대다수 소비자들은 그 브랜드를 선택할 것이다. 그러나 진정성이 없다고 느껴진다면 오히려 역효과를 일으킬 것이며, 소비자들을 그 브랜드로부터 멀어지게 할 것이다. 소비자들은 가식적인 〈즐거운〉 브랜드가 아니라, 진정으로 〈즐거운〉 브랜드(가령 도리토스)를 선택한다. 결론적으로 말해서, 제품을 많이 팔기를 원한다면, 우선 제품의 장점을 바탕으로 시장에서 승리하는 데 집중해야 한다. 그러고 나서 기업이 선언한 사회적 사명이 진정한 것임을 입증해야 할 것이다.

내가 크리스티 케이롤, 폴 반 질과 함께 설립했던 고급 의류 브랜드인 마이예Maiyet의 경우를 살펴보자. 처음에 우리는 식품 시장에서 내가 개척했던 피스웍스의 비즈니스 아이디어를 그대로 가지고 왔다. 마이예를 통해서, 우리는 라이베리아의 기독교 및 이슬람 여성들, 인도의 힌두교 및 이슬람 직공들, 그리고 상호 보완적인 기술을 보유하고 있는 케냐의 후투, 키쿠유, 루오족 출신 보석 세공인들의 힘을 모았고, 분쟁 지역에 살고 있는 장인들의 기술 수준을 한층 발전시켰다. 크리스티와 폴은 뛰어난 예술성으로 널리 인정을 받았다. 마이예 제품들은 지금 바니스를 비롯한 고급 명품 매장들을 통해 팔리고 있다. 그리고 타협하지 않는 장인 정신과 심오한 사회적 사명이 결합된 최초의 고급 의류 브랜드로 주목을 받고 있다.

소비자들은 마이예가 인도의 힌두교인과 이슬람인들 간의 긴장 완화를 위해 노력하고 있다는 사실을 잘 알고 있지만, 정작 마이예의 옷을 구입하는 이유는 디자인과 품질이 뛰어나기 때문이다. 물론 소비자들은 마이예와 그 브랜드가 지향하는 바를 이해하고 있고, 그렇기 때문에 마이예를 더 신뢰하고 매장에서 더 많이 찾는다.

돈은 목적이 아니다

어떤 사람들은 이렇게 말한다. 〈하지만 우리 비즈니스에는 따로 목적이 없어요. 있다면 돈을 많이 버는 거죠.〉 물론 모든 기업들이 사회적 기업으로 설립된 것은 아니다. 그리고 재정적 건전성은 모든 기업에게 중요한 부분이다. 하지만 모든 성공적인 기업들은 돈을 버는 것을 넘어서 목적, 그리고 사회에 제공할 가치를 지니고 있으며, 그렇지 않다면 그들의 제품이나 서비스는 매력을 잃어버리고 말 것이다. 직원들에게 일자리와 월급을 제공하는 수준을 넘어서, 성공적인 기업은 시장의 수요를 충족시킨다. 소비자들은 자신의 욕구를 충족시켜 준다는 이유로 기업에게 돈을 지불한다. 반면, 사회적 기업은 항상 우리 사회의 문제를 해결하기 위한 기회를 모색한다. 그렇다고 하더라도 모든 기업들은 그들의 비즈니스를 유지하기 위해서 기존의 시장 수요를 충족시켜야 한다.

여러분이 지금 생각하고 있는 것이 자신의 비즈니스든, 혹은 자기 자신이든 간에, 돈을 벌기 위한 싸움은 여러분의 잠재력을 위축시키고, 진정한 만족감을 얻지 못하게 할 것이다. 돈은 결국 가치를 추구하고 교환하기 위한 도구에 불과하기 때문이다.

나는 흔들리지 않기 위해, 종종 마흔아홉 개의 금화 이야기를 떠올리곤 한다.

머나먼 왕국에 궁궐의 마당을 청소하는 한 가난한 남자가 살고 있었다. 그는 언제나 웃음을 짓고 행복해했다. 왕은 자신의 고문에게

다가가 이렇게 불만을 털어놓았다. 「이 왕국에서 가장 부유하고 힘센 사람인 나는 언제나 걱정이 많고 우울한데, 어떻게 저 가난한 남자는 항상 행복한 표정을 짓고 있단 말인가?」

고문은 이렇게 대답했다. 「전하, 걱정하지 마옵소서. 제가 해결하겠나이다.」

그날 밤 고문은 행복한 남자가 사는 작은 오두막이 있는, 그 왕국에서 가장 가난한 마을로 내려갔다. 그리고는 그의 아내가 저녁을 준비하는 동안, 그 남자가 마당에서 아이들과 뛰어놀고 있는 모습을 몰래 엿보았다.

고문은 오십 개의 금화가 든 주머니를 꺼내서 가난한 남자의 집 앞에 놓아두었다. 그리고 떠나기 전에 거기서 금화 하나를 꺼내어 자신의 옷에 숨겼다. 그는 문을 두드리고는 곧장 사라졌다.

남자는 나와서 둘러보았지만 거기에는 아무도 없었다. 땅에 떨어져 있는 작은 주머니 하나만을 발견하고는 그것을 열어 보았다. 놀랍게도 거기에는 금화가 들어 있었다. 금화 하나만 해도 자신이 평생 가질 거라고 생각할 수 있는 금액 이상이었다. 게다가 단지 하나가 아니었다. 그는 동전을 세기 시작했다. 둘, 셋, 넷, 그리고 마흔여덟, 마흔아홉. 마흔아홉 개의 금화가 들어 있다! 그런데 이런 생각이 들었다. 〈잠깐만. 마흔아홉 개? 이상한 일이군. 잘못 세었나?〉 그는 다시 금화를 세어 보았지만, 여전히 마흔아홉 개였다. 어떻게 이럴 수가 있지? 금화 하나가 사라져 버렸다. 대체 어디에 있는 걸까? 그는 문을 열고는 다시 주변을 둘러보았다. 그리고 집 안으로 들어가 아이들에게 동전 하나를 주지 않았느냐고 물었다. 그는 아이들을 잡고 흔들며 다그쳤다. 「정말로 동전을 못 봤어?」 오십 번째 동전이 어디로 사라진 것인지 알 수 없었다. 지금 그에게는 마흔아홉 개의 금화가 있다. 그것은 어마어마한 돈이다. 하지만 오십 개가 있다면! 이제 오십 개는 그의 목표가 되었다. 오십 개의 금화를 완성할 수 있다면, 그는 완벽한 부자가 될 것이다. 그는 땅에 금화를 묻어 놓고, 다음 날 일을 하러 나갔다.

그날 하루 종일 남자는 오십 번째 금화를 채워 넣기 위해 어떻게 돈을 벌 것인지 고민했다. 두 번째 근무조로도 일할 수 있을 것이다. 혹은 아내가 일자리를 알아보도록 할 수 있을 것이다. 게다가 아이들도 학교를 그만두고 자신을 도울 수 있을 것이다. 그때 왕이 그의 곁을 지나가다가 인사를 건넸다. 하지만 깊은 고민과 다급한 마음으로 그의 표정은 너무도 어두웠다. 집에 돌아오니 더 걱정스럽고 신경이 쓰였다. 혹시 누가 금화를 훔쳐간 게 아닐까? 그는 곧장 달려가서 확인해 보았다. 다행스럽게도 그대로 있었다. 그는 아내와 아이들을 불러 놓고는 앞으로 나가서 일을 하라고 했다.

그 자신도 왕궁에서 두 번째, 그리고 급기야 세 번째 근무조까지 맡아서 일을 했다. 하지만 계속된 피로와 망상으로 그는 점점 더 지치고 불행해져 갔고, 결국 왕은 그를 해고해 버렸다. 아내와 아이들조차 병적으로 집착하고 탐욕스러운 그의 모습에 집을 떠나 버렸다. 극심한 압박감에 그는 실성하고 말았다. 지금도 그는 집에 홀로 남아 여전히 오십 번째 금화를 찾고 있다.

나는 돈을 성적표로 생각하는 환경에서 자라나지 않았다. 그래도 돈에 신경을 쓰지 않기란 점점 더 힘들어졌다. 카인드가 더 큰 성공을 거둘수록, 더 많은 자금을 운용할 수 있게 되었고, 내가 벌어들인 돈의 크기로 내 자신과 성공을 정의하려는 치명적인 유혹으로 점점 빠져들어 가고 있었다.

어릴 적 나는 돈에 대한 욕심이 없었다. 다행스럽게도 우리 부모님들은, 특히 한 번 크게 고생을 하신 이후로, 나와 내 형제들에게 필요한 것들을 충분히 제공해 주셨다. 나는 항상 일을 하거나 소기업을 운영했지만, 다 내가 좋아서 한 일이었다. 물론 돈을 번다는 것에 자긍심을 가졌지만, 내게 의미와 즐거움까지 주지는 못했다. 나는 그것들을 성취감으로부터 발견할 수 있었다. 아버지는 사업가라면 항상 실적을 기록으로 남겨야 한다고 말씀하셨기에, 나는 언제나 매출과 수익 모두를 면밀히 들여다보았다. 그래도 돈 그 자체는 나의 능력을 확인하는 수단에 불과했다.

이제 카인드는 핵심적인 비즈니스로 자리를 잡았다. 비록 경제적 성과의 중요성을 등한시한 적은 없었지만, 그래도 내 개인의 순 자산에 집착하지는 않았다. 그리고 경제적으로 성공을 거두었다고 해서, 내 라이프스타일이 달라지는 일이 없도록 각별히 주의를 기울였다. 특히 아이들이 생기고 나서, 나는 항상 자녀들에게 모범이 되고자 했고, 풍요의 문화 대신에 스스로 절제할 줄 아는 문화를 만들고자 했다. 그리고 중요한 일에 끊임없이 집중하면서, 돈을 떠받들려고 하지 않았다.

또한 나는 아랍-이스라엘 사람들 사이에 화해를 위한 다리를 구축하고, 열정을 불어넣고자 했던 나의 개인적인 다짐도 잊어버리지 않도록 노력했다. 비즈니스가 성장하면서, 나는 더 많은 시간을 투자해야 했다. 그리고 사회적 목적이 아무리 중요하다고 하더라도, 그것이 카인드가 더 힘든 과제에 도전하지 않아도 되는 핑계가 되도록 내버려 두지 않았다. 나는 항상 이러한 책임으로부터 결코 물러설 수 없다고 다짐했다.

목적의식을 가진다는 것은 우리가 너무나 특별한 존재라 아무도 하지 못한 일을 성취할 수 있다고 확신한다는 말일까? 나는 이런 질문을 종종 받았다. 〈반세기 동안 그토록 많은 사람들이 도전했다가 실패를 한 지금의 상황에서, 어떻게 당신은 중동의 평화에 기여할 수 있을 것이라 장담하는 겁니까?〉 실제로 나는 우리 모두가 각자 특정한 방식으로 살아가는 존재들이라고 생각하며, 그렇기 때문에 저마다 특정한 도움을 베풀 수 있다고 믿는다. 내게는 끈기와 창의성, 그리고 진지하게 목적을 바라보는 태도가 있다. 그러나 분명하게도 내가 다른 사람들이 할 수 없는 일을 할 수 있을 거라고 생각하지는 않는다. 다만 분쟁 해결을 위한 합의안을 마련하는 데 힘을 보탤 수 있을 것이라고 생각한다. 게다가 운이 좋다면, 다른 사람들을 끌어들일 수 있는 촉매제와 같은 역할도 할 수 있을 것이다. 그리고 이러저러한 변명으로 폭력적인 극단주의와 맞서 싸우는 역할을 계속해서 회피하기만 한다면, 이를 절대 막을 수 없을 것이라는 사실도 잘 알고 있다. 내게는 내가 맡은 것을 해야 할 책임이 있다.

더욱 중요한 것으로, 그 질문에는 목적에 관한 핵심이 빠져 있다. 여러분이 진정한 목적을 발견했다면, 그것을 달성할 수 있을 것인가는 별로 중요치 않다. 그 목적이 여러분에게 의미를 전달하는 진정한 사명이라면, 어떻게 외면할 수 있겠는가? 자신이 믿는 바를 행할 때, 우리는 의미와 만족감을 얻을 수 있다. 스스로 최선을 다하고 있다고 생각할 때, 우리는 평화를 느낄 수 있다. 분명하게도 우리는 다른 사람들이 우리 대신 그 일을 하도록 기다릴 수 없다. 유명한 랍비인 힐렐은 이렇게 말했다. 〈내가 나를 위해 존재하지 않는다면, 누가 나를 위해 존재할 것인가? 그리고 내가 오로지 나 자신만을 위해 존재한다면, 나는 무엇인가? 그리고 지금이 아니라면, 언제란 말인가?〉

목적을 발견하기 위해 자신과 대화하라

사회적 목적에 깊은 관심을 갖고 있는 많은 사람들은 소득의 일부를 기꺼이 기부한다. 그들은 지속적으로 자신의 믿음을 실현해 나간다. 열심히 일하고, 돈을 벌고, 그리고 그 돈으로 착한 일을 한다. 그것은 마땅히 칭찬받을 일이다. 하지만 우리가 일터에서 보내는 시간의 양을 생각할 때, 가장 이상적인 상황은 그 일을 즐기는 것이다. 오늘날 많은 사람들이 의미를 발견하기 위해 안정된 직장을 포기하고 있다. 올바른 상황 속에 있을 때, 우리는 즐겁게, 그리고 자랑스럽게 일을 할 수 있다.

자신의 목적을 성취하는 과정에 기여하는 직업을 선택할 수 있다는 것은 대단한 특권이다. 우리는 때로 그러한 특권을 누리지 못한다. 하지만 경제적인 여건상 스스로 이상적인 비즈니스를 시작할 수 없다고 하더라도, 힘을 얻을 수 있는 기업이나 조직에 열정을 바칠 수 있다면, 자신의 목적을 달성하고, 그 분야에서 성장할 수 있다. 또한 여유를 갖고, 〈그리고〉 철학(순차적인 접근 방식이 아니라 통합적인 접근 방식)을 따라서 더 나은 길을 모색할 수 있다면, 비즈니스 목표를 달성하면서 동시에 의미와 목적도 발견할 수 있을 것이다.

일에서 목적을 발견하라는 말은 숭고한 선을 위해 자신을 희생하라는 뜻이 아니다. 나는 결코 자아를 버리라거나, 자아가 중요하다고 말하지 않는다. 내가 다리를 구축하겠다는 사명에 스스로를 헌신하겠다고 했을 때, 그것은 인류를 위한 희생을 의미하는 게 아니다. 그것은 일종의 자기 보존 행위다. 나는 그 일로부터 즐거움을 느낀다.

일단 자신의 일 속에서 목적을 발견했다면, 우리는 또한 그 일 때문에 자신과 자신의 가족, 그리고 개인적인 삶을 희생하지 않도록 조심해야 할 필요가 있다. 충족감을 주는 일은 대단히 매력적이어서 몰입과 희열을 가져다주기 때문에, 우리는 자칫 일 못지않게 중요한 삶의 다른 측면들을 희생시키기 쉽다. 결혼을 하고 아이를 낳기 전에, 나는 내 삶이 얼마나 불균형한 것인지 알지 못했다. 중동 평화와 사회적 기업에 대한 집착 때문에, 어쩌면 나는 아이를 키우는 축복, 그리고 거기에 따르는 의미를(아이들을 훌륭한 사람으로 키워 내는 일을 포함해서) 놓치고 살았을지 모른다.

지금 갈림길에 서 있거나, 새로운 비즈니스를 시작하고 있거나, 혹은 자신의 목적을 기존의 비즈니스에 더 효과적으로 통합할 수 있을지 고민하고 있다면, 우리는 먼저 진정으로 자신을 이해해야 한다. 그 일을 곧바로 비즈니스로 옮기기 전에, 무엇이 스스로에게 목적을 부여하는지 깨달아야 한다.

다른 사람들을 행복하게 하는 것도 그러한 일이 될 수 있다. 훌륭한 부모가 되거나, 다른 사람들을 돌보거나, 특정 질병의 치료법을 개발하고, 지구를 깨끗하게 하는 것일 수도 있다. 그리고 세계적으로 중요한 문제를 해결하거나, 공동체에 영향을 미치는 것일 수도 있다. 여러분의 가족에게 중요한 것, 혹은 자신만을 위한 것일 수 있다. 목적과 열정은 단지 여러분의 비즈니스와 일자리에 관한 것만은 아니며, 또한 사람들마다 서로 다를 것이다.

여러분은 어쩌면 내부에 있는 어떠한 힘이 자신을 이끌어 가고 있는지 깨닫지 못하고 있을 수도 있다. 그렇기 때문에 자기 성찰이 중요하다. 삶에 대해 진지하게 고민하고, 기존에 갖고 있던 생각에 의문을 던지는 노력을 통해서, 스스로 무엇을 믿고 있으며, 그리고 하나의 인간으로서 어떻게 살아가고 싶은지에 대해 스스로에게 솔직해질 수 있을 것이다. 목적의식은 우리가 직장에서, 그리고 앞으로의 삶에서 더 효율적이고 행복하게 일하고 살아가게 해줄 것이다.

자신과 자주, 그리고 깊이 있게 대화를 나누는 것은 그리 쉬운 일이 아니다. 하지만 스스로를 움직이게 하는 원동력을 발견하기 위한 지름길은 존재하지 않는다. 그러므로 따로 시간을 내서 스스로에게 질문을 던져야 한다. 그 대답은 하룻밤 사이에 나오지 않는다. 그리고 더욱더 다양한 경험을 하게 되면서, 그 대답은 진화할 것이다. 그렇기 때문에 의식적으로 시간을 투자해서 내면의 자아에 끊임없이 귀를 기울이는 노력이 필요하다.

무엇이 자신을 행복하게 하는지에 대한 깨달음은 실제로 행복한 삶을 살아가기 위한 첫 번째 단계다. 그렇다면 왜 그렇게 많은 사람들이 이 문제에 대해 별로 고민하지 않고 살아가는 것일까? 우선 그러한 고민은 힘들다. 그 이유는 까다로운 질문에 대답을 해야 하기 때문이 아니라, 트위터와 블로그, 이메일, 그리고 페이스북 포스팅으로 넘쳐 나는 오늘날의 문화 환경이 깊은 성찰에 필요한 시간들을 모두 잡아먹고 있기 때문이다. 여러분 스스로 그러한 질문을 던져 본 적이 없다면, 대답을 발견하기 위한 여정을 시작조차 하지 않은 것이다. 하지만 그 여정 자체가 대답이 될 수도 있다.

자신이 사랑하는 것을 발견하고 이를 하고 있다면, 성공은 이미 보장된 것이다. 매일 자신이 좋아하는 일을 추구하는 삶이 스스로를 채워 줄 것이기 때문이다. 그러나 사회적인 압박감으로 인해 자신의 〈목적〉을 경제적 성공이나 권력, 명예, 혹은 자신을 다른 사람들과 비교하는 공허한 개념으로 착각하게 된다면, 여러분은 쳇바퀴를 도는 햄스터 신세가 되고 말 것이다. 그리고 결코 목적을 이룰 수 없을 것이다.

이러한 조언은 당연한 말처럼 들릴지 몰라도, 물질주의와 소비주의를 지향하는 문화 속에서 살아가는 사람들은 모두 자신의 성공을 남들과 비교하려는 유혹을 종종 느끼게 된다. 나 역시 예외일 수 없다. 그래서 나는 항상 우선순위를 떠올리고자 했다. 재능 있고 똑똑한 많은 사람들이 잘못된 목적을 추구하다가 길을 잃고 있다.

진정한 목표를 발견하기 위해, 우리는 가장 내면에 있는 자아와 이야기를 나누어야 한다. 우리는 꿈을 꾸어야 한다. 그리고 의식적으로 몽상에 빠져들어야 한다. 그게 어디건, 생각과 의식이 흘러가는 대로 스스로를 맡겨야 한다. 몽상은 우리가 도달할 수 있는 높이를 보여 주고, 새로운 세상을 꿈꾸게 하고, 새로운 자리에 선 자신의 모습을 떠올리게 하고, 〈그것은 불가능해〉라고 말하는 사람들을 멀리하게 한다. 모든 위대한 성취는 불가능해 보이는 일에 순진하게 도전하는 사람들로부터 시작된다.

예전에 비해 오늘날 우리 모두의 운명은 훨씬 더 긴밀하게 얽혀 있다. 새로운 세대들에게 주어진 과제들은 너무도 무겁다. 자원 부족에서 지구 온난화에 이르기까지, 이 과제들을 해결하기 위해서 우리는 공통된 인간성과 협력의 가치를 인식해야 한다. 이를 위해 우리는 다른 사람들에게 의존할 수 없다. 우리는 스스로 문제를 해결할 수 있는 역량과 책임을 지니고 있다.

물론 탁월함을 지향하고 최고를 추구하는 과정에서, 우리는 틀림없이 실패를 경험하게 될 것이다. 바로 그때, 우리는 자신과 이야기를 나누어야 한다. 높이 오를수록, 우리는 더 크게 떨어질 것이다. 그리고 때로는 상처를 입을 것이다. 그것도 아주 심각하게. 그러한 상태에서 자아와 대화를 나눌 때, 스스로를 사랑하고, 그리고 자책하지 않는 자세가 무엇보다 중요하다. 실수로부터 뭔가를 배울 수 있다면, 실수를 불편하게 생각하지 말자. 그리고 계속해서 오르고 내려오는 과정을 두려워 말자. 최고의 성공을 위해서는 실패를 하고, 그 실패로부터 교훈을 이끌어 내는 과정이 선행되어야 한다.

내가 벌였던 모든 비즈니스에서, 실패는 언제나 최종적인 성공의 결정적인 출발점이 되어 주었다. 실패 안에는 위대함을 향한 씨앗이 들어 있다. 그러한 씨앗에 내적 성찰이라는 물을 준다면, 성공으로 자라날 것이다.

여러분이 정상을 어디로 정했든지 간에, 중요한 것은 거기가 어디인지 이해하는 과정에서 스스로에게 솔직해야 하고, 그리고 최선을 다해야 한다는 사실이다. 끊임없이 자신과 대화를 나누면서 뒤를 돌아다볼 때, 우리는 진정성과 열정, 그리고 목적과 더불어 충만한 삶을 살아왔다는 사실을 깨닫게 될 것이다.

3장
끈기
비전을 향해 흔들림 없이 달려 나가다

비즈니스를 시작하는 단계에서 가장 힘든 과제들 중 하나는, 세상이 사랑하게 될 것이라고 믿는 여러분의 〈빛나는〉 아이디어를 실현하기 위해서 소비자의 행동을 바꾸고, 그리고 예전에 존재하지 않았던 새로운 무언가를 소개하는 일이다. 카인드의 경우, 우리는 완전히 새로운 제품 카테고리를 만들어 냈다. 그리고 식품 매장을 돌아다니는 소비자들을 대상으로 우리 제품이 대단히 인기 있을 뿐만 아니라, 그들이 예전에 미처 깨닫지 못했던 욕구를 충족시켜 줄 것이라고 설득했다.

첫 번째 문제는 새로운 카테고리의 이름이었다. 우리는 수년 동안 그 이름을 놓고 고민했다. 처음에는 에너지 바 열풍에 편승하기 위해 〈프루트 앤드 너트 에너지 바fruit and nut energy bar〉라고 이름을 붙였다. 하지만 〈에너지 바〉라는 표현 속에는 자연적인 성분으로 만들어진 것이 아니며, 맛도 별로 없다는 부정적인 인식이 담겨 있다는 사실을 깨닫게 되었다. 그래서 우리는 〈프루트 앤드 너트 바fruit and nut bar〉로 이름을 바꿨다. 다음으로 우리는 더 넓은 분야로 시선을 옮겼다. 그곳은 〈건강 스낵 바〉 시장으로, 이 카테고리에서 우리는 새로운 기업들과 경쟁을 벌여야 했다. 그리고 비슷한 시기에 출시되었던 과일과 견과류 반죽으로 만든 제품들과 카인드 제품을 차별화하기 위해, 우리는 〈홀 너트 앤드 프루트 바whole nut and fruit bar〉로 이름을 바꾸어서, 우리 제품이 분쇄하여 반죽으로 만든 것이 아니라, 성분들을 그대로 살려서 만들었다는 점을 강조했다.

지금 생각해 보면 이러한 특성은 사소한 것이거나 당연한 것처럼 보이지만, 실제로는 대단히 중요한 차이였고, 우리가 이러한 구분을 이해하기까지 꽤 오랜 시간이 걸렸다. 여러분이 지금 뭔가 새로운 것을 만들어 내고 있다면, 그와 관련된 모든 것들을 처음으로 시도하고 있는 것이다.

카인드 바를 개발하는 과정에서, 우리는 이와 관련된 특정한 과제들을 해결해야 했다. 가장 먼저 자연적인 성분을 사용하여 견과류와 과일을 혼합하는 조리법을 개발해야 했다. 그러한 성분들 중 하나로는 꿀이 있었고, 꿀은 견과류의 산화를 방지하는 데에도 도움이 되었다. 처음에 우리는 손으로 작은 덩어리를 만들어, 거대한 오븐 트레이에 구웠다. 그리고 바의 형태로 잘랐다. 그것은 많은 정성과 비용이 들어가는 대단히 비효율적인 생산 과정이었다. 우리는 전반적인 생산 과정과 포장 작업을 자동화하는 공정을 개발해야 했는데, 부서지기 쉬운 견과류들이 생산 라인에서 이리저리 움직이기 때문에 굉장히 까다로웠다. 우리는 모든 공정 단계들이 제대로 작동할 때까지 계속해서 수정했고, 오랜 시간 땀을 흘리며 새로운 방법들을 개발했다. 또한 상황이 허락할 때면 전문가들을 고용하기도 했다. 그렇게 최종적으로 완성된 카인드의 제조 공정은 수많은 브레인스토밍과 오랜 시도, 그리고 실패의 산물이었다.

널리 받아들여지고 있는 비즈니스 전략에 관한 격언들 중 한 가지는, 저항이 가장 적은 길을 따라가라는 것이다. 불필요한 두통을 피해야 한다는 것은 맞는 말이다. 하지만 기업가들은 도전 과제들을 기꺼이 찾아다니는 성향이 강하다는 것 또한 사실이며, 이로 인해 목적지에 도달할 수 있는 더 쉬운 길을 놓치기도 한다. 하지만 가장 쉬운 길이라고 해서 가장 올바른 길은 아니다. 새로운 벤처를 모색하고 있을 때, 특히 〈그리고〉 철학을 기반으로 하는 벤처를 꿈꾸고 있을 때에는 더욱 그렇다. 우리가 내놓아야 할 고유한 가치를 정의할 때, 언제나 지름길을 경계해야 한다. 금융 시장에서 〈현금이 왕〉이라면, 소비재 시장에서는 제품이 왕이다. 그렇기 때문에 제품을 개발하는 과정에서 쉽게 타협을 받아들여서는 안 된다. 실제로 견과류와 과일을 통째로 집어넣은 바를 만드는 공정은 슬래브 바를 생산하는 공정보다 훨씬 더 까다롭다. 하지만 우리는 우리의 특유한 아이디어를 생략할 수 없었다. 그 아이디어를 끝까지 밀고 나가기 위해서 많은 결단이 필요했다.

일단 제품이 완성되었을 때, 우리는 새로 나온 바를 널리 알리기 위해 전국을 돌면서 방문 판매를 시작했다. 10년 동안 자연식품 전문 매장들을 중심으로 건강식품들을 판매하면서, 카인드를 주제로 회의를 가졌던 많은 매장들과 관계를 맺어 나갔다.

초기에 가졌던 회의들 중 하나는 콜로라도에 있는 자연식품 매장에서였다. 그때 나는 나를 빤히 쳐다보는 마음씨 좋아 보이는 구매 담당자와 함께 매장 안에 있는 카페테리아 테이블에 앉아 있었다. 그는 내게 이렇게 말했다. 「당신의 제품들을 어디에 두어야 할지 모르겠군요.」 그는 카인드의 바 제품들이 매장 내에 있는 영양 바 코너에 어울리지 않는다고 생각했다. 그렇다고 해서 캔디 바나 시리얼 바 코너에 어울리는 것도 아니었다. 게다가 계산대 옆자리도 적당해 보이지 않았다.

그는 이렇게 말했다. 「어디다 진열해 두고 팔아야 할지 모르겠군요. 영양 바처럼 보이지는 않네요.」

나는 깊은 숨을 내쉬었다. 내게는 분명한 것이 그에게는 그렇게 보이지 않았던 모양이다.

나는 카인드의 홍보 문구를 인용하며 이렇게 설명했다. 「중요한 점은 사람들이 직접 보고 읽을 수 있는 성분들을 활용했기 때문에, 기존의 반죽 형태로 만든 제품과 다르다는 겁니다.」

그는 예의 바른 웃음을 지어 보였다. 하지만 일반 소비자들은 균일한 반죽으로 만든 제품들에 익숙하다며 걱정스러워했다.

그는 말했다. 「사람들은 바를 채우고 있는 부드러운 재료에 익숙해져 있습니다.」

우리 제품은 가공을 최소한으로 줄인, 자연과 가장 가까운 제품이라는 점을 강조하고 나서, 나는 영양 바 옆에 작은 진열대를 따로 설치해서(같은 선반이 아니라) 카인드 제품을 시험적으로 판매할 수 있도록 허락해 달라고 개인적으로 부탁했다.

많은 자연식품 체인 매장에서 구매 담당자들은 카인드가 기존의 영양 바 코너와는 어울리지 않는다고 생각했기 때문에, 우리는 식료품 코너에서 기회를 발견하고자 했다. 예를 들어, 홀 푸드 마켓Whole Foods Market에서 대부분의 영양 바들은 자연식품 홀 바디Whole Body 코너에 진열되어 있었다. 소비자들은 우리 제품이 거기에 해당된다고 생각하지 않았기 때문에, 처음에 우리는 캔디 바 코너 중 선반의 맨 아래 칸에서 판매를 시작했다. 그러다 보니 소비자들은 우리 제품을 집기 위해 허리를 굽혀야 했다. 그것은 아주 수고스러운 일이다. 또한 거기에 몰려든 사람들 대부분 초콜릿이나 사탕을 찾기 때문에, 소비자들의 흐름은 더욱 느려지게 된다. 당시만 하더라도 〈퍼포먼스〉 바를 찾는 소비자들은 영양 바 코너를 살폈다. 그리고 〈건강 스낵 바〉라고 하는 카테고리 자체가 없었기 때문에, 혹은 거기에 속하는 것들 중 널리 알려진 제품이 없었기에, 소비자들은 그런 제품이 있는지조차 몰랐다. 사람들은 우리를 애써 발견해 내야만 했다.

그러한 어려움에도 카인드는 투명한 포장지를 사용함으로써 소비자들의 관심을 끌었다. 우리의 제품은 좋은 성적을 거두었고, 결국 캔디 바 코너를 벗어나 그래놀라 및 곡물 바 코너로 이동하게 되었다. 하지만 문제는 또 있었다. 시리얼 바의 가격이 카인드 바보다 훨씬 더 저렴했던 것이다. 그 제품들은 값비싼 견과류나 과일이 아니라 곡물로만 만들어졌기 때문이다.

이 지점에서 우리는 카인드 바 자체에 의존해야만 했다. 다행스럽게도 한번 구매해 본 소비자들 대다수가 우리 제품을 재구매했다. 결국 우리는 곡물 코너 안에서 〈건강 스낵 바〉라고 하는 완전히 새로운 코너를 만들어 내는 데 기여했다. 어느 정도 시간이 흘러, 건강 스낵 바 코너의 인기가 높아졌고, 다른 영양 바 업체들 역시 그동안 많은 공을 들였던 기존 코너에서 카인드 제품들이 진열되어 있는 코너로 자리를 이동시켜 달라고 요청하기 시작했다.

힘든 시절을 버티기

끈기란 인내, 다시 말해 어떤 어려움이 있더라도 끝까지 나아가는 능력을 말한다. 직원들에게 월급을 지급하기 위해 하루하루 투쟁을 벌여야 하는 소규모 회사들에게 끈기란 곧 이른 아침부터 시작해서 최대한 많이 제품을 판매하는 것을 의미한다.

피스윅스 시절에 호주 브랜드 바를 수입하기 위해 투자했던 모든 돈을 허무하게 날리고 나서 카인드를 설립했을 무렵, 우리는 시장에서 쫓겨날 위기를 맞이하고 있었다. 직원들 월급을 어떻게 마련해야할지 길이 보이지 않았다. 내 연봉인 2만 4천 달러도 가져가기 힘든 적이 많았다. 여기에 피스윅스 투자자들의 압박까지 몰려왔다.

몇 년 전인 1998년에, 나는 총 10만 달러의 투자금을 받았다. 5만 달러와 2만 5천 달러는 각각 어릴 적 친구인 제이미와 그레고리오로 부터, 그리고 나머지 2만 5천 달러는 그레고리오가 소개해 준 친구로부터 받았다.

그리고 카인드를 설립하기 몇 년 전, 그레고리오의 친구는 나를 찾아와 자신의 지분을 팔고 싶다고 했다. 법적으로 우리가 그 지분을 사들일 책임은 없었고, 지금 우리에게 그럴 자금이 없다고 말해 볼수도 있었지만, 어쨌든 나는 도덕적으로 책임감을 느꼈고, 나 때문에 투자자가 어려움을 겪도록 내버려 두기는 싫었다. 그래서 결국 우리는 그녀의 지분을 사들이기로 했다. 이를 위해 피스웍스에 남아 있던 현금 대부분을 쏟아부었다. 나중에 상황이 더 악화될 경우를 대비해야 했기에, 비즈니스에 투자할 돈은 더 이상 남아 있지 않았다.

그래도 대개의 신생 기업들에게 없는 안전장치가 내겐 있었다. 만약 내가 굶어 죽을 위험에 처했을 때, 나는 우리 부모님이 나를 구제해 줄 것이라는 사실을 알고 있었다. 90년대 중반에 아버지는 사업자금으로 10만 달러를 내게 빌려주셨고, 몇 년 후 나는 이를 자랑스럽게 갚았다. 피스웍스 초창기에 상황이 좋지 않았다면, 가족들은 틀림없이 내게 생명 줄을 던져 주었을 것이다. 하지만 가족들에게 의지하기는 싫었고, 어떻게든 혼자 힘으로 일어서고 싶었다. 그래도 만약의 경우에 가족들이 나를 도와줄 것이라는 기대가 있었기에, 나는 끝까지 밀어붙일 수 있었다.

아버지의 빚을 갚고 난 후, 몇 년 동안 피스웍스는 제대로 성장하지 못했다. 가장 힘들었던 순간은 카인드 바를 출시하기 직전이었다. 당시 우리 직원은 여섯 명이었고, 매출은 크게 떨어지고 있었다. 그러한 상황에서 현금 흐름도 악화되었다. 매장에서 받지 못한 외상 매출금들이 제 날짜에 들어오지 않았다. 히트 상품이 없는 작은 기업들은 유통 업체의 결제 순서에서 항상 뒤로 밀리기 마련이다. 더 주문하지 않으면 그만이기 때문이다. 그러한 경우, 거래처의 외상 매출금 담당 관리자들을 찾아가 구걸하고 설득하며 끈질기게 물고 늘어져야 한다. 게다가 우리는 식품 기업이었기 때문에 재고에 유통 기한이 있었다. 기한이 지나면 제품을 전량 폐기하거나, 처리 업자에게 헐값에 넘겨야 했다.

우리가 입은 타격은 심각했다. 너무 바빠서 슬퍼할 겨를도 없었지만, 그래도 두렵고 혼자라는 느낌이 들었다. 경제적 압박을 이겨 내기 위해, 나는 대도시에서 파산을 경험했던 모든 사람들이 익숙하게 알고 있는, 그리고 오랜 세월이 검증한 방법으로 눈길을 돌렸다. 나는 최대한 돈을 아껴 썼다. 나는 무제한으로 먹을 수 있는 브런치 레스토랑을 종종 이용했다(거기서 하루를 버틸 수 있을 만큼 질릴 때까지 먹었다). 그게 나의 유일한 하루 식사였다.

나는 스스로를 비전이 풍부한 사람으로 여기고 있지만, 그 당시에는 오로지 살아남기 위해 발버둥을 쳤다. 절망적인 순간에, 전략을 짜고 비전을 세우는 능력은 위축되기 마련이다. 피스웍스는 이미 심각한 타격을 입었고, 비즈니스 세상에서 쫓겨날 위기에 처해 있었다. 하지만 다행스럽게도 카인드를 설립한 이후로 우리 비즈니스는 다시 일어섰고, 오랜 노력 끝에 결실을 거둘 수 있었다. 하지만 그러기까지 족히 십 년의 세월이 걸렸다.

의아하게 들릴 수도 있겠지만, 카인드 출범을 준비했던 시절(2001~2004년)의 상황적 위험은 내가 어리고, 순진하고, 경험이 없었던 피스웍스 초창기 시절(1994~2000년)에 비할 바는 아니었다. 카인드를 설립하기까지 십 년의 세월 동안 내가 저질렀던 실수들을 바탕으로, 나는 신생 기업을 시작하지 않는 방법을 주제로 비즈니스 스쿨 과정 입문서 한 권을 거뜬히 쓸 수 있을 것이다. 카인드는 다행스럽게도 십 년 동안의 나의 경험으로부터 얻은 교훈의 은혜를 충분히 누릴 수 있었다.

예전 사무실에서 이불을 깔고 자던 시절이 아직도 불현듯이 떠오르곤 한다. 말 그대로 나는 언제라도 나를 덮칠 것만 같은 머드 비누 상자들을 바라보며 잠이 들었다. 말린 토마토 스프레드 상자들의 벽이 창문으로 들어오는 모든 빛을 가로막고 있었기에, 나는 낮에도 햇빛을 그리워해야 했다. 시리얼을 먹거나 샤워를 하기 위해서는 미리 동선을 짜야만 했다. 나는 조그마한 아파트 공간을 두 겹으로 가로막고 있는 상자들과 갖가지 물건들의 미로를 헤쳐 나가야 했다. 자극적인 아로마테라피 향기가 8층 건물 전체로 퍼져 나갔기 때문에, 우리 건물에 살고 있던 이웃들은 아마도 내가 스파를 운영하고 있을 거라 생각했을 것이다. 어머니날을 대비하여 쌓아 놓았던 선물 바구니는 전혀 쓸모가 없었다. 그나마 내가 가지고 있던 모든 현금이 재고에 묶이고 말았다. 조금이라도 돈을 마련하자면, 그리고 바라건대 첫 번째 실수로부터 배운 교훈을 바탕으로 두 번째 재고를 들여오자면, 창고에 쌓여 있는 재고들을 어떻게든 빨리 팔아 치워야 했다.

세일즈: 나는 뭘 잘못했던가

나는 물건을 판매하는 방법을 잘 알고 있다고 생각했다. 십 대 시절에 처음으로 장사를 시작하면서 노점과 행사장, 키오스크 등에서 시계를 팔았던 경험이 피스웍스의 신제품 판매에도 그대로 적용될 거라고 확신했다. 그러나 아쉽게도 나의 드높은 끈기도 지식의 결핍을 메워 주지 못했다.

1994년에는 포트 어소리티 버스 터미널과 세계 무역 센터에서 키오스크를 임대해서 피부 관리 제품과 지중해식 스프레드를 판매하기 시작했다. 또한 무역 박람회와 맨해튼 유비쿼터스 거리 곳곳의 행사장에도 노점을 설치했다. 행사장 노점들은 간신히 수지 타산을 맞출 수 있었지만, 키오스크의 매출은 임대료와 부대 비용을 감당하기에도 벅찼다. 비즈니스를 키울 엄두를 낼 수조차 없었다.

나는 사람들이 키오스크에서 판매하는 식품을 별로 신뢰하지 않는다는 사실을 깨닫게 되었다. 또한 위치 선정에도 잘못이 있었다. 세계 무역 센터와 포트 어소리티 터미널을 오가는 열차로 힘들게 출퇴근을 하는 사람들은 음식을 찾지 않았고, 스프레드가 든 병을 사서 애써 들고 다니길 원치 않았다. 그들의 목표는 한시라도 빨리 집으로 돌아가는 것이었다. 임대료를 내기 위한 매일 같은 노력은 내게 너무나 힘든 싸움이었다.

나는 식품 매장, 특히 고급 식품에 특화된 매장들의 공식적인 인증이 필요하다는 사실을 점차 깨닫게 되었다. 그러한 매장에서 소비자들은 특수한 용도의 식품들을 찾고, 그것을 사기 위해 기꺼이 돈을 지불한다. 대형 유통 업체의 승인은 소비자들에게 높은 신뢰감을 전해 준다. 물론 특별 식품들을 취급하는 유통 업체를 통해서 우리 제품들을 판매한다면, 매장은 물론 중간 상인들의 이윤까지 가격에 포함시켜야 하기 때문에 우리의 이익은 훨씬 더 낮아질 수밖에 없었다. 그래도 줄어든 이윤을 물량으로 만회할 수 있을 것이었다.

문제는 또 있었다. 특별 식품 유통 업체들에 우리 제품들을 제안했지만 확답을 듣지 못하고 있었다. 가격 구조에서 라벨의 영양 정보 표기, 디자인, 그리고 브랜드 이미지에 이르기까지 우리 제품들과 관련하여 수정해야 할 부분이 많이 있었다. 하지만 당시 나는 뭐가 문제인지 알지 못했고, 당연히 어떻게 고쳐야 할지도 알 수 없었다. 그래서 나는 무작정 매장들을 찾아가서 구매 담당자나 매장 관리자들이 우리 제품을 주문하거나, 혹은 문제점을 지적해 줄 때까지 떠나지 않았다. 다행히도 그들은 나의 진지한 노력과 괴팍함을 긍정적으로(그리고 흥미롭게) 생각해 주었다. 그들의 눈에 나는 법률 회사 일자리를 마다하고, 중동 지역의 경제 협력을 도모하기 위해 커다란 갈색 인조 가죽 서류 가방 속에 말린 토마토 스프레드 병을 들고 다니는 멕시코 유대인이었다. 그들은 나의 이야기, 그리고 뭔가를 해보기 위해 무엇이든 배우고 도전하는 나의 의지를 마음에 들어 했다. 그래서 그들은 아마도 내 이야기를 조금 더 참을성 있게 들어주었을 것이다. 우리 제품의 뛰어난 맛도 한몫을 했다. 어떤 이는 내게 용기를, 또 어떤 이는 조언을 주었다.

어퍼웨스트사이드 지역에 위치한, 특별 식품의 메카라고도 할 수 있는 유명한 식품 체인인 자바스 매장으로 들어갔던 때가 기억난다. 나는 그곳의 에너지, 그리고 닐 사이먼과 우디 앨런을 떠올리게 하는 특성이 마음에 들었고, 그 모든 것들이 매장에 다 어우러져 있었다. 나는 점원에게 매장 책임자나 사장을 만나게 해달라고 부탁했다. 그러고는 한 시간가량을 기다렸다. 결국 사울 자바와 그의 충직한 관리자인 스콧 골드샤인이 모습을 드러냈다. 거기서 나는 사무실, 혹은 구매 담당자의 책상 앞에서 제품을 소개할 기회를 얻지 못했다. 사울은 손님들이 식료품을 봉지에 담고 있던 맨 끝 금전 등록기의 모서리를 손으로 두드리며 내게 이렇게 말했다.「일 분 드리겠습니다.」

　나는 철제 테이블 위에 병을 올려놓고는 제품에 대해 설명하기 시작했다. 그러나 사울과 스캇은 예의 바른 표정으로 나를 조롱하기 시작했다. 사울이 말했다.「자신이 무슨 짓을 한 것인지 전혀 모르고 있군요. 라벨이 너무 복잡해요.」스캇이 끼어들었다.「가격 구조가 완전히 엉망이에요.」사울이 외쳤다.「너무 짜요.」스캇이 맞장구를 쳤다.「느끼하기까지 하군요.」그러고는 이렇게 결론을 내렸다.「마음에 드는 구석이 하나도 없어요.」그들은 모욕과 저주를 오가며 내가 얼마나 어리석은 사람인지에 대해 충격적인 조언들을 들려주었다. 나는 그들의 말에 귀를 기울였고, 그렇게 바꿔 보겠노라고 약속했다. 고통의 시간은 기껏해야 10~15분 정도였지만, 나는 한 시간 동안 두 명의 거구와 권투 시합을 벌인 듯한 느낌이 들었다. 자바와 골드샤인은 그들이 말한 대로 수정을 해온다면 한 번 더 기회를 주겠다고 약속했다. 물론 그들은 내가 그렇게 해오리라고 생각하지 않았을 것이다. 그러나 나는 몇 달 후에 정말로 그렇게 했고, 당시로서는 열 상자에 이르는 상당한 초도 주문까지 받아 냈다. 그 이후로 20년 동안 우리는 돈독한 관계를 이어 오고 있으며 자바스에서는 지금도 우리 제품들이 팔리고 있다.

　피스웍스의 지중해식 스프레드에는 초기에 훨씬 더 문제가 많았다. 진공 포장이 제대로 되지 않아 병에서 오일이 샜고, 제품 라벨은 수작업으로 하는 바람에 똑바로 붙어 있지 못했다. 가격 책정도 엉망이어서 유통 업체와 중간 상인들이 필요로 하는 적절한 이윤 구조를 만들어 내지 못했다. 나는 계속해서 처음으로 돌아가 새롭게 판을 짜야 했다.

그렇게 나는 식품 시장을 하나둘 배워 나갔다. 돌이켜 보건대 그것은 최고의 학습 기회였다. 전쟁터에서 실제로 싸우고 있는 사람들로부터 나는 많은 것들을 배울 수 있었다. 나는 매장에 샘플병을 들고 갔다. 그러면 그들은 내게 잘못한 부분을 알려 주었고, 나는 그대로 고쳤다. 그리고 물건을 판매했고, 납품 업체들에게 더 많은 제품을 주문했다.

특별 식품 매장에 물건을 집어넣기 위해 애를 쓰면서, 동시에 나는 최대한 넓게 그물망을 던졌다. 우리는 중간 유통상을 따로 쓰지 않았기 때문에, 모든 제품을 직접 팔아야 했다. 그러한 시스템은 시간적으로나 비용적으로 효율적이지 못했다. 나는 뉴욕 시의 모든 거리를 누볐고, 우리 제품을 받아 주는 곳이면 어디든 물건을 팔았다.

맨해튼에 온 지 얼마 되지 않았기 때문에, 나는 도시의 지리를 잘 알지 못했다. 초반에는, 친구들과 저녁에 어울리고 나서 새벽 2시쯤 거리가 조용해졌을 때 오래된 쿠거*를 몰고 나가 모든 거리들을 샅샅이 돌아다니며 답사를 했다. 그리고 식품 매장을 발견할 때마다, 그 근처에 멈춰 서서 공책에 위치를 표시했다. 그렇게 며칠 밤 동안 운전하면서 돌아다니고 나서, 나는 결국 식료품 매장과 편의점, 잡화점, 백화점을 비롯하여 맨해튼에서 식품을 팔 수 있다고 생각되는 모

---

* 미국 자동차 회사 포드의 브랜드 머큐리에서 생산했던 모델.

든 매장들의 위치를 일일이 손으로 기록한 지도를 완성할 수 있었다.

그러고는 길을 나서기 시작했다. 나는 컬럼비아 대학 인근의 122번가와 브로드웨이 구역에서 매일 아침 7시에 일을 시작했다. 브로드웨이 서쪽에서 도심 방향으로 걸어오면서, 우리 제품을 받아 줄 수 있는 모든 매장에 들렀다. 10킬로그램이 넘는 모세 앤드 알리스 스프레드 샘플병과 시식용 빵 한 덩어리를 인조 가죽 가방에 넣고는 곳곳을 돌아다녔다. 매장에 들어가서는 주인이 내게 기회를 줄 때까지 떠나지 않았다. 매장 책임자에게 물건을 주문할 권한이 없는 경우, 권한이 있는 사람에게 직접 전화를 걸었다. 나중에는 본사 구매 담당자에게 직접 전화를 걸기도 했다.

때로는 맨해튼을 길게 가로지르는 도로의 한쪽 면만 들르는 데에도 꼬박 하루가 걸렸다. 그리고 나서 그다음 날에는 도로 반대편에 있는 모든 매장들을 들렀다. 매디슨 가나 1번가처럼 식품 판매점들이 많지 않은 경우, 거리를 이쪽저쪽으로 왔다 갔다 하면서 들르는 편이 더욱 효과적이었다. 나는 이러한 방식으로 맨해튼의 모든 거리를 다 돌았다. 기회의 대부분은 브로드웨이, 그리고 2번가와 3번가에 집중되어 있었고, 드물게도 로어이스트사이드와 소호 지역에도 있었다.

중동에서 제품 상자들이 도착했을 때, 나는 그것들을 내 낡은 쿠거에 집어넣고 직접 배달에 나섰다. 트렁크 뚜껑이 고장이 나는 바람에, 접착테이프로 고정시켜야 했다.

유통 매장에 제품들을 납품하는 소소한 성공을 거둔 후, 나는 매장의 허락을 구해 시식 테이블을 설치해서 소비자들이 우리 제품을 직접 맛보게끔 했다. 자바스의 시식 코너는 판매를 위한 나의 노력의 정점이었다. 나는 그 매장 내 유명 빵 가게에서 껍질이 딱딱한 맛있는 바게트를 50달러 정도에 사고, 내가 직접 시식 코너를 운영함으로써 비용을 절약했다. 매장 안에 오랫동안 머물면서, 소비자들과 피스웍스 제품에 대해 이야기를 나누는 동안 샘플용 스프레드 상자를 두세 개 정도 소진했다. 하지만 실제로 하루에 30개 정도의 상자를 판매할 수 있었고, 하루 매출은 1천 달러에 달했다. 그곳 매장은 뉴욕 시 고급 식품의 중심지였다. 나는 내가 왜 우리 제품에 그토록 열정적인지 사람들에게 이야기하면서, 그들이 웃는 모습을 바라보는 게 좋았다. 마찬가지로 페어웨이 마켓, 웨스트사이드 마켓, 그리고 맨해튼 전역에 걸친 다른 독립 매장들에서도 이와 비슷한 경험을 할 수 있었다.

뉴욕 시에 위치한 200군데에 가까운 매장들에 납품하게 되면서, 나는 중간 유통상을 통해서 업무를 처리하기 시작했다. 일단 내가 매장과 계약을 맺고 첫 주문을 받으면, 이후로 중간상이 우리의 비즈니스를 관리하고, 배송을 처리해 주었다. 여전히 나는 모든 판매 업무를 직접 하고 있었지만, 배송 업무에서 자유로울 수 있었기에 더 많은 시간을 세일즈 활동에 투자할 수 있었다.

다음 목적지는 필라델피아였다. 당시 나는 스물다섯이었고, 펜실베이니아 대학의 졸업반 여학생과 데이트를 하고 있었다. 거기서도 나는 맨해튼과 똑같은 과정을 따랐다. 대학 주변의 거리를 차로 돌아다니면서 확인이 가능한 모든 식품 매장들의 지도를 그렸다. 그리고 전화번호부를 뒤져서 특수 식품 및 자연식품 매장, 건강식품 매장, 유대인 식품 매장, 그리고 일반 식료품 매장들 모든 곳을 목록으로 작성했다. 다음으로 매장에 일일이 전화를 걸어 구매 담당자와 약속을 잡았다.

이 역시 지극히 비효율적인 판매 방식이었지만, 당시 나는 시간을 얼마나 소모적으로 활용하고 있는지 깨닫지 못했다. 약속을 하고 필라델피아 외곽으로 한 시간 동안 차를 몰고 달려갔지만, 그 매장이 헝가리 육류나 스페인 식품만을 전문적으로 취급하거나, 혹은 특별한 지중해식 스프레드를 사러 오는 손님들은 거의 없을 조그마한 편의점일 때가 많았다. 한번은 저먼타운 파머스 마켓의 구매 담당자를 만나기 위해 새벽 5시에 매장에 도착했지만, 담당자는 그날 휴가였다.

나는 엘킨스 파크에 위치한 애시본 마켓이라는 업체와도 거래를 하게 되었다. 이 거래야말로 비효율적인 판매 방식의 전형적인 경우였다. 차로 두 시간을 달려 그곳에 도착했지만, 주문은 40달러도 되지 않았고, 두 번째 주문까지 오랜 시간이 걸렸다. 그때가 되어서야 나는 내 업무 방식이 얼마나 비효율적인 것인지 인식하게 되었다. 논리적인 사람이었더라면 아마도 진즉에 포기했을 것이다. 그러나 나는 확고했고, 순진했다. 그랬기 때문에 나는 아마도 그 일을 계속할 수 있었을 것이다. 앞으로 내가 얼마나 거대한 산들을 넘어야 할지 알지 못했다.

내가 처음으로 거래를 하게 된 대규모 중간 유통 업체는 필라델피아로 가는 길에 있는 해든 하우스라는 곳이었다. 그들은 미국 전역을 무대로 하는 유통 업체로, 이들과 함께 할 수 있다는 사실은 내게 큰 힘이 되었다. 이들이 우리 제품을 취급하기 시작하면서, 나는 고객 업체들을 관리하는 영업 사원들을 알게 되었다. 한번은 인근에 있는 애플비 레스토랑에 이들 영업 사원들을 초대해서 점심을 함께한 적이 있었다. 나로서는 상당한 비용이 들기는 했지만, 그래도 그만한 가치가 있었다. 점심을 함께하면서, 나는 그들에게 우리 제품에 대해 설명할 수 있는 시간을 가질 수 있었다. 나의 소망은 그들이 나를 대신해 거래처를 뚫어 주는 것이었고, 실제로 그들은 그렇게 해주었다. 고객 업체들을 방문할 때, 나는 종종 그들의 차를 얻어 타고 가기도 했다. 그들은 나를 업체에 소개시켜 주었고, 매장의 구매 담당자와 직접 이야기를 나눌 수 있도록 해주었다. 해든 하우스는 모셰 앤드 알리스 스프레드에는 별로 관심을 기울이지 않았지만, 카인드는 지금도 해든 하우스의 가장 중요한 제품군들 중 하나로 남아 있다.

기업가 정신의 두 단계: 확신을 통한 끈기 단련

끈기는 태도와 기질, 그리고 개인의 성격으로부터 비롯된 지구력이다. 그렇다면 끈기는 어떻게 단련되는 것일까? 성격을 넘어서, 모험에 도전하겠다는 결론에 도달하기까지의 과정이 확신에 영향을 미치는 것일까? 나는 그렇다고 생각한다. 더 나아가, 2단계 과정을 통해 기업가는 모험적인 사업을 시작하기 전에 자신을 위험에 빠지지 않게 할 수 있다. 기업가는 어떤 장애물이 있든 간에 결승점에 도달할 수 있다는 확신을 갖고 있어야 한다. 하지만 그의 아이디어가 애초에 잘못된 것이라면? 그렇다면 그의 인생은 진흙 구덩이에 빠지고 말 것이다. 그렇기 때문에 연구와 개발 단계, 그리고 실행 단계를 구분하는 노력이 필요하다.

일단 아이디어를 얻었다면, 이를 시험해 보는 것이 중요하다. 내가 신문 광고나 길거리 행사를 통해서 그렇게 했던 것처럼, 사해 미네랄 제품을 들여오기 전에 대규모 마케팅 전략을 고민했더라면, 나는 아마도 실수로부터 많은 것을 배우는 대신에 수백만 달러를 아낄 수 있었을 것이다. 이처럼 사업의 초기 단계에서는 아이디어의 모든 측면에 대해 질문을 던져야 한다. 그 아이디어는 합리적인 것인가? 혹은 이미 누군가 먼저 시도하지 않았나?

시장 조사를 했음에도 경쟁자를 발견하지 못했다면, 그것은 틀림없이 조사 작업이 충분히 이루어지지 않은 것이다. 하늘 아래 존재하는 모든 아이디어에는 경쟁자가 있기 마련이다. 예를 들어, 말린 토마토를 한 번도 먹어 보지 않았다고 하더라도, 나는 이탈리아와 캘리포니아 지역에 가내 수공업이 존재하고 있다는 사실을 간파할 수 있었다. 첫 번째 단계는 건설적인 비판의 시간이다. 그것은 반드시 해결해야 할 중대한 문제인가? 그 아이디어는 이 문제를 확실하고 충분하게 해결할 수 있을 것인가? 효과적이고 효율적인 방식인가? 목표 달성을 위한 전체 과정은 건전하고 현실적인 것인가? 이를 위해 필요한 자원을 확보하고 있는가? 이 단계에서 여러분은 자신과 자신의 성격, 혹은 경제적 상황에 관한 것들을 포함하여, 모든 까다로운 질문들을 시간을 내어 던져 보아야 한다. 이 단계는 경험적인 조사와 진정한 내면적 성찰을 모두 포괄해야 한다. 여기서 솔직한 답변을 들려줄 것으로 기대할 수 있는 사람들에게 물어보려는 노력은 대단히 중요하다.

자신과 자신의 아이디어에 대해 전체적으로 깊이 있는 질문들을 던지고 나서야(의심의 불구덩이를 건너고 나서야), 여러분은 비로소 편안한 마음으로 자신의 아이디어와 함께 앞으로 나아갈 수 있다. 조사와 내적 성찰의 진지한 기간을 거치고 난 후에도 자신의 모험이 여전히 긍정적으로 느껴진다면, 여러분 자신의 심장과 두뇌 속에 있는 스위치를 켜야 할, 그리고 회의주의자에서 열정적인 전도사로 변신해야 할 때가 온 것이다.

전도사 단계는 실행의 첫 순간과 함께 시작된다. 이제 여러분은 절대 뒤돌아보거나 후회해서는 안 된다. 누구도 여러분을 좌절시키거나 막을 수 없다. 지금까지 여러분은 계속해서 시험을 했고, 목표에 도달할 수 있다는 확신으로부터 힘을 끌어모았다. 이제 누구의 의심도 여러분을 꺾지 못한다. 물론 실패를 겪고 약해지는 순간이 찾아올 것이다. 하지만 가슴속에 타오르는 불꽃은 이렇게 말한다. 〈나는 끝까지 가야 한다. 그리고 목표를 달성해야 한다. 실패는 내 선택 사항이 아니다.〉 물론 전략을 어떻게 바꿔야 할지, 피드백과 새로운 정보들을 어떻게 통합해야 할지, 그리고 제품 및 배송 시스템을 어떻게 개선해야 할지에 대해 스스로에게 끊임없이 질문을 던지는 시도는 당연하고도 필수적인 과제다. 여러분은 언제나 비판적인 사색가여야 한다. 그렇다고 하더라도 전도사 단계에서는 자신이 추구하는 핵심 가치를 의심해서는 안 된다. 모든 의심은 한쪽으로 치워

놓아야 한다. 그 누구도, 그리고 그 무엇도 여러분을 막거나 방해하지 못한다. 여러분 자신과 확신을 강화시킬 뿐이다. 여러분은 이제 행동주의자다. 즉, 확고한 신념으로 일을 처리해 나가는 사람이다.

회의주의자에서 전도사로 넘어가는 과정은 대단히 중요하다. 서로 다른 두 단계를 착각하거나 혼동할 때, 자신과 자신의 꿈에 치명적인 피해를 입힐 수 있다. 전반적인 시험 단계의 부실로 인해 아이디어의 실현 가능성에 잘못된 믿음을 갖게 된다면, 오랫동안 황야를 떠돌며 에너지와 삶을 낭비하게 될 것이다. 조사 단계를 진지하게 받아들일 만큼 근거는 충분한가? 하지만 다른 한편으로, 스위치를 이미 켰다면, 실패로 인해 중단할 수는 없다. 목적의 정당성으로부터, 〈그리고〉 회의주의 단계에서 실시했던 치밀한 조사와 고민에 의해 든든하게 뒷받침된 여정의 확실성으로부터 이끌어 낸 확신에 닻을 내릴 수 있다면, 실패의 순간에도 일어설 수 있는 확고한 의지를 얻게 될 것이다.

모든 사람들이 다 기업가의 삶에 적합한 것은 아니다. 비즈니스는 아이를 키우는 것과도 같다. 엄청난 보상을 주고, 〈그리고〉 엄청난 고난을 준다. 우리는 자신이 사랑하는 일을 하고 있다는 확신으로부터 만족감을 얻을 수 있다. 하지만 사무실에서 하는 일반적인 업무보다 더 극단적인 상승과 하락을 겪게 될 것이라는 점을 명심할 필요가 있다.

상황이 예기치 못하게 어려워질 수 있다. 때로는 아주 끔찍한 국면으로 접어들기도 한다. 그러면 당연하게도 두려움과 외로움이 밀려든다. 그래도 우리는 그러한 감정을 받아들이고 다시 일터로 나가야 한다. 어쩌면 삶에서 가장 힘든 순간을 경험하게 될는지도 모른다. 그러나 그 일이 여러분이 길러 내야 할 자녀이자 성취해야 할 사명이라면, 결국에는 걸어가야 할 길이라는 이유로 그 여정을 사랑하게 될 것이다. 좌절과 끔찍한 실패를 겪는다고 하더라도, 자신의 노력에서 의미를 발견하게 될 것이다.

포기하고 싶은 마음이 한 번도 든 적이 없었다고 말하고 싶지만, 나 역시 카인드 제품들을 출시하기 전 몇 년 동안에는 모든 일을 접고 법률 회사의 안정된 직장으로 돌아가고 싶은 유혹을 느꼈다. 때로는 꼬박꼬박 월급을 받는 삶을, 그리고 가족의 생계를 책임지지 않아도 되는 삶을 그리워하기도 했다. 그리고 우리 기업이 성공하지 못할 것이라고, 내 사명을 결코 이루지 못할 것이라고 걱정했다.

그래도 나를 버티게 했던 것은 끈기와 목적, 그리고 확신이라고 하는 든든한 닻이 있었기 때문이다. 나는 꿈을 버릴 수도, 그리고 우리 직원들을 포기할 수도 없었다.

끈기도 가르칠 수 있을까?

어릴 적 나는 『아기 돼지 삼 형제』 이야기를 무척 좋아했다. 그 이야기 속에서 나는 뭔가를 완벽하게 만들어 내는 노력이 중요하다는 사실을 깨달았고, 그래서 나는 일을 할 때면 항상 탄탄한 기반을 구축하고자 했다. 이제 아내와 나는 그 우화를 우리 아이들에게 읽어 주고 있다. 또한 『나는 할 수 있다고 생각하는 꼬마 엔진 *The Little*

Engine That Could(《*I think I can, I think I can, I think I can*》) 이야기도 함께 들려주고 있다.

우리는 끈기를 가르칠 수 있을까? 어떻게 하면 젊은(혹은 어린) 영혼들이 가만히 앉아 있지 않고 스스로 일어설 수 있도록 자극할 수 있을까? 진정으로 무언가를 믿을 때, 다른 사람들의 부정적인 반응에 휘둘려서는 안 된다는 사실을 어떻게 각인시킬 수 있을까? 부모들이라면 자녀들이 질문하지 말고, 어른의 말씀을 그냥 그대로 받아들이도록 강요하고 싶은 유혹을 종종 느낄 것이다. 하지만 권위에 의문을 품고, 자신의 주장을 드러내는 것이 올바른 일이라는 사실을 아이들에게 가르치는 노력도 때로 필요하다. 부모들은 그들의 자녀들이 지나치게 강압적이고 고집 센 성격 탓에 동료들과 어울리지 못하는 사람으로 성장하기를 원치 않을 것이다. 동시에 삶이 그들에게 던지는 것들을 그저 수동적으로 받아들이고, 다른 누군가가 임의적으로 규칙이나 조건을 강요할 때 아무 말없이 순종하는 사람이 되기도 바라지 않을 것이다.

우리는 아이들에게 교훈을 전달하고, 그들을 위해 계속해서 이야기를 들려주어야 한다. 분위기가 예상대로 흘러가지 않는다고 하더라도 시도를 두려워 말자. 중요한 것은 노력이다. 그리고 포기하지 않는 것이다. 〈실패를 두려워하지 말라. 시도하지 않는 것을 두려워하라.〉 우리 자녀들은(나이에 상관없이) 누구나 부모님을 실망시키고 싶어 하지 않는다. 〈자신〉과 경쟁하고, 노력을 자랑스럽게 생각하고, 그리고 단지 다른 사람들에게 좋은 인상을 주려고만 해서는 안 된다는 사실을 깨닫게 하는 것이 중요하다. 이와 관련하여 지혜를 나누고 있는 좋은 책으로, 포 브론슨과 애슐리 메리먼이 쓴 『양육쇼크 *NurtureShock*』를 추천한다.

삶에서 겪게 되는 성공, 혹은 실패의 많은 부분은 행운으로부터 찾아온다. 그러나 행운의 많은 부분은 경기에 임하는 우리의 끈기와 연관이 있다. 경기에 참여하지 않는다면, 결국 우리는 점수를 얻지 못한다. 분명하게도 삶은 우리에게 다양한 변화구를 던진다. 그렇기 때문에 우리는 자기 자신에게, 그리고 자신이 사랑하는 사람들에게 유연한 마음가짐을 갖도록 가르침으로써 불확실성에 대처하고 인내심을 강화하도록 해야 한다. 비록 능숙하지 않다고 하더라도 경기를 끝까지 이어 나가기 위해 필요한 자신감을(자신과 자녀들 마음속에) 심어 주려는 노력이 중요하다. 경기에 더 많이 참여할수록, 우리의 실력은 향상될 것이다.

아주 어릴 적부터 나는 아버지가 열심히 시계를 판매하시던 모습을 지켜보았다. 사람들은 때로 아버지에게 조언을 구하러 왔다. 나는 일하는 아버지 옆에 앉아서 숙제를 하면서, 아버지가 동료들과 나누는 이야기를 듣는 것을 무척 좋아했다. 일과 삶에 대한 아버지의 태도를 바라보았던 경험은 내가 나중에 기업가가 되어서 세상을 더 좋은 곳으로 만들고자 했던 노력과 깊은 관련이 있었다.

나는 어린 시절부터 돈을 벌었다. 멕시코시티를 기준으로 우리 집은 비교적 잘 사는 편이었지만, 그래도 부모님은 항상 경제적 독립성을 강조하셨다. 너무 어려서 그게 무슨 말인지 이해하지 못했을 때조차, 나는 돼지 저금통에 저축을 했다.

예닐곱 살 무렵에 나는 형제 및 사촌들과 함께 축제 게임을 벌이면서 처음으로 비즈니스를 시작했다. 나는 모두에게 2페소를 나눠 주고는 고리 던지기 게임을 하도록 했다. 그리고 챠모이라고 하는 매운 멕시코 사탕, 혹은 껌을 부상으로 주었다. 내 누이들인 태미와 일리애나, 남동생 시오마, 그리고 사촌인 샌디와 에디는 항상 그 놀이를 즐겼다.

여덟 살이 되던 해에는 본격적인 마술쇼에 도전했다. 나의 마술 공연은 계속해서 발전했고, 예명까지 얻게 되었다. 삼촌인 요르단은 내게 마술사 후디니의 이름을 따서 후다니라는 별명을 지어 주었다. 그리고 내 친구인 하이메 하에트가 나와 함께 공연을 하게 되었을 때, 그는 후하이메가 되었다(후디니와는 완전히 다른 발음이기는 하지만). 나와 하이메와 함께했던 또 다른 친구인 그레고리오 슈나이더는 화려한 광대인 후에볼렛(대충 〈에골레토〉쯤 되겠다)의 역할을 맡아 주었다. 우리 세 사람은 아이들 생일 파티, 노인들이 사는 아파트, 학교, 소아 병동, 그리고 심각하게 낙후된 지역에 살고 있는 아이들을 위한 문화 센터 등에서 마술 공연을 선보였다.

우리가 했던 최고의 공연은 하이메의 부모님이 지분을 가지고 있었던 백화점에서였다. 멕시코의 공휴일인 어린이날에는 200명의 아이들을 위해 여덟 번 연속으로 공연을 했었다. 그날 우리는 약 500페소를 벌었다(인플레이션을 고려하면 지금 약 80달러 정도). 그것은 당시 우리들에게 꽤나 큰돈이었다.

하이메와 그레고리오와의 우정은 그 이후로도 계속해서 이어졌다. 내가 자본을 모으고 있었을 당시, 그 두 사람은 피스웍스의 초기 투자자로 들어와 주었고, 지금도 여전히 카인드의 지분을 소유하고 있다.

열두 살 무렵에는 비즈니스에 대해 더 많은 걸 알고 싶었고, 스스로 뭔가를 경험해 보고 싶었다. 나는 부모님께 여름 방학 동안 실제로 일을 해보고 싶다고 말씀을 드렸다. 부모님은 선뜻 결정을 못하시고는 내 대부와 상의를 하셨다. 그는 나를 위해 일자리를 알아봐 주었고, 덕분에 멕시코시티 도심에서 직물 도매업자를 돕는 일을 하게 되었다.

나는 버스와 지하철을 타고, 그리고 다시 멕시코 여름의 뜨거운 열기 속에서 몇 블록을 걸어야 했다. 도시는 지금보다 더 위험했고, 부유층의 자녀들(특히 유대인 자녀들)이 혼자서 집 밖을 나서는 일은 없었다. 아이들은 집을 둘러싸고 있는 높은 콘크리트 담장 안에서만 놀았다. 내 또래, 혹은 사립 학교를 다니면서 많은 기회를 누릴 수 있는 나와 비슷한 아이들이 매일 지하철을 타고 도심으로 나가는 것은 대단히 이례적인 일이었다.

「네가 무슨 일을 하지 못하게 막는 것은 쉬운 일이 아니었단다.」얼마 전 어린 시절의 내가 혼자서 지하철을 타고 도심으로 가겠다고 부모님을 어떻게 설득했는지 물었을 때, 어머니는 내게 이렇게 말씀하셨다. 「뭔가를 마음에 품으면 반드시 그 일을 해야만 했으니까.」

그때 내가 했던 일은 거대한 옷 무더기를 들고 몇 블록 떨어진 곳으로 배달을 가는 것이었다. 또한 손님들을 위해 옷감의 치수를 재거나 자르는 일도 했고, 현금 등록기도 만졌다. 하루 8시간 근무의 중간인 오후 1시가 되면 잠깐 휴식을 취하면서 음료수를 마셨다. 주로 차가운 오렌지 크러쉬를 사 먹고는 했다. 하루 중 내가 제일 좋아하는 시간이었다.

내가 고등학교를 다닐 무렵에 우리 가족은 텍사스 주 샌안토니오로 이민을 왔고, 그 바람에 마술쇼 비즈니스를 위한 관객 기반을 몽땅 잃어버리고 말았다. 나는 계속해서 일을 하고 싶었지만, 우리 가족 중에는 아버지만 근로 허가증을 발급받을 수 있었다. 나는 러시아에서 역시 샌안토니오로 이민을 온 새로운 친구인 막스 레셰트니코프를 알게 되었다. 그리고 그 친구의 권유로 알루미늄 벽널 영업 사원을 보조하는 일을 함께하게 되었다.

그러나 그것은 아마도 내가 했던 일들 중에서 가장 이상하고 불쾌했던 경험이었을 것이다. 마치 리처드 드레이퍼스와 대니 드비토가 주연을 맡았던 영화 「캐딜락 공방전Tin Men」에서처럼, 알루미늄 벽널 영업 사원들은 종종 부도덕하고, 말도 안 되고, 교묘한 기술을 발휘하여 가난한 가구들을 대상으로 원래의 목조 주택에다가 알루미늄 벽널을 설치해서 외관상으로 집을 보호하라고 꼬드겼다.

맥스와 나는 최저 임금도 안 되는 돈을 시급으로 받았고, 우리의 방문이 실제 계약으로 이어질 경우에 50달러를 더 받았다. 우리가 도와줬던 영업 사원(빌이라고 하자)은 버건디 색상의 벨벳 좌석이 장착된 거대하고 낡은 70년대 캐딜락으로 우리를 인근 지역에서 태웠다. 그리고는 샌안토니오에서 갱들이 많이 살고 있는 남쪽 지역으로 30분 정도 차를 몰았다. 아침 8시경에 우리를 낯선 곳에 내려다 주고는 텍사스의 뜨거운 태양 아래에서 네 시간 동안 모든 집들의 대문을 두드리면서 거리를 돌아다니게 했다.

집 안에서 대답이 있으면 우리는 알루미늄 벽널의 장점에 대해 이야기를 시작했다. 바로 여기에 지금까지도 내가 후회하고 있는 얄팍한 상술이 숨어 있었다. 빌은 우리에게 사람들을 혹하게 만드는 비법을 알려 주었다. 우리는 주민들에게 회사 사장이 이 동네를 방문할 예정이며, 그래서 특별히 프로모션을 하고 있다고 말했다. 혹은 『내셔널 지오그래픽』에서 최고의 주택들을 촬영하기 위해 방문할 예정이라고 설명했다. 물론 그런 거짓말에 나는 마음이 편치 않았다.

그 일을 하면서 안 좋은 점은 많았다. 우선 나는 공모에 가담했다. 개한테 물린 적도 있었다(광견병 주사까지 맞아야만 했다). 게다가 50달러 보너스는 한 번도 받지 못했다. 빌에게 세일즈 기회를 한 번도 가져다주지 못했기 때문이다. 반면 맥스는 두세 번 보너스를 받았고, 그 때문에 내가 뭘 잘못하고 있는지 고민도 했다.

알루미늄 벽널 세일즈가 내 일이 아니라는 사실을 깨닫고 나서, 나는 좀 더 기업가적인 활동으로 눈을 돌렸다. 다음으로 나는 대니라고 하는 또 다른 친구와 함께 잔디 깎기 비즈니스를 시작했고, 우리는 〈DND 잔디 깎기 서비스〉라고 그럴듯한 이름까지 만들었다. 우리는 이웃 동네와 헌터스 크리크를 포함한 다양한 지역들을 돌며 잔디 깎기 서비스를 홍보했다. 그 사업은 점차 번성했다. 하지만 그때 우리에게는 자동차도, 고객 리스트도, 심지어 잔디 깎기 기계도 없었다. 집주인이 잔디 깎기 서비스를 받고 싶어 할 경우, 우리는 그냥 그 집에 있는 기계를 사용하면 되었다!

그리고 결국 나는 시계 판매 일을 시작하게 되었다. 우리 아버지는 면세 비즈니스를 하고 있는 납품업자이자 미셸이라는 시계 브랜드를 취급하고 있던 자신의 친구를 내게 소개해 주는 큰 호의를 베풀어 주셨다. 그 친구 분은 내게 초기 물량을 특별히 도매가격으로 주셨다. 그때 나는 꽤 많은 수량의 시계를 판매했고, 그 친구 분이 내 아버지 때문이 아니라 내게 재능이 있기 때문에 나와 함께 거래를 하고 싶어 한다는 사실에 뿌듯함을 느낄 수 있었다. 아버지는 또한 내게 값싼 중국산 신제품 시계 브랜드 사업을 소개해 주셨다. 일단 시계 비즈니스가 순조롭게 시작되면서, 나는 시티즌이라는 브랜드로부터 그들의 제품들 중 일부를 취급해 달라는 요청을 받았다. 결국 나는 시티즌이 현금화하고자 했던 모든 재고들을 구매하기로 결정하고, 오백 개에서 천 개에 달하는 많은 수량을 한 번에 받았다.

당시 열여섯이었던 나는 으슥한 도심 지역인 아이젠하워 로드에서 열리는 벼룩시장에서 시계를 팔기 시작했다. 토요일 아침 7시에 차를 타고, 열두 살이었던 남동생 시오마를 내 조수의 자격으로 함께 데리고서 그곳에 도착했다. 그리고 그 벼룩시장에서 20~60달러 가격에 시계를 팔았다.

그 시장에는 더러운 바닥에 조그마한 가판대들이 미로처럼 들어서 있었고, 중국산 가짜 제품에서 새로 나온 제품이 이르기까지 다양한 물건들을 찾는 사람들로 북적였다. 전당포도 한 곳 있었고, 오리엔탈 트레이딩 컴퍼니 카탈로그에서나 볼 수 있는 장신구들을 판매하는 매장들도 있었다. 또한 이상한 캐릭터 분장을 한 사람들이 통로를 분주히 돌아다녔다. 거기서 우리가 가장 좋아했던 것은, 시계를 팔아 현금이 좀 생겼을 때 커다란 훈제 칠면조 다리를 사서 함께 나눠 먹는 일이었다(지금은 아마도 끔찍하리만치 거대한 그 다리를 먹지 못할 듯싶다).

벼룩시장에서 일하는 동안, 나는 협상과 흥정, 가격 책정, 장부 기록, 물류 및 부대 비용을 포함한 모든 지출에 대한 계산 등 다양한 비즈니스 기술들을 갈고 닦을 수 있었다. 다시 말해 나는 거기서 유통 판매 비즈니스를 배우고 있었다.

대학에 입학한 후로는 한 단계 더 나아가, 주로 노스스타 몰(샌안토니오에서 가장 세련된 쇼핑몰)이나 잉그럼 파크 몰과 같은 쇼핑몰에서 작은 키오스크 매장들을 임대했다. 그러한 매장들 중 일부에는 다레키 타임스Da'Leky Times라는 간판을 내다 걸었고(적어도 대니얼 루베츠키 타임스보다는 어감이 좋았다), 또 다른 곳들에는 워치유원트Watch-U-Want라고 이름을 붙였다. 나는 이들 매장의 관리를 맡아 줄 학생들의 네트워크를 꾸리기 시작했다. 쇼핑몰이 문을 열 때면 우리도 무조건 문을 열어야 했고, 매장을 관리할 사람을 구하는 일은 쉽지 않았다. 어떤 경우에는 부득이하게 수업을 빼먹어야만 했다.

가장 두려운 순간은 아무도 관심을 보이지 않거나, 혹은 쇼핑몰에 사람들이 없을 때였다. 그럴 때면 키오스크 옆 매장에서 흘러나오는 〈흘러간 팝송〉들만 하염없이 들어야 했다. 하지만 손님들이 몰려들면 신이 났다. 주말이면 1천 달러 넘게 시계를 판매했고, 거의 매주 간신히 수익을 올릴 수 있었다. 내가 가장 좋아하는 소비자들은 여행객들이었다. 나는 그들과 협상하는 과정이 재미있었다. 그중 많은 여행객들은 나와 같은 멕시코 사람들이었고, 그들은 종종 멕시코에서 물건을 사는 전통적인 방식에 따라 물건값을 깎고는 했다. 때로는 한 가족에게 고향에 있는 친척들을 위한 선물로 5~10개의 시계를 한꺼번에 팔기도 했다. 부대 비용이 그리 높지 않았기 때문에, 우리 매장의 가격 경쟁력은 아주 높은 편이었다.

가장 골치 아픈 문제는 도둑이었다. 손님들이 갑자기 몰려들 때, 모든 시계를 감시하기란 쉬운 일이 아니다. 그래서 나는 끈을 가지고서 다섯 개, 혹은 일곱 개 단위로 시계들을 묶어서 연결해 놓았고, 그 순서를 정확하게 기억해 두었다. 시계들 중 어떤 것들은 원가가 하나에 100달러가 넘었고, 내가 취급하고 있던 멋진 시티즌 스쿠버 다이빙 모델은 특히 비쌌다. 나는 그것들을 그냥 잃어버리고 싶지 않았다.

내가 서서 한 번에 모든 제품들을 살펴볼 수 있는 전략적 요충지가 한 군데 있긴 했다. 하지만 손님에게 물건을 팔기 위해 그 지점을 벗어나야 하는 경우, 나는 연신 사과를 하면서 손님들의 곁을 떠나 키오스크를 빙 돌아서 반대편 진열대를 계속 확인해야 했다. 나의 비즈니스 방식으로는 손님들 두 팀을 한꺼번에 받기는 무리였다.

한번은 가판대 한쪽으로 많은 사람들이 동시에 몰려들었고, 반대편에는 젊은 여성이 혼자서 구경하고 있었다. 그녀를 보고 나서 몇 초만에 나는 다시 진열대를 확인했고, 열두 개의 시계가 무더기로 사라진 것을 발견했다. 그때 근처에는 그 여성 말고는 아무도 없었다.

그녀가 키오스크를 떠나서 걸어갔다. 나는 멈추라고 했다. 그러나 내 말을 무시한 채 그대로 계속해서 걸어가고 있었다. 나는 재빨리 인근 가판대 직원에게 내 키오스크를 부탁하고는 그녀를 쫓아가면서 이렇게 소리쳤다. 「경찰 좀 불러 주세요! 도둑이야!」 내가 그녀를 쫓아가는 동안, 도둑에 대한 분노를 공감하는 주변 키오스크 상인들이 보안 경비를 불러 주었다. 그녀는 더 빨리 걸었지만, 나는 폭행으로 고소를 당할 것을 우려하여 함부로 그녀를 붙잡지는 못했다.

마침내 그녀가 주차장으로 이어지는 문에 이르렀다. 땀이 흘렀다. 그녀가 문을 빠져나간다면 내 시계들도 사라져 버릴 거라는 사실을 잘 알고 있었다(그러면 내 동료들의 투자금에도 큰 구멍이 생길 것이었다). 그래서 나는 경비가 올 때까지 그 문을 잡고 있었다. 그녀는 나를 밀치려고 했지만, 나는 그녀에게 손을 대지 않았다. 그저 문만 꽉 붙들고 있었다.

결국 경비가 도착했고 내게 자초지종을 물었다. 나는 내가 보았던 것들을 설명했다.

「여성이 시계를 훔치는 것을 보았습니까?」

「아뇨, 보지는 못했어요.」

「그런데 어떻게 훔쳤다고 확신을 하는 거죠?」

「물건이 사라진 쪽에는 저 여자밖에 없었고, 저는 계속해서 시계들을 확인하고 있었으니까요.」

그 여자는 핸드백과 테디 베어를 위에 얹어 놓은 흰색 가방을 들고 있었다. 나는 경비에게 그녀의 핸드백을 열어 봐 달라고 부탁했다. 그는 머뭇거렸지만 결국 내 요청대로, 그녀의 반대를 무릅쓰고 그녀에게 핸드백을 열어 보라고 말했다.

하지만 핸드백은 텅 비어 있었다. 숨이 막혔다.

경비는 나를 노려보았다. 「그만 나가시게 문을 열어 주시죠?」

나는 절망적인 심정으로 바닥만 쳐다보았다. 그리고 마지막으로 부탁했다. 「흰색 가방 테디 베어 밑에 뭐가 들어 있는지 보여 달라고 하세요.」

그는 또다시 망설였지만, 그녀에게 테디 베어를 들어 올려 보라고 말했다. 그러자 갑자기 그녀가 울음을 터뜨렸다. 인형 아래에는 진열대에 놓여 있던 그대로 열두 개의 시계들이 들어 있었고, 게다가 분명히 훔친 것으로 보이는 다른 물건들도 가득 들어 있었다. 텅 빈 핸드백 역시 훔친 것으로 밝혀졌다.

2학년 때는 프랑스와 이스라엘에서 공부를 하기 위해 해외로 나가게 되면서, 다레키 타임스를 접어야 했다. 첫 학기에는 파리의 유럽 연구원에서 공부했고, 소르본에서도 일부 과정들을 이수했다.

마술 도구들이 들어 있던 상자를 챙겨 오지는 못했지만, 나는 거리 공연자들의 모습에 매혹되고 말았다. 나는 그들이 낯선 사람들에게 어떻게 다가가는지 지켜보았다. 놀랍고도 흥미진진했다. 급기야 도전해 보기로 결심했고, 일반적으로 쓰는 도구들을 끌어모았다. 카드 한 벌과 로프, 동전들, 그리고 링 하나. 나는 연습하고 또 연습했다. 그러고는 관광객들이 많은 레알의 거리로 나섰다.

약간 망설이던 나는 소심하게 한 테이블로 다가가 작은 목소리와 엉성한 프랑스 말로 손님들에게 혹시 마술을 보고 싶은지 물었다. 그들의 대답은 단호했다. 「아뇨.」 그러고는 성가신 파리인 양 나를 내쫓았다. 다시 다른 테이블로 가서 겸연쩍어하며 이렇게 물었다. 「*Voudriez-vous voir un peu de magie?*(마술 좀 보여 드릴까요?)」 그들 역시 무례하게 끼어드는 아이인 듯 나를 잠시 쳐다보더니 다시 그들의 대화로 돌아갔다.

나는 혼란스러웠고 나 자신에게 화가 났다. 결국 수치스러운 마음을 안고 주인집 아파트로 돌아갔다. 그날 벤치에 앉아서 지하철 역사의 벽면을 바라보며 내 안에서 거대한 분노가 솟구치는 것을 느꼈던 게 기억난다. 왜 그렇게 긴장했던 것일까? 분명히 나는 충분히 가망이 있는 관객들 앞에서 불안감을 드러내 보이고 말았다. 내가 나자신을 못 믿는데, 어떻게 그들이 시간을 낭비하며 내가 뭔가를 보여 줄 것이라 기대한단 말인가? 왜 나는 먼저 뭔가를 보여 주려 하지 않고 소심하게 물었던 것일까? 나는 집으로 돌아갔다. 그날 밤 쉽게 잠들 수 없었던 나는 침대에 누워서 다른 전략을 떠올려 보았다.

다음 날 저녁, 나는 스포츠 상의를 입고서 자신감으로 무장한 채 똑같은 자리에 섰다. 한 테이블로 다가가 사람들의 허락을 구하는 대신 미소를 지어 보이고는 동전을 던져서 그들이 바라보는 앞에서 사라지게 했다. 사람들 모두가 놀라며 한목소리로 외쳤다. 「어떻게 한 거예요?」 나는 다시 미소를 지어 보였고, 나와 가장 가까운 곳에 앉아 있던 여성에게 다가가 그녀의 귀 밑에서 그 동전을 〈찾아냈다〉. 나의 작은 관중들 모두 즐거워했다. 나도 정말로 신이 났고, 계속해서 이어 나갔다. 15분 후에 나는 그들에게 감사의 작별 인사를 건넸고, 테이블에 앉아 있던 관객들 모두 내게 몇 개의 동전을 건넸다. 우리의 소동과 웃음을 지켜보고 있었던 문 옆 테이블 사람들이 즉시 나를 불렀다. 그날 밤 그렇게 나는 팁으로 300달러를 벌었다. 함께 즐거운 시간을 보냈던 대학생에게는 아주 감동적인 금액이었다. 하지만 물론 내가 얻었던 최고의 보상은 두려움과 불안을 극복하고, 거리의 공연자가 되는 법을 터득한 것이었다.

다음으로 더 큰 공연에 도전했다. 그것은 더 힘든 과제였다. 조르

주 퐁피두 센터 외곽에 있는 한 광장으로 들어서니 많은 길거리 공연자들이 관광객들의 시선을 사로잡기 위해 함께 경쟁을 벌이고 있었다. 여러분은 아마도 칼을 먹는 사람이나 브레이크 댄서, 혹은 팬터마임 공연을 거리에서 본 적이 있을 것이다. 공연자는 청중들의 관심을 계속해서 사로잡아야 한다. 그렇지 않으면 사람들은 다른 공연을 보러 떠나 버리고 만다. 나는 내 공연에 세 명의 친구를 초대했고, 마술 공연을 시작하면서 다른 사람들을 끌어모았다. 마침내 서른 명가량의 사람들이 내 주위로 몰려들었지만, 그들은 얼마 있다가 다른 공연을 보러 떠났다. 갑자기 조급한 마음이 들었고, 말을 더듬으면서 목소리도 작아졌다. 관중들 사이에서 작은 불만의 목소리들이 들려왔다. 사람들은 내가 긴장하는 모습을 보고는 다른 곳으로 가버렸다. 결국 그 자리에는 나와 세 명의 친구만이 남았다.

다시 한 번 나는 혼란을 느꼈고, 스스로에 대한 실망감이 들었다. 하지만 나는 내가 잘못했던 점을 떠올렸고, 이를 고쳐 보기로 마음먹었다. 뛰어난 거리 공연자들은 그들의 무대를 특별하게 만들었고, 여유를 갖고 공연 분위기를 조성했다. 그들은 곧바로 쇼를 시작하지 않았다. 대신 조심스럽게 가상의 경계선을 만들었다. 거기서 맨 앞쪽에 있는 관객들은 〈최고의 자리〉를 차지한 사람들이며, 그렇기 때문에 그들은 거기서 공연을 즐길 수 있는 특권을 가진 셈이다. 나는 내 친구들인 피오나와 헨드릭을 설득해서 바이올린과 드럼을 연주하게 했다. 공연을 시작하면서 나는 관중들 가운데 〈지원자〉를 찾는 척하면서 군중 속에 자리를 잡고 있던 웬디를 지목했다. 나는 그녀의 배에다가 거대한 바늘을 찔러 넣었고, 공연을 하는 동안 그녀를 최면 상태로 만들어 놓았다. 청중들에게 돈을 걷기 위해 모자를 돌리고 나서야 그 바늘을 뽑았다. 물론 벌이는 신통치 않았다. 공연 한 번에 60달러 정도를 벌었고, 네 사람이 나누어 가져야 했다. 그러고 나면 다음번 무대에 올라가기까지 공연자들끼리 정해 놓은 순서를 기다려야 했다. 하지만 아무도 공연을 보라고 강요하지 않은 상황에서(웬디의 배에 찔러 넣은 바늘 말고는!) 길을 지나던 400명의 사람들에게서 강렬한 시선을 받는다는 것은 짜릿한 경험이었다. 사람들이 계속해서 우리 공연을 지켜보도록 무대를 장악하는 경험을 통해서, 나는 조직과 행동에 대해 많은 것을 배울 수 있었다. 그렇게 나는 유럽을 돌면서 길거리 공연을 펼쳤고, 마술쇼로 번 돈을 가지고 여행 경비를 충당할 수 있었다.

나는 스스로를 사업가라 생각했지만, 이스라엘에서의 경험을 통해 내 안의 새로운 갈망을 발견하게 되었다. 대학 4학년 때는 다시 샌안토니오로 돌아와서 이스라엘과 아랍의 분쟁을 주제로 한 논문을 쓰기 위해 오랜 시간을 도서관에서 보냈다. 덕분에 난생처음으로 안경까지 쓰게 되었다. 지금도 나는 밤이건 주말이건 그 주제와 더불어 살고, 일하고 있다. 그만큼 나는 이 주제에 열정적이다. 결국 나는 그 논문을 268쪽 분량으로 마무리 지었다(지금도 내 사무실에 한 부를 비치해 두고, 불면증으로 고통받고 있거나 잠들기 전에 뭔가 읽을거리가 필요한 친구들에게 빌려주고 있다).

이후 나는 여러 로스쿨에 지원했고, 다행스럽게도 내가 제일 원했던 스탠퍼드에 합격할 수 있었다. 합격증을 손에 받아 든 채, 나는 시계 사업을 계속할지, 아니면 곧장 스탠퍼드로 떠날지 고민했다.

그것은 내게 쉽지 않은 결정이었다. 초등학교를 3학년까지밖에 다니지 못했던 아버지는 아들이 번듯한 유대인 변호사가 되기를 바라셨다. 내가 시계 사업이 아니라, 내 스스로 길을 개척해 나가기를 원했다. 어릴 적 의사를 꿈꾸셨지만, 아버지의 학창 생활은 독일이 리투아니아를 침공하면서 끝나고 말았다. 다른 선택권이 없었기에 시계 판매를 시작했고, 반면에 나는 아버지의 희생을 밑거름 삼아 선택권을 가질 수 있게 되었다. 나는 아버지와 함께 몇 번이나 오랜 대화를 나누었고, 아버지의 면세 기업에서 그를 도와 일을 할 수 있게 해달라고 부탁했다. 아버지도 분명 우리가 함께 일할 수 있기를 원했을 것이다. 하지만 모든 사심을 떠나서 내게 더 높은 곳을 바라보라고 당부하셨다.

내 삶을 관통하고 있는 두 가지 관심사인 비즈니스와 평화 구축은 나를 서로 반대 방향으로 잡아끌고 있었다. 대학을 다니면서 동시에 길거리 마술사로 활동하는 일은 얼마든지 가능했지만, 결국 나는 한 가지 길을 선택해야 했다. 나의 목적을 어떻게 가장 잘 달성할 수 있을 것인지를 놓고 고민했다. 다행히 나는 〈그리고〉 철학을 기반으로 둘 다를 모두 만족시킬 수 있는 방법을 발견했다. 두 가지 꿈들 중 하나를 포기하지 않을 수 있었던 그 방법은 바로 사회적 사명을 바탕으로 기업을 설립하는 일이었다. 그렇게 한다면, 나는 기업가로서 둘 다를 충족시킬 수 있을 것이었다.

다른 사람들이 여러분과 열정을 공유하지 않을 때

카인드 초창기 시절에 겪었던 가장 힘든 문제들 중 하나는, 회사에 중요한 직원들이 조직을 떠나면서 중대한 차질이 빚어지는 경우였다. 그렇다고 그들을 비난할 수는 없었다. 피스웍스가 출범한 지 십 년이 되던 무렵, 적지 않은 수의 직원들이 새롭게 출시한 카인드 프루트 앤드 너트 바가 아무런 성과를 올리지 못하고 있다고 생각하고 있었다. 나는 내가 정말로 좋아하고, 능력이 뛰어나면서 성실한 영업 사원들을 일대일로 만나 보았다. 그들은 한목소리로 내게 기업과 신제품의 미래가 보이지 않는다고 했다. 그들이 우리 회사를 떠날 때, 나는 개인적으로 상처를 받았다. 그들이 왜 회사를 떠났는지 이해하지 못하는 바는 아니었지만, 나는 여전히 카인드가 우리에게 소중한 기회가 될 것이라 믿었기 때문이다.

당시 우리 회사에는 정말로 뛰어난 영업 사원이 한 사람 있었다. 나는 그녀에게 투자했고, 교육을 통해 더욱 유능한 인재로 길러 냈다. 어느 날 그녀가 나를 찾아와 떠나겠다고 말했을 때, 나는 그녀에게 이유를 물었다. 그녀는 우리 회사가 신제품을 제대로 출시하지 못하고 있으며, 실질적으로 사업을 확장하지 않고 있다고 지적했다.

나는 대답했다. 「우린 이제 막 카인드를 시작했어요. 카인드의 비즈니스를 먼저 궤도에 올려놓아야 합니다.」 하지만 나는 그녀를 설득하지 못했다. 당시 우리와 협력 관계를 맺고 있었던 여러 유통 중개상들로부터도 그와 똑같은 대답을 들을 수 있었다. 그들은 우리의 카인드 바를 취급하고 있었지만, 그래도 새로운 제품이 나오기를 기대하고 있었다(그것도 아주 절박하게). 이러한 사람들의 반응에, 나는 내가 혁신을 위해 충분히 발 빠르게 움직이지 않고 있는지 의문을 품게 되었다.

카인드의 더 많은 신제품을 요구하는 목소리가 컸지만, 사실 나는 우리 브랜드를 상관없는 분야들로 무리하게 확장하는 접근 방식에 두려움을 느끼고 있었다. 실제로 그것은 내가 예전에 저질렀던 실수였고, 이로 인해 피스웍스는 거의 무너질 뻔했다. 중심을 잡고 카인드의 핵심 제품군에 집중해야 할 때인지, 아니면 확장을 시작할 때인지 나는 어떻게 결정을 내릴 수 있었을까?

4장

진실과 원칙
브랜드와 자신에게 진실하자

카인드에서 우리는 브랜드 약속을 지키는 데 집중했다. 과거의 실패를 통해서, 나는 제품의 품질과 뚜렷한 브랜드 일관성에 승부를 걸어야 한다는 사실을 깨달았다. 피스웍스에서 처음으로 출시했던 모셰 앤드 알리스 제품군은 그 브랜드 일관성을 잃어버리면서 완전히 사라질 뻔한 위기에 처했다. 당시 나는 경험이 부족한 기업가들이 종종 저지르는 공통적이고 치명적인 실수를 범하고 말았다. 그것은 다름 아닌 무리한 조직 확장과 구체적 전략의 결핍이었다.

모셰 앤드 알리스의 말린 토마토 스프레드에 더하여, 나는 바질 페스토와 그린 올리브 스프레드 제품도 새롭게 추가했다. 이 제품들 역시 중동에서 공존을 모색하는 지역 주민들 사이의 협업으로 이루어졌다. 제품의 품질은 아주 우수했다. 「뉴욕 타임스」는 〈맛있고······ 다른 스프레드에서 염분은 뺀〉 제품으로 우리를 소개했다. 우리 제품을 취급하는 유통 업체와 즐겨 먹는 소비자들 사이에서는 열성적인 추종자들까지 생겨났다.

초기의 성공(그리 대단한 것은 아니었다고 하더라도)을 발판으로, 우리는 블랙 올리브, 고수 페스토, 그리고 갈릭 딜*을 포함하여 일곱 가지 향으로 제품의 종류를 확장했다. 모든 제품들은 지중해식 풍미를 기반으로 하고, 품질이 우수했으며, 브랜드의 일관성을 따르면서 기능적인 장점 또한 뛰어났다.

나는 이런 생각이 들었다. 〈아주 쉽군. 이런 식으로 하면 되겠어.〉 식품 시장의 전문가들은 매장의 진열대를 최대한 많이 확보해야 한다고 조언을 해주었다. 가장 단순한 주문은 이런 것이었다. 〈제품 종류가 많아야 더 많은 공간을 차지할 수 있고, 더 많은 공간을 차지해야 더 많은 관심을 끌 수 있으며, 더 많은 관심을 끌어야 더 많이 팔 수 있다.〉 특히 초기 판매 단계에서는 이 말이 곧 진리다. 그 이유는 치약이나 진통제, 파스타 소스 등 너무나도 많은 브랜드들이 진열대를 선점하고 있기 때문이다. 하지만 잘 드러나지 않은 중요한 조건은 매출을 〈반복적으로〉 발생시키기 위해서 신제품은 브랜드의 핵심적인 약속을 지키고, 제품 자체의 경쟁력을 바탕으로 일어설 수 있어야 한다는 것이다. 모든 신제품들은 소비자의 다양한 필요와 욕구를 충족시킴으로써 기존 제품의 매출을 상쇄시키지 말아야 한다. 신제품을 출시할 때, 브랜드에 신뢰를 갖고 있는, 그리고 기존과 동일한 수준의 품질과 경험을 제공해 줄 것이라 기대하는 소비자들을 실망시켜서는 안 된다. 이는 당연한 말처럼 들리지만, 기업들이 쉽게 간과하는 대목이다.

* 허브의 일종으로 흔히 야채로 피클을 만들 때 넣음.

제품군을 신속하게 확장하기 위해, 우리는 재빨리 새로운 맛으로 제품을 출시했고, 불과 몇 년 사이에 열여섯 가지나 되는 신제품을 내놓았다. 당시 우리 제품들은 몇백 군데 매장에서만 판매되고 있었고, 매출액도 1백만 달러가 되지 않았지만, 그래도 나는 제품군 확장을 통해 쉽게 매출을 끌어올릴 수 있을 것이라 자신했다. 어떤 신제품을 내놓더라도 말이다! 하지만 나는 그때의 오만과 소비자들에 대한 배신을 잊지 않기 위해, 지금도 내 사무실에 당시의 가장 이상한 제품을 고이 모셔다 놓고 있다. 그것은 바로 달콤 매콤한 아시아 데리야키 후추 스프레드라는 제품이었다. 그 신제품은 완전히 망했다. 나는 그렇게 될 것이라 미리 예상했어야 했다. 왜 나는 중동 지역에 살고 있는 아랍과 이스라엘 사람들이 생산하는 지중해식 브랜드에서 내놓은, 외딴 아시아 지역의 특유한 맛이 나는 제품을 우리 소비자들이 그냥 믿고 먹을 것이라고 생각했던가? 사실 그 제품은 우리 브랜드와 아무런 연관이 없었고, 충성도 높은 고객들의 눈살을 찌푸리게 했다.

가장 나쁜 점은 신제품들의 품질이 기존 것들보다 훨씬 떨어진다는 사실이었다. 비록 소스를 바르기 위해 사용했던 잔탄 검xanthan gum[**]이 기술적으로 완전한 자연식품이긴 했지만, 데리야키 후추 스프레드는 끈적끈적했고, 우리가 처음으로 개발한 프리미엄 식품의 수준에는 한참 미치지 못한다는 생각이 마음속에 있었다. 우리의 말린 토마토 스프레드는 중독성 있고 특별한 음식이었다(피스웍스는 아직도 이 제품을 메디탈리아MEDITALIA라는 브랜드로 판매하고 있

[**] 식품을 걸쭉하게 하기 위해 사용하는 화학 제품.

으며, 여지껏 내가 먹어 본 최고의 제품들 중 하나로 남아 있다). 그러나 그 밖의 제품들은 기껏해야 참아 줄 만한 수준이었다.

제품군 확장을 서두르는 동안, 나는 분명하게도 우리 브랜드가 지향하는 바를 잃어버리고 말았다. 당시 나는 브랜드의 약속을 지킨다는 것이 얼마나 중요한 일인지 알지 못했다. 나 역시 직감적으로 새롭게 추가한 제품들이 우리의 핵심적인 제품군에 속하지 않는다는 사실을 알고 있었지만, 욕심이 앞섰고, 섬세하지 못했으며, 집중하지 못했다. 나는 다만 이렇게 스스로를 합리화하려 했다. 〈어떤 사람들이 이러한 제품을 좋아하지 않는다고 해서 그게 무슨 큰 문제인가? 그 제품을 앞으로 안 사면 그만이고, 다시 원래 제품으로 되돌아가면 그만이다. 우리가 손해 볼 게 뭐 있나?〉

그러나 내가 미처 생각하지 못했던 것이 있었다. 소비자들은 브랜드를 신뢰하고, 기업은 그 신뢰를 지켜야 할 책임이 있다는 사실이었다. 사람들이 데리야키 후추 스프레드를 시험 삼아 먹어 보았을 때, 그나마 나은 경우에 무관심했고, 나쁜 경우에는 불쾌해하거나 화를 냈다. 물론 소비자들이 그러한 감정을 충분히 구체적으로 드러내지는 않았지만, 우리의 브랜드가 방향을 잃었다고 생각했을 것이며, 특정 제품에 대한 이러한 불신은 브랜드 전체의 신뢰도를 떨어뜨려 버렸다. 나는 한 번의 중대한 실수로 충성스러운 고객들을 모두 놓쳐 버리고 말았고, 지금 생각해 보건대 그것은 당연한 일이었다(하지만 그때는 충격으로 다가왔다). 많은 소비자들, 그리고 예전에 우리 브랜드를 좋아했던 사람들도 더 이상 우리 제품들을 사지 않았다.

그 이후로 몇 달, 혹은 몇 년 동안 우리는 급격한 매출 하락을 겪었고, 그것은 품질의 일관성을 지켜 내지 못했기 때문이었다. 나는 우리가 어떻게 충성스러운 고객들을 혼란에 빠트리고, 그들의 기대를 저버렸는지 마음속 깊이 새기게 되었다. 그때 내가 배웠던 교훈은 진열대 공간을 넓히기 위해 품질을 희생해서는 안 된다는 것, 고객을 당연한 존재로 여겨서는 안 된다는 것, 그리고 항상 품질을 유지하고 브랜드에 충실해야 한다는 것이었다. 앞으로 우리가 시장에 내놓을 제품들은 적어도 지금까지 출시했던 것들보다 더 좋은 것이어야만 했다.

제품으로 소비자들을 실망시켜서는 안 되는 이유 ─
그리고 그것을 막는 방법

브랜드가 지향하는 바를 잘 알고 있다고 하더라도, 그리고 제품이 그러한 기대를 충족시킬 것이라 예상한다고 하더라도, 소비자들은 여러분과 생각이 다를 수 있다. 그것을 어떻게 확인하고 검증할 수 있을까? 소비자는 한 사람이 아니다. 수백만 명의 소비자들이 있고, 그들 모두 서로 다른 취향과 기호를 갖고 있다.

흥미로운 사례로 넷플릭스Netflix의 경우를 살펴보자. 나는 예전부터 넷플릭스의 팬이었다. 아내와 나는 넷플릭스의 〈큐〉를 무척 좋아한다. 넷플릭스의 큐란 일종의 보고 싶은 블록버스터 DVD의 목록으로, 회원은 큐의 순서대로 한 편씩 영화를 받아 볼 수 있다. 한 번에 하나의 DVD만을 받아 보기 때문에, 케이블이나 온라인에 올라와 있는 수많은 영화들 중에서 〈완벽한〉 하나를 선택하기 위해 시간을 낭비하거나, 혹은 머리가 마비되어 버리는 재앙을 피할 수 있다. 우리는 넷플릭스 큐를 자주 설정하고, 우편으로 배달된 DVD를 시청한다. 그게 전부다. 다 본 DVD를 반납하면, 넷플릭스는 다음으로 우리가 선택한 것을 다시 보내 준다. 물론 미래에는 스트리밍 서비스가 장악을 하겠지만, 아직 그 미래는 우리 곁에 오지 않았다. 요즘 신작들 중에서 스트리밍 서비스로 볼 수 있는 것들은 지극히 제한적이다.

넷플릭스의 CEO이자 설립자인 리드 헤이스팅스 역시 그들의 제품을 소비하고 있지만, 그의 공적인 언급과 전략적 행보는 그가 소비자들과는 아주 다른 방식으로 그들의 서비스를 경험하고 있다는 사실을 말해 주었다. 2012년 여름, 넷플릭스는 정책을 크게 바꿨다. 그들은 스트리밍 사업부와 DVD 사업부를 따로 구분했고, 소비자들이 스트리밍 서비스를 선택하도록 하기 위해 경제적 조치를 취했다. 그들은 DVD 서비스 가격을 전반적으로 인상했고, 이로 인해 많은 충성스러운 팬들의 원성을 샀다. 넷플릭스 경영진들은 정책 변화와 이에 따른 고객들의 반응에서 아직도 많은 사람들이 DVD 서비스를 고집하고, 스트리밍 방식으로 넘어가기를 원치 않는다는 사실에 놀랐다. 이후 넷플릭스 주가는 크게 떨어졌고, 소비자 만족도도 낮아졌다. 결국 넷플릭스는 새로운 정책의 일부를 예전으로 되돌려야 했다.

그들의 발표로 미루어 보건대, 넷플릭스 의사 결정자들은 그들이 아마도 보았을, 그리고 언제든 즉각적으로 볼 수 있는 영화의 유형

(다큐멘터리, 독립 영화, 해외 영화)이 그들의 많은 소비자들이 찾고 있는 유형과는 완전히 다르다는 사실을 이해하지 못했던 것으로 보인다. 새롭게 출시된 최고의 영화들은 오직 DVD로만 볼 수 있다. 이제 넷플릭스는 다시 소비자 만족에 집중하고 있다. 그리고 헤이스팅스는 그들 자신의 서비스를 깊이 이해하고 있다. 이 시나리오에서 넷플릭스는 그들의 경험이 도무지 해독하기 힘든 개별적인 취향을 가진 많은 소비자들의 경험과 비슷할 것이라고 생각했다는 맹점을 드러냈다.

모든 브랜드들은 이와 같은 위험에 취약하다. 설립자가 직접 경영을 맡고 있는 브랜드들조차(넷플릭스처럼) 다른 사람들이 그들의 브랜드를 어떻게 바라보고 있는지 이해할 수 있는 연결 고리를 잃어버리고 만다. 그렇다면 그러한 일이 일어나지 않도록 어떻게 사전에 예방할 수 있을까?

많은 마케터들은 포커스 그룹* 방식을 선호한다. 하지만 나는 그러한 노력이 별로 도움이 되지 않는다고 생각한다. 사실 그러한 아이디어에 대해 회의적인 입장이다. 마케터들이 모아 놓은 포커스 그룹 소비자들은 회사가 듣고 싶어 하는 것들만을 말하는 경향이 있기 때문이다. 게다가 포커스 그룹에 대한 관리는 제삼자에 의해 이루어지는 경우가 많으며, 다른 누군가에게 기업의 소비자들과 접촉하고 브랜드에 대한 정보를 수집하도록 맡기는 것은 사람들을 일렬로 늘어놓고 메시지를 전달하게 하는 게임과 비슷하다고 생각한다. 한 사람에게서 다른 사람으로 말이 옮겨지는 과정에서는 항상 메시지가

* 회의실에 소비자들을 모아 놓고 브랜드의 새로운 시도에 대한 반응을 관찰하는 작업.

누락되기 마련이다. 단계가 많으면 미묘함을 잃어버리게 된다. 포커스 그룹에서 직접적으로 확인할 수 있는 것은 사람들의 표정뿐이며, 그들의 진심은 문맥상으로 유추해야만 한다. 게다가 포커스 그룹을 진행하는 마케터들은 대부분 무심코 유도 질문을 던짐으로써 소비자들을 특정한 방향으로 몰아간다. 헨리 포드는 자동차와 관련하여 소비자들에게 조언을 구하지 않았던 이유에 대해 이러한 명언을 남겼다. 〈사람들에게 무엇을 원하는지 물어보았더라면, 그들은 아마도 더 빠른 말이라고 답했을 것이다.〉 소비자들은 그들이 미처 인지하지 못하는 욕구를 어떻게 충족시킬 수 있는지 알지 못한다. 그렇기 때문에 때로는 소비자들이 인식하기 전에, 그들이 좋은 아이디어라고 인정할 수 있도록 먼저 설득해야 한다.

어쨌든 우리는 초창기 시절에 포커스 그룹 컨설팅 업체들의 전문적인 서비스를 받을 여유가 없었다. 그래서 우리가 있던 건물의 모든 사무실들을 방문해서 사람들에게 한 시간 정도 시간을 내주면 점심으로 무료 피자를 주겠다는 제안을 했다. 그 과정에서 나는 포커스 그룹이 다른 사람들로부터 얼마나 쉽게 영향을 받는지, 편향되지 않고 신선한 분위기를 계속해서 유지하는 것이 얼마나 어려운지, 그리고 그 전반적인 과정이 얼마나 낭비적인지 깨닫게 되었다.

대신에 나는 커피숍이나 슈퍼마켓, 혹은 우체국 등 공공장소들로 눈길을 돌리기 시작했다. 거기서 나는 한 번에 한 사람에게 서로 모순된 다양한 질문들을 자유롭게 던지는 방식으로 편향되지 않은 대답을 들을 수 있었다.

지금도 나는 카인드를 사랑한다고 말하는 사람들을 포함하여, 우리 브랜드에 대해 이야기하는 낯선 사람들과 만날 때, 항상 뭔가를 배우고자 한다. 나는 그들에게 이렇게 묻는다. 〈왜 카인드를 사랑하시죠?〉 찬사를 듣기 위해서가 아니라, 그들의 생각을 정말로 이해하기 위해서다. 그리고 비록 드문 경우이기는 하지만, 과감하게 내게 우리 제품을 좋아하지 않는다거나, 혹은 브랜드의 어떤 측면에 대해 불만을 가지고 있다고 말하는 사람들을 만날 때에도, 마찬가지로 그들에게서 배우고, 왜 그렇게 생각하는지에 대해 깊이 이해하고자 한다. 물론 우리는 모두에게 만족을 줄 수 없다(그렇게 바라지도 않는다). 하지만 우리와 그들 사이의 격차가 어느 정도인지 이해할 필요는 있다. 그렇기 때문에 우리 기업이 신제품을 출시할 때마다, 나는 아직도 우체국이나 슈퍼마켓으로 달려가서 챙겨 온 샘플들을 나눠 주고, 최대한 부지런하게 사람들을 만나고, 그들의 반응에 귀를 기울인다.

가장 충성스러운 소비자들의 취향을 파악할 수 있는 또 다른 방법으로는, 포커스 그룹과 같은 유형의 프로그램을 실시간으로 진행하는 것이다. 우리는 카인드 어드밴티지KIND Advantage라고 하는, 전자 상거래 회원을 대상으로 한 프로그램을 운영하고 있다. 카인드의 제품을 많이 구입한 소비자들은 이 프로그램의 혜택을 받을 수 있다. 우리는 이들에게 신제품, 혹은 새롭게 개발한 제품의 샘플들을, 반응을 묻는 설문과 함께 무작위로 발송한다. 이 프로그램을 특히 가치 있게 해주는 것들 중 하나는 말이 아니라 실제 행동으로 확인할 수 있다는 사실이다. 우리는 충성스러운 고객들로 이루어진 한정된 집단의 실질적인 구매 행동으로부터 직접 배울 수 있다. 사람들은 그들 앞에 놓인 신제품에 대해 그저 〈좋아요〉라고 말함으로써 여러분을 기쁘게 하려는 성향이 있다. 하지만 자신의 돈을 지불하고 사야 하는 상황이라면, 사람들은 아마도 그렇게 친절하지만은 않을 것이다. 가장 충성스러운 고객들로부터 받는 컨설팅 서비스에는 또 다른 주요한 부가적인 혜택도 있다. 그것은 그들이 우리 기업의 의사 결정 과정에 참여하고 있으며, 우리 공동체의 주도적인 구성원으로 인정받고 있다고 생각하게끔 할 수 있다는 점이다.

새로운 제품을 출시할 때, 우리는 또한 추가 비용을 들여서 완제품처럼 보이는, 그리고 그 안에 실제 제품들을 포함하고 있는 모형 패키지를 제작한다. 그리고 이것들을 사람들이 직접 만져 볼 수 있도록 매장의 선반 위에 비치해 둔다. 또한 제품 안쪽에는 우리의 웹 사이트를 방문해서 소감을 남겨 달라는 문구를 집어넣는다.

매장 선반에 모형을 놓아둠으로써, 우리는 사무실 환경에서 떠올릴 수 없었던 포장 디자인에 관련된 문제들을 인식할 수 있다. 또한 중요하게도 실제 매장 환경에서 사람들이 그 제품에 얼마나 관심을 보이는지 관찰할 수 있다. 물론 이러한 모형에는 한계가 있다. 샘플만으로는 신제품이 소비자들의 신뢰와 재구매를 이끌어 낼 수 있을 것인지 직접적으로 확인할 수 없다.

소비자들을 당황하게 하거나 실망시킬 때가 있다. 그리고 이로 인해 수천만 명에 이르는 소비자들에게 혼란을 가져다줄 수도 있다. 수준 이하의 제품을 출시해 놓고, 초기 매출 실적만 가지고서 이렇게 생각할 수 있을 것이다. 〈좋아, 성공이군.〉 그러나 품질이 기존의 훌륭한 제품들과 조화를 이루지 못하거나 브랜드 약속을 지키지 못할 때, 그 신제품은 판매가 이루어질 때마다 아무런 의심 없이 구매한 소비자들로부터 향후 반복적인 구매의 기회를 앗아가 버리게 된다. 브랜드와 관련하여 발생하는 부조화는 브랜드라고 하는 시스템 속에서 퍼져 나가는 바이러스와 같다. 이러한 바이러스들이 브랜드 전체로 서서히 퍼져 나가는 동안, 기업은 그들이 소비자들을 실망시키고 있다는 사실을 전혀 눈치 채지 못할 수도 있다. 소비자들의 실망이 한계를 넘어섰을 때, 그들은 여러분의 브랜드를 통째로 버릴 것이다. 그렇기 때문에 비록 쉽지 않은 작업이더라도, 반복적인 매출을 꾸준히 추적하는 노력이 중요하다.

기술 및 디지털 기업들 사이에서 〈A/B 테스팅〉은 대단히 유명한 접근 방식으로 자리를 잡았다. A/B 테스팅의 개념은 앱이나 IT 제품들을 일단 출시해 놓고, 지속적으로 시험하고 또 시험하여, 사용자 피드백을 바탕으로 수정하고 개선해 나가는 것이다. 이러한 접근 방식은 소비자들이 서비스를 무료로 이용하고, 그것의 재정비 과정을 너그럽게 용인하는 기술 세상에서나 가능한 방법이다. 페이스북처럼 말이다. 하지만 소비재 세상에서는 이야기가 다르다.

밀고 당기기

지중해식 스프레드 제품의 급격한 확장은 물론, 카인드에서 이룩한 보다 근본적인 성장을 통해서, 나는 유지 가능한 형태의 성장에 집중하려는 노력이 얼마나 중요한 것인지 깨닫게 되었다. 소비재 시장에서 현명한 주문은 이러한 것이다. 〈밀기보다 당기기가 더 중요하다.〉 매장이나 구매 담당자들에게 제품의 첫 주문을 요구하는 〈밀기〉만큼 중요한 것은 진열대에 놓인 제품을 통해 소비자들을 끌어들이는 〈당기기〉다. 진열대의 공간을 차지하기 위한 밀기는 관계와 친분, 혹은 영업 기술을 통해 이루어지지만, 정작 매장의 선반 위에 놓인 제품들이 움직이지 않는다면 구매 담당자와의 관계는 악화될 것이며, 여러분의 제품은 결국 다른 쪽으로 이동하게 될 것이다. 즉, 단종되고 말 것이다.

나는 카인드의 성공이 대부분 품질, 그리고 브랜드에 진실하겠다는 우리의 약속에 대한 고집 덕분이라고 본다. 우리는 우리의 브랜드가 무엇을 의미하는지 이해했고, 그리고 공동체와 관계를 맺을 때마다 그러한 의미를 전달하고자 했다. 카인드에서 신제품 출시를 위한 문턱은 엄청나게 높다. 우선, 신제품은 기대를 넘어서야 한다. 즉, 기존의 소비자들에게서 얻었던 호감에 의존해서는 안 되며, 새로운 호감을 창출할 수 있어야 한다. 그리고 우리 브랜드가 지향하는 바에 충실해야 한다. 또한 〈오, 생각했던 것보다 훨씬 좋군〉과 같은 소비자의 반응을 항상 이끌어 낼 수 있어야 한다. 우리 브랜드가 지향하는 바와 조화를 이루지 못하는 훌륭한 아이디어는 카인드가 아닌 다른 브랜드로 출시해야 한다. 그리고 비록 브랜드 이미지와 조화를 이루고 있다고 하더라도, 소비자들이 마땅히 기대하는 맛과 영양적인 성분을 충분히 담아내지 못하는 제품으로 만들어진다면, 그 아이디어가 이론적으로 아무리 산뜻해 보였더라도 카인드 브랜드로 출시할 수 없다.

모두를 만족시키려다가는 아무도 만족시키지 못한다

피스웍스를 시작할 무렵, 나는 다양한 유통 채널들을 서로 다른 목적으로 활용할 수 있으며, 양보다는 질이 중요하고, 제품과 그 유통 과정에는 라이프 사이클이 존재한다는 사실을 이해하지 못했다. 그리고 대규모 매출을 지속적으로 유지하려면 우리가 제품을 판매하는 모든 곳에서 놀라운 성공을 이루어 내고, 독립적으로 자리를 잡아야 한다는 사실도 충분히 알지 못했다. 기본적으로 나는 제품과 서비스별로 특화된 유통 전략을 마련해야 한다는 사실도 몰랐다. 예를 들어, 신제품 출시는 모험심이 강한 얼리 어댑터들이 많은 채널을 통해서 하고(말하자면, 획기적인 형태의 자연 제품은 건강 및 특별 식품 매장에서), 다음으로 시식 행사와 구전 마케팅 및 프로모션, 그리고 전통적인 언론 보도를 통해서 서서히 무대를 넓혀 나가야 한다. 하지만 나는 브랜드 인지도를 구축하고 충성스러운 추종자들을 끌어모으려는 노력 대신, 동네 편의점에서 블루밍데일스나 메이시 백화점에 이르기까지, 내가 지나치는 모든 매장에서 우리 제품을 판매해야 한다고 믿었다. 모든 매장들이 우리의 고객 업체가 되어야 한다고 생각했다. 그리고 그러한 결심에 뿌듯함을 느꼈다. 하지만 집중과 전략 없는 야망은 시간과 노력, 그리고 돈의 낭비를 의미할 뿐이었다.

비즈니스를 막 시작했을 무렵에 84번가와 브로드웨이에 있는 작은 편의점으로 영업을 나갔던 기억이 난다. 나는 그 사장에게 우리 제품을 한번 팔아 보라고 부탁했다. 김 사장은 우리 제품을 꺼리는 이유를 계속 설명하려 했다. 「이런 제품들은 우리 가게와 어울리지 않아요. 사람들은 빵이나 우유 같은 생필품을 사기 위해 이곳에 오거든요.」 그러나 나는 물러서지 않았다. 「하지만 말린 토마토 스프레드는 맛있는 것 이상입니다.」 나는 병을 열어서 바게트 한 조각을 담갔다가 반강제로 그의 입에 밀어 넣었다. 그는 나를 쫓아낼 수 없었다. 사장은 계속해서 복도를 돌아다니며 선반 위에 케첩을 쌓았다. 나는 지하실까지 그를 졸졸 따라다니며 우리 제품이 얼마나 특별한 것인지 설명했다. 두 시간 후, 결국 그는 28.20달러어치의 제품 한 박스를 주문했다. 그제야 나는 그곳을 떠났다. 나는 그런 내 자신이 자랑스러웠다. 어깨를 펴고 길을 걸으면서 혼잣말로 이렇게 중얼거렸다. 「포기하지 않았기 때문에 성공할 수 있었던 거야.」

그러나 내가 그 편의점을 들를 때마다, 심지어 열흘이 지나도록 나의 말린 토마토 스프레드 열두 병은 모두 선반에 그대로 놓여 있었다. 거기서 그대로 먼지만 쌓이면서 내 브랜드를 초라하게 하고, 그 가엾은 사장의 소중한 판매 공간을 부당하게 차지하고 있었다. 혼란스러웠다. 나는 그 두 시간을 특별 식품 매장과의 관계에 투자했어야 했다. 거기서 우리 제품은 환영받았을 것이며, 적어도 더 많은 판매 기회가 있었을 것이다.

피스웍스의 매출을 강화하기 위해 내가 고안했던 창조적인 마케팅 프로그램과 관련해서도 나는 실수를 저질렀다. 실제로 나는 유통업체 사람들의 호감을 사는 데 꽤 성공적이었고, 그러다 보니 일부 매장에서는 지나치게 많은 제품을 주문했다. 하지만 그 제품들이 매장 진열대에서 신속하게 빠지지 않으면, 우리는 물론 매장에도 아무런 도움이 안 된다는 사실을 몰랐다.

한 끔찍한 사례로, 나는 많은 수량을 주문한 업체들에게 보상을 제공하는 우수 거래처 프로그램이란 것을 기획했던 적이 있었다. 우리의 지중해식 스프레드 제품 64상자(당시로서는 1,800달러의 금액)를 주문한 업체들에게 2백 달러 상당의 철사망 진열대를 선물하고, 매장 안에서 2회에 걸쳐 제품 설명 행사를 하고, 그리고 우리와 관련된 모든 언론 기사에 해당 업체의 이름을 거론해 주기로 약속했다. 하지만 그때 나는 우리 고객 업체들에게 내가 엄청난 피해를 입히게 될 것이라고 생각하지 못했다. 사실 특별 식품으로서 64상자는 대단히 많은 수량이었다. 진열대에 쌓인 재고를 모두 판매하기까지 꽤 오랜 시간이 걸리면서, 지속적인 재고 관리에 문제가 발생하기 시작했다(말린 토마토 스프레드와 바질 페스토는 빠른 판매가 이루어졌지만, 나머지 종류는 거의 움직이지 않았다). 이는 내 비즈니스에도 타격을 입혔다. 나는 이 프로그램을 통해서 매출의 새로운 흐름을 만들어 내고 싶었다. 그리고 이를 위해 진열대 구매에 들어가는 비용과 제품 설명 행사를 위한 시간을 많이 투자했다. 그러나 몇 달이 지나도록 재주문은 들어오지 않았다. 나의 고객 업체들은 매장 진열대에 스프레드 병을 잔뜩 쌓아 두었고, 그 때문에 나를 피했다. 다행스럽게도 그들은 내가 좋은 의도로 그랬다는 것을 이해해 주었다. 하지만 나머지 재고들을 모두 처분할 때까지 그들은 우리의 주력 제품도 주문하지 않았다.

초창기 시절에 우리의 집중력은 극도로 허약했다. 비즈니스를 기반으로 공존의 가능성을 높이는 사업 모델에 대해 대단히 뜨거운 열정을 갖고 있었기에, 나는 중동 지역에서 상징적으로 실행했던 사업을 여러 다른 대륙에 걸친 분쟁 지역들로 확장해 나가고자 했다. 전쟁으로 폐허가 된 지역의 주민들을 대상으로, 우리는 우리의 사업 모델을 그대로 적용할 수 있다고 믿었다. 가령 인도네시아에서는 발리 스파이스Bali Spice를 설립해서 이슬람, 기독교, 그리고 불교를 믿는 여성들 간의 협력을 바탕으로 생산한 소스와 면을 판매했고, 스리랑카에서는 신할리즈족과 타밀족 노동자들의 협력을 통해 코코넛 우유를 생산했다. 나의 고향인 멕시코에서는 아스테카 트레이딩 컴퍼니Azteca Trading Company를 설립했고, 전쟁으로 폐허가 된 치아파스 지역에서 원재료를 구매하여 텍사스 지역에서 치폴레 고추로 만든 소스 제품들을 생산했다. 이들 제품들과 관련하여 내가 저지른 실수는 아마도 몇 권의 책을 거뜬히 써낼 정도로 많다. 그때 내게는 하나의 중요한 성공을 위해 집중을 해야 할 참을성이 없었다.

피스웍스의 아이디어는 훌륭한 개념이었다(지금도 그렇다). 그러나 그 모든 일은 다섯 사람이 맡아서 하기에 너무도 벅찼다. 정말로 말도 안 되는 생각이었지만, 모든 것을 혼자서 할 수 있다고 믿는 많은 기업가들처럼, 나 역시 그때는 현실을 이해하지 못했다. 우리는 그 모든 브랜드에 제대로 집중하지 못했다. 사업을 시작할 때, 우리는 우리가 하는 일에 집중하고, 최고의 성과를 올리기를 원한다. 그러나 여러 가지 사업을 한꺼번에 시작하고, 수십 가지의 신제품들을 출시하면서 세상 모든 곳에 팔려고 덤빌 때, 그것은 불가능한 과제가 되어 버리고 만다.

실패를 환영하고 교훈을 이끌어 내기

비즈니스 현장을 돌아다니던 시절에 내가 저질렀던 모든 실수들은 오늘날 카인드를 성공시킨 밑거름이 되었다. 여러분이 과거의 실수를 잊거나 감추려고 한다면, 그것은 큰 오산이다. 그러기보다는 실수를 가까이 하고, 가슴 깊이 새겨야 한다. 실수를 자랑스럽게 드러내 보여야 한다. 자기 자신과 조화를 이루면서 기꺼이 배우려는 자세가 되어 있는 한, 중대한 실수는 어떤 성공보다 더 훌륭한 교훈을 선사할 것이다. 내가 성취한 모든 것들은 초창기에 저질렀던 실수들 덕분이다.

물론 실패를 경험하는 순간이 얼마나 고통스러운지 잘 알고 있다. 우리는 종종 과거를 아름답게 포장하려는 경향이 있다. 그러나 실패의 순간에는 거기서 살아남을 수 있을 것인지 확신하지 못한다. 그러한 실수들이 미래에 얼마나 가치 있는 교훈으로 남을 것인지 생각할 여유는 더더욱 없다. 그렇기 때문에 지금이야말로 자신을 건설적인 차원에서 비판적으로 바라보고 무엇을 잘못했는지, 그리고 미래에는 어떻게 달라질 것인지를 떠올려 보기에 가장 좋은 시점이다.

성공이 계속해서 이어질 때조차, 실수에 대비하고, 실패 가능성을 적극적으로 살피는 노력은 중요하다. 상황이 순조롭게 돌아갈 때에는 빠른 성장으로 인해 많은 약점과 결함들이 잘 드러나지 않는다. 시장의 빠른 성장을 타고 거대한 존재로 도약한 많은 기업들이 그들의 위용을 과시하려고 한다. 그러나 시장의 성장 속도가 둔화될 때, 혹은 새로운 도전 과제에 직면하게 될 때, 그들의 기세는 부실한 기업 문화와 조직의 허약함 때문에 쉽게 꺾이고 말 것이다. 기업과 브랜드가 승승장구하고 있을 때, 사람들은 슈퍼스타처럼 행세하려 든다. 하지만 우리가 정말로 주목해야 할 가치가 있는 순간은 기업이 난관에 부딪히고, 조직의 역량이 시험에 직면할 때다.

지속적인 성찰과 혁신의 문화를 구축하기 위해, 카인드는 모든 직원들이 〈신생 기업 사고방식〉 프로그램에 참여하도록 격려하고 있다. 이는 매년 모든 업무 활동들을 검토하고, 필요한 경우에 지속적으로 시스템이나 업무들을 새롭게 바꾸어 나가는 프로그램이다. 여기서 우리는 모든 의사 결정에 대해 새롭게 질문을 던지고, 비판적으로 생각하게 된다. 실패를 겪었다면, 이와 같은 시도가 반드시 필요하다. 실패를 통해 스스로 지혜를 구함으로써, 우리는 잘못을 깨닫고 이를 바로잡아 나갈 수 있다. 그렇다면 이미 절반은 성공한 셈이다. 지금 여러분이 실패를 겪고 있다면, 목표를 충분히 높이 세웠는지 점검하자. 카인드 사람들은 〈빨리 실패하고, 더 빨리 성공하자〉라고 하는 접근 방식을 받아들이고 있으며, 위험과 도전을 적극 환영한다(카테고리 안에서 성공을 거둘 수 있을 것이라는 확신이 들 때까지 제품 출시를 연기하는 원칙과 더불어). 그리고 성공을 누리고 있다면, 자만에 빠지지 않도록 경계해야 한다. 기존의 가정에 항상 의심을 품자. 〈그리고〉 사고방식을 기반으로 자신이 하고 있는 일의 모든 측면에서 개선할 점이 있는지 점검하자. 실수를 통해 지혜를 얻고, 흔들림 없이 나아가고, 그리고 자신이 무적의 존재나 천재가 아니며, 언제든 더 잘할 수 있는 여지가 남아 있다는 사실을 끊임없이 상기하자.

집중이 중요한 이유

비즈니스는 위험을 관리하는 게임이다. 여러분이 부대를 지나치게 빨리 확장하고 영토를 정복해 나가려 한다면, 결국 힘은 분산되고 국경 수비는 위태로워질 것이다. 그러면 적들은 여러분의 영토를 더 쉽게 공략하고 정복할 것이다. 거대한 왕국 건설에 대한 지나친 열정은 패망을 초래할 수 있다. 마찬가지로 여러분이 지금 신제품을 출시하고 있다면, 그에 앞서 주요한 기존 제품들을 제대로 방어할 수 있을지 확인해야 한다. 다시 말해, 핵심을 강화하고, 주요 제품들을 바탕으로 성공을 이어 나갈 수 있어야 한다. 우리는 모든 새로운 도전이 힘을 얻기를 바란다. 그러나 제품은 모두 스스로 자리를 잡아야 하고, 경쟁을 벌이는 모든 매장에서 우위를 점해야 한다. 그렇지 못한 상태에서 신제품 출시에만 매달린다면, 기업의 자산은 희석될 것이며, 성공의 기회가 높은 핵심 분야에서 스스로를 위험에 노출시키고 말 것이다. 우리는 핵심 분야에서 시장 점유율을 유지하거나 높이기 위해 절대적으로 필요한 자원과 관심을 최대한 활용해야 한다.

물론 확장은 가능하다. 하지만 대표적인 제품군이 굳건히 자리를 지키고 있을 때라야만 그럴 수 있다. 그렇지 못할 때, 경쟁자들이 밀고 들어와 여러분의 시장 점유율을 갉아먹기 시작할 것이다. 확장하는 과정에서 기업의 가치 제안을 바꾸지 않도록 주의해야 한다. 자칫 기존 고객들을 혼란스럽게 하고, 쫓아 버릴 수 있기 때문이다. 또한 박차를 가하기 위한 자원을 충분히 확보해 두어야 한다. 이는 공격과 방어의 문제다. 전략 없는 열정은 비즈니스에 도움이 되지 않는다.

카인드가 출범하고 몇 년이 흘러, 한 친구가 내게 흥미로운 데이터를 보여 주었다. 그 자료는 우리가 출시한 프루트 앤드 너트 바가 하나의 카테고리로서 슬래브 바에 비해 규모가 아주 작다는 사실을 나타내고 있었다. 당시 슬래브 바 제품들은 매장의 진열대를 압도적으로 지배하고 있었다. 그 친구는 내게 다양한 슬래브 바 제품들을 출시할 것을 권유했다. 그때 우리는 전체 제품들을 한꺼번에 포괄할 수 있는 전반적인 원칙에 대해 고민을 하고 있었기 때문에, 실제로 잠깐 동안 친구의 권유를 고려했었다.

친구의 아이디어에 대해 생각해 보면서, 나는 카인드가 지향하는 방향에 대해 진지하게 고민했다. 기업의 브랜드는 그들이 하기로 결정한 것들은 물론, 하지 않기로 결정한 것들에 의해 규정된다. 우리는 과일과 견과류를 가지고 슬래브 바를 개발하는 방향으로도 나아갈 수 있었고, 기존 제품들과 마찬가지로 과일과 견과류를 사용하여 다양한 형태로 바 제품들을 개발할 수도 있었다. 소비자들이 기존 제품과 신제품 사이에 점을 연결하여 우리 브랜드의 공통분모를 짐작할 것이라는 점에서, 두 번째 제품군에 대한 선택은 우리에게 대단히 중요한 과제였다. 그것은 정말로 중대한 의사 결정 사안이었다.

이 사안을 놓고 한참을 씨름을 한 후에, 나는 결국 슬래브 바 개발이 카인드의 이미지와 어울리지 않는다고 결론을 내렸고, 포기하기로 결정했다. 슬래브 바는 거대한 시장이었지만, 우리는 그 기회를 포기했다. 그러나 카인드는 슬래브 바가 나를 비롯한 수백만 명의 소비자들을 만족시키지 못했다는 인식으로부터 탄생했다. 나는 내가 무엇을 먹고 있는지 분명하게 알고 싶었고, 성분을 알 수 없는 가공식품들은 가급적 피하고 싶었다. 나는 우리 브랜드에 귀를 기울여 보았다. 그리고 마음 깊은 곳에서 이런 목소리를 들을 수 있었다. 〈거기는 네가 갈 곳이 아냐.〉

데이터 분석은 전략적으로 중요한 도구다. 세일즈 업무와 카테고리 관리를 위해서 특히 중요하다. 게다가 신제품 개발 전략에서도 중요한 기능을 한다. 그럼에도 데이터 분석은 또한 위험한 도구이기도 하다. 데이터는 우리에게 다른 기업들의 흐름을 알려 준다. 즉, 다른 경쟁 제품들이 어떻게 움직이고 있는지 말해 준다. 하지만 그러한 데이터 속에는 가슴과 영혼이 들어 있지 않다. 이를 발견하기 위해서는 데이터 이면을 들여다보아야 한다. 그리고 그 〈흐름〉이 기업의 브랜드, 그리고 그 브랜드의 고유한 가치 제안과 조화를 이루는지 확인하기 위해서는 내면의 직관에 귀를 기울여야 한다. 게다가 데이터만으로는 내일을 예측할 수 없다. 신제품 개발자들은 종종 다른 브랜드들이 올라타고 있는 파도를 따라잡으려고 하지만, 거기에 도달했을 무렵이면 이미 그 파도는 사라지고 없고, 서퍼들은 새로운 파도를 준비하고 있을 것이다. 그렇기 때문에 데이터 분석에만 의존하여 제품 개발을 결정한다면, 큰 그림을 놓치게 될 것이다. 정말로 앞서가기 위해서는 우뇌와 좌뇌를 연결해야 한다. 다시 말해, 브랜드 안에서 마법을 창조하기 위해서는 직관적 이해와 과학적 분석을 통합해야 한다.

신제품 혁신의 방향과는 무관하게, 기존의 주요 제품군에 대한 방

어느 기업 전략에서 중요한 부분을 차지해 왔으며, 앞으로도 그럴 것이다. 그래서 우리는 다양한 분야로 확장을 꾀하면서, 동시에 카인드 프루트 앤드 너트 바에 여전히 많은 투자를 기울이고 있다. 우리는 계속해서 새로운 맛으로 혁신을 추구하면서도, 일관성을 유지하고, 완벽하다고 생각하는 부분도 끊임없이 개선하고, 항상 품질에 집중하고 있다. 이러한 노력을 게을리할 때, 우리는 그동안 힘들게 끌어모은 소비자들을 모두 잃어버릴 위험에 처할 것이다.

제대로 하기

소비재 기업들은 광범위한 유통 네트워크를 갈망한다. 그들은 최대한 많은 매장들을 확보하고 싶어 한다. 하지만 그보다 더 중요한 것은 매장의 생산성이다. 특히 기업의 제품(혹은 서비스)을 널리 알리기 위한 자원이 충분치 않은 초기에는 더욱 그렇다.

카인드를 출범했을 때, 우리는 넉넉지 못한 자원을 홀 푸드와 같은 대표적인 건강식품 체인점에 집중하고자 했다. 홀 푸드 매장은 유동 인구가 많았다. 그리고 그곳을 돌아다니는 소비자들은 전반적으로 모험심이 강했고, 새로운 브랜드에 도전하는 성향을 뚜렷하게 보였다. 우리는 홀 푸드 매장 한 곳에서 하루에 수백 개의 카인드 바를 판매할 수 있었다. 반면, 편의점이나 약국에서는 하루 평균 두 개 정도밖에 팔리지 않았다.

소비자들이 카인드 바를 먹어 보도록 하는 데 투자했다면, 가령 직원들이 나가서 샘플 시식 행사를 열었더라면, 프리미엄 자연 및 특별 식품 유통 매장에서 우리의 투자 수익성은 훨씬 더 높았을 것이다. 우리는 이러한 형태의 매장에서 진행하는 시식이나 샘플 행사에 최대한 많이 투자하는 것이 좋다는 사실을 배웠다.

제대로 원칙을 세우지 않은 채, 준비가 되지 않은 상태에서 모든 시장들로 무작정 확장하고자 했던 피스웍스의 초창기와는 달리, 이제 우리는 자연 및 고급 식품 매장에 최대한 집중하고 있다. 홀 푸드 체인은 물론이거니와, LA 지역의 겔슨스와 같은 특별 식품 체인점, 오렌지 카운티에 있는 마더스 마켓 앤드 키친, 베이 에어리어에 있는 드래거스와 안드로니코스, 시카고의 트레저 아일랜드 푸드, 뉴욕 시에 있는 페어웨이 마켓, 뉴저지의 킹스, 시애틀의 PCC, 텍사스의 센트럴 마켓, 그리고 스프라우츠 파머스 마켓과 더불어, 미국 전역의 다양한 고급 식료품점들은 오늘날 우리의 훌륭한 파트너로 남아 있다. 우리는 아직까지도 이러한 선구적인 유통 업체들과 함께 최고의 성적을 올리지는 못하고 있다고 생각한다. 몇 년 동안에 걸쳐 우리는 샘플을 나눠 주는 행사를 집중적으로 실시했고, 이제 홀 푸드의 많은 소비자들이 카인드 바의 맛을 보았다. 지금도 우리는 거기서 시식 행사를 이어 나가고 있으며, 주요 거래처에서의 판매량은 꾸준히 증가하고 있다.

매장의 생산성에 주의를 기울이고 최고의 성과를 올리는 매장에 집중적으로 투자하는 전략은 식품은 물론, 디지털 제품 및 소형 가전, 그리고 기저귀 시장에도 그대로 적용된다. 그렇기 때문에 여러분은 매장당 매출이 높을 것으로 기대되고, 여러분의 제품들과 가장 자연스럽게 어울리는 핵심 거래처와 파트너들을 정의할 필요가 있다. 어떤 매장들이 여러분 기업의 진정한 소비자들에게, 즉 자주 구매하고 높은 충성심을 갖고 있는 고객들에게 물건을 판매하고 있는지 파악하려는 노력이 중요하다. 기업의 많은 관심과 지원을 이러한 거래처에 우선적으로 집중해야 한다. 그러나 경험을 통해 내가 깨달은 바는, 많은 기업들이 이러한 노력을 게을리하고 있다는 것이다. 다른 새로운 업체들과 관계를 맺기 위해 노력하기보다, 이러한 주요 거래처에 더 많이 신경을 써야 한다. 기업가들은 본능적으로 더 많은 매장들로 확장하려 들지만, 그러한 경우 자칫 주요한 파트너들과의 협력에 소홀하게 될 수 있다. 투자 수익률이 훨씬 더 높다는 점에서, 기존 채널들을 최대한 활용하는 전략을 항상 명심하자.

이와 같은 전략을 제대로 추진하고 있다면, 이제 매출을 높이기 위한 확대 전략을 검토하자. 기업의 주요 소비자들을 기반으로 기반을 넓혀갈 수 있는, 호수면의 물결과도 같은 기회의 동심원을 살펴자. 카인드의 경우, 우리는 그다음 단계로 룬스, 바이얼리스, 해리스 티터, 푸드 엠포리움과 같은 대형 슈퍼마켓으로 폭을 넓혀 나갔다.

다음 단계는 H-E-B, 웨그먼스, 프레드 마이어, 킹 수퍼스와 같은 지역의 주요 식료품점이었다. 또한 우리는 크로거, 세이프웨이, 퍼블릭스, 스톱 앤드 숍과 같은 전국적으로, 혹은 그에 준하는 체인망을 갖춘 업체의 고급 매장에도 입점하면서, 몸에 좋은 신제품을 적극적으로 찾아다니는 소비자 집단을 공략하기 시작했다. 물론 이들 유통 업체로의 진입은 모두 기분 좋은 성공이었지만, 더욱 중요하게도 모든 새로운 협력 관계와 기회를 굳건히 하기 위해, 다음 기회로 넘어가기 전에 조심스럽게 숨을 고르는 기간을 가졌다. 우리는 새로운 시도의 모든 단계에서 우리 자신과 제품의 가치를 입증하고자 했다. 지나치게 공격적으로 들어가면서 유통 업체의 전국망으로 한꺼번에 확장을 시도한다면, 지속적인 관계를 보장해 주는 매장당 매출을 충분히 끌어올리지 못하거나, 혹은 체인 네트워크 안에서 지속적으로 성장할 수 있는 기회를 놓치게 될 것이라는 점을 우리는 잘 알고 있었다. 그렇기 때문에 유통 시장에서 우리의 발자국을 점차 확대해 나가면서, 동시에 강력한 소비자 기반 구축에도 초점을 맞추어야 했다.

크로거의 구매 담당자 세실 보기가 우리에게 그들의 매장 200곳에 납품할 수 있는 기회를 주었던 때가 기억난다. 그때 나는 오히려 우리 직원인 래미 레셈에게 더 많은 매장을 확보하라는 도전 과제를 내주었다. 더 많은 것을 얻어 오도록 격려했다. 하지만 당시의 상황을 이끈 것은 차가운 머리였다. 래미와 세실은 초점을 흐려서는 안 되며, 먼저 200개 매장에서 성공하는 것이 중요하다는 사실을 잘 알고 있었다. 실제로 당시 우리는 전국망으로 공급을 확장할 준비가 전혀 되어 있지 못했다. 그래서 먼저 대표적인 매장들을 중심으로 좋은 성과를 보여 주었고, 더 많은 매장들로 서서히 확장해 나갔다. 결국 미국 전역에 걸친 2천6백 군데의 크로거 매장에 제품을 공급하게 되었다.

미국 전역에 걸친 슈퍼마켓들로 제품을 공급하고, 충성스러운 고객들이 우리 제품들을 찾고, 제품이 없는 곳들에서 사람들의 불만이 터져 나오기 시작하면서, 우리는 다음 단계의 유통 채널로 넘어갔다. 이러한 곳들로는 스포츠 제품 매장, 약국, 커피숍, 편의점, 공항, 기차역, 허드슨 뉴스처럼 여행객들이 찾는 매장, 스테이플스와 같은 문구 체인, 그리고 계산대에서 우리 제품들을 취급하는 식품과는 관련 없는 유통 업체들이 있었다.

끈기는 덕목이다

운영적인 측면이 제대로 갖추어졌을 때, 기업은 비로소 코스트코와 비제이스, 샘스와 같은 클럽 형태의 매장들, 그리고 타깃이나 월마트와 같은 대형 유통 업체들로 진출할 수 있다. 여러분은 아마도 너무 서둘러 입점하는 바람에, 많은 기존 고객과 잠재 고객 들을 여러분의 제품으로 강력하게 끌어들이지 못하는 상황을 원하지 않을 것이다. 매출의 급격한 성장, 그리고 다른 브랜드들의 비교 기준이 되는 놀라운 성과도 중요하지만, 이들 유통 업체들을 효과적으로 관리하고 지원하기 위한 체계적인 시스템을 먼저 구축해야 한다. 대형 유통 업체들은 중소기업들이 갖추지 못한 데이터와 도구, 그리고 정확한 물류 시스템을 요구한다. 원칙에 따라 업무를 처리하기 위해서는 이들 대형 업체들과의 협력이 중요하다. 그리고 여러분의 기업이 최고의 물류 서비스를 제공하기 위한 준비를 마쳤을 때, 이러한 협력이 비로소 가능하다. 우리의 철학은 어디와 거래하든 간에 언제나 업체들이 선호하는 협력자가 되어야 한다는 것이다. 이를 위해 새로운 거래처와 관계를 맺기에 앞서, 우리는 먼저 충분한 소비자

충성도와 강력한 운영 시스템을 구축해 놓아야 한다.

최근 많은 유통 업체들이 웰빙 카테고리에 관심을 기울이면서, 대형 업체들은 예전처럼 이미 검증된 제품만을 매장에 들여놓기보다는 새로운 브랜드를 적극적으로 모색하는 전략을 취하고 있다. 만일 대형 유통 업체들이 여러분의 제품에 관심을 보인다면, 그것은 대단한 기회가 될 수 있다. 하지만 이는 또한 판돈이 큰 도박이기도 하다. 브랜드나 신제품에 관한 소비자 인지도가 낮을 경우, 대형 유통 업체들이 진열대에 여러분의 제품을 계속해서 놓아두어야 하는 정당성을 확보하는 데 필요한 판매량을 만들어 내기가 대단히 어렵기 때문이다. 이러한 경우에 시장의 자원과 고유한 장점을 지원하고, 제품을 홍보하고, 샘플을 나눠 주고, 판매를 강화하겠다는 유통 업체의 약속이 필요하다. 그리고 여러분의 기업은 시기에 맞춰 생산하고 배송할 수 있는 시스템을 갖추어야 한다. 기업의 역량을 정확하게 파악하지 못하고 무리하게 밀어붙일 경우, 초도 주문은 역풍이 되어 돌아올 것이다. 생산 능력이 주문량을 따라잡지 못하고, 이로 인해 판매가 중단되는 사태가 벌어질 수 있다. 유통 업체들이 이와 같은 문제를 겪고 나서 다시 한 번 기회를 줄 것인지 고민하는 동안, 여러분 기업의 매출 실적은 몇 년 전으로 후퇴하고 말 것이다.

카인드는 준비가 되지 않은 상태에서 주요 매장에 모습을 드러내는 도전의 위험성에 대해 충분히 인식하고 있었다. 2007년 즈음에 월마트의 한 구매 담당자가 우리에게 소중한 기회를 주었다. 그녀는 카인드의 팬이었고, 우리 브랜드를 정말로 신뢰하고 있었다. 그리고 우리가 성공할 수 있기를 바랐다. 월마트는 소비재 브랜드들에게 대단히 중요한 거래처이면서, 동시에 경험이 많지 않은 신생 기업들에게 버거운 고객이기도 하다. 그들은 납품 업체들에게 세계적인 수준의 서비스를 기대한다.

처음에 우리는 월마트의 매장들 중 천 곳에서 제품 판매를 시작했다. 당시에는 영양 바 코너가 따로 있지 않아서, 우리는 스니커즈와 같은 캔디 바 옆 선반에 자리를 잡아야 했다(당시 캔디 바들은 아주 다양한 성분들로 생산되고 있었고, 견과류와 과일을 통째로 집어넣는 영양 바에 비해 훨씬 저렴한 가격으로 판매되고 있었다). 더 중요한 문제는, 월마트를 찾는 소비자들이 우리 제품에 대해 잘 모르고 있다는 사실이었다. 게다가 우리는 하나의 납품 업체로서 월마트처럼 거대한 거래처를 어떻게 다루어야 하는지 전혀 알지 못했다. 우리가 제때 물량을 공급하지 못하면서, 진열대에서 우리 제품을 찾아볼 수 없는 상황이 종종 벌어졌다. 우리는 대형 중간 업체를 통해서 납품을 했고, 그래서 우리 제품이 어떻게 공급되고 있는지 면밀히 감시하지 못했다. 우리 제품들은 공급망 속에서 너무도 자주 사라지고 말았다. 결국 우리의 도전은 일 년 만에 실패로 끝났고, 카인드 제품은 월마트에서 퇴출되고 말았다. 너무도 가슴 아픈 실패였다.

존 레이히를 우리 회사의 사장으로 뽑았던 2010년 초, 나는 월마트에 다시 한 번 도전해 보고 싶었다.

존은 이렇게 말했다. 「아직 준비가 안 되었습니다. 때가 되면 도전해 보겠습니다.」

그렇게 그해는 흘러갔고, 우리는 내부 조직과 유통, 그리고 추적 시스템을 대폭 개선했다. 더불어 월마트와 함께 일해 본 경험이 있고, 그들의 공급 생태계가 어떻게 돌아가는지 잘 이해하고 있는 사람들을 직원으로 채용했다. 2012년 초, 우리는 월마트로 가서 프레젠테이션을 했다. 당시 카인드는 충분히 강력한 브랜드 파워를 갖고 있었다. 우리는 오 년 전과는 전혀 다른 기업이었다. 2012년 4월, 우리는 결국 월마트에 다시 제품을 공급하게 되었다.

현재 우리는 월마트에서 네 개들이 상자, 패키지, 낱개 포장과 더불어 카인드 헬시 그레인스 클러스터 제품을 판매하고 있으며, 소비자 가격 또한 꽤 경쟁력이 있다. 우리의 접근 방식이 효과가 아주 좋아서, 존을 비롯한 월마트 담당 직원들은 하루 일정의 회의 및 여행 프로그램으로 벤턴빌에 초대를 받기도 했다. 당시 우리에게 할당된 회의 시간은 30분으로, 이는 주요 납품 업체들로서도 대단히 이례적인 대우였다. 월마트에서 성공을 거두면서, 우리는 그들의 자회사인 샘스 클럽으로부터도 연락을 받았고, 이들 역시 우리의 고객 업체가 되어 주었다. 결국 우리는 월마트의 고위 경영진과 함께 협력하는 사이로 발전했고, 중요한 전략적 관계로 꾸준히 성장하고 있다.

우리는 타깃과도 비슷한 경험을 했다. 2011년을 시작으로 우리가 추진했던 몇 번의 제한적인 시도들은 이렇다 할 성과를 보여 주지 못했지만, 우리는 관계 구축을 위해 최선을 다했고, 아무것도 당연하게 받아들이지 않았다. 존은 우리가 실질적인 기회를 통해서 전국적인 규모로 타깃에 투자를 할 수 있다고 그들을 설득했다(당시 우리의 인지도와 성장세가 그 말을 보장하고 있었다). 결국 2013년 9월, 우리는 타깃에서 공식적으로 판매를 시작했고, 매출은 빠르게 탄력을 얻어 갔다. 타깃은 이제 그들 매장에서 우리 제품들을 보다 잘 보이는 위치에 진열해 두고 있다. 우리의 그래놀라 제품군은 카테고리 내에서 베스트셀러로 올라섰다. 타깃은 우리의 존재를 인식했고, 널리 알려진 그들의 〈메이드 투 매터Made to Matter〉 제품 개발에 협조를 요청했다. 동시에 사회적으로 의식 있는 선도적인 기업들에 주목했다. 그들과 특별한 파트너 관계를 맺을 수 있었던 것은 우리에게 축복이었다.

지난 30년 동안에 미국 대형 유통 업체들을 대상으로 제품을 판매해 왔던 존은 기술의 중요성에 대해 언급했다. 「카테고리나 제품의 유형과는 상관없이 주요 업체들과 보조를 맞출 수 있는 제반 시스템을 갖추어야 하고, 그들의 시스템과 브랜드에 대한 내부적인 이해가 필요합니다.」

어떠한 발판을 마련했던 간에, 기업은 동일 매장을 기반으로 유통업체에 경쟁 브랜드들보다 더욱 생산적인 수익을 제공해야 한다. 그러면 그들은 다시 여러분 기업이 확장할 수 있도록 도움을 줄 것이다. 여러분은 자신의 브랜드에 대해, 그리고 유통 업체에 대해 원칙있고 정중한 태도를 보여야 한다. 지금 여러분 기업의 상황에 어울리지 않거나, 혹은 관계가 아직 무르익지 않은 업체들은 일단 건너뛰어야 한다.

기업가들은 비즈니스 확장에 열을 올리고, 흥분을 하고, 그리고 좀처럼 속도를 늦추려 하지 않는다. 제품을 더 많이 팔고 싶을 때, 참을성 있게 기다리는 것은 누구에게나 힘든 일이다. 카인드가 따르고 있는 한 가지 경험 법칙은, 절대적인 탁월함으로 할 수 있는 일만을, 그 절차를 무시하지 않고 추진해야 한다는 것이다. 기회를 포기하는 결정에 대한 두려움을 극복하기 위해, 나는 종종 스스로에게 이렇게 말하곤 했다. 〈나는 《거절》한 것이 아니다. 다만 《지금은 아니다》라고 말했을 따름이다.〉 특정 매장을 목표로 하고 있지만, 우리 기업이 아직 준비가 되지 않았다는 생각이 들 때, 나는 이를 앞으로 해야 할 목록에 집어넣는다. 모든 것을 던져 버리고 무작정 달려 나가지 않도록 원칙에 충실해야 한다는 사실을 나는 이미 배웠다.

기업가들은 그들이 손대는 모든 일에 성공할 것이라고 종종 착각을 한다. 물론 자신은 절대 실패하지 않을 것이라는 생각 때문에, 이들은 다른 사람들이 좀처럼 넘보지 않는 위험에 기꺼이 도전한다. 이러한 허세로 스스로를 무장하는 것은 필수적인 힘의 원천이기도 하다. 그러나 이를 제대로 통제하지 못할 때, 우리는 파멸에 이르고 만다.

하버드 비즈니스 스쿨 교수 마이클 포터는 이렇게 말했다. 〈전략의 핵심은 하지 말아야 할 일들을 선택하는 것이다.〉 기업가들의 경우, 전략이란 최소한 그들 자신에게 내일을 위해 남겨 두어야 할 일들을 선택하는 것이라고 말할 수 있을 것이다. 창조적인 아이디어, 마케팅 캠페인, 혹은 여러분이 하고 싶은 모든 일들을 가지고 우선순위 목록을 작성해 보도록 하자. 특정한 아이디어들을 삭제할 필요는 없다. 다만 그것들을 올바른 순서로 배열하기만 하면 된다. 그리고 목록에서 맨 위에 있는 일부터 시작한다면, 여러분은 결국 그 모든 과제를 할 수 있을 것이다.

집중은 보상을 주지만, 대가도 치르게 한다

2000년대 중반, 초기의 집중력과 원칙을 바탕으로 카인드는 무역 박람회와 언론 기사를 통해 이름을 널리 알리기 시작했다. 분명히 뭔가 특별한 일이 벌어지고 있었다. 사람들은 카인드에서 마술과 같은 일이 벌어지고 있다고 생각했다.

2007년 식품 산업 분야의 중요한 전시회인 미국 서부 자연식품 박람회에서, 우리 부스를 중심으로 억누르기 힘든 흥분이 일어나고 있었다. 당시 우리는 통합적으로 관리하고 있었던 카인드와 피스웍스 제품을 전시하기 위해, 아주 작은 규모로밖에 부스를 설치하지 못했다(약 3미터 × 6미터). 전시장에서 우리는 활동 범위를 넓히기 위해, 무료로 마사지 서비스를 제공하거나, 전시회 주차장까지 관람객들을 차로 태워다 주는 방식으로 사람들을 깜짝 놀라게 함으로써 우리 브랜드의 사회적 사명을 실천했다.

당시 전시회에서 카인드는 크게 주목받는 브랜드로 많은 이들의 입에 오르내렸다. 2007년과 2008년 박람회에서는 최고의 신제품상을 수상하기도 했다. 이후로 식품 업계에서 경력을 쌓은 많은 인재들의 입사 지원서가 마구 몰려들었다.

우리는 신이 났다. 카인드 사무실은 즐거운 업무 현장이 되었고, 모든 직원들은 활기차게 일하며 즐거운 시간을 보내고 있었다. 그러나 그것은 절대 쉽게 이루어진 일이 아니었다. 아이러니하게도, 현금 유동성 문제가 가장 심각했던 기간에 우리는 100퍼센트의 성장을 이룩할 수 있었다(비록 초기 규모가 아주 작기는 했지만).

기업가들은 빠른 성장으로 인한 현금 유동성 악화가 비즈니스의 발목을 잡을 수 있다는 사실을 종종 간과하곤 한다. 천천히 성장한다면, 수익이 나고 있는 한 현금 유동성에 대한 요구는 그리 어렵지 않게 충족시킬 수 있다. 그러나 매출이 갑자기 두 배로 뛰는 경우, 더 많은 제품을 생산하기 위해 운영 자금을 확보해야 하고 외상 매출금의 한도를 높여야 하며, 더 많은 직원들을 고용하는 것은 물론 브랜드 홍보에도 투자를 해야 한다. 수익성이 좋다고 하더라도, 현금 흐름을 제대로 관리하지 못하는 기업들은 시장에서 퇴출을 당하고 만다.

바로 그렇게 우리는 만성적인 현금 흐름 문제에 빠져들게 되었다. 집중은 장기적으로 보상을 주지만, 여전히 단기적인 운영은 중요하다. 받아야 할 돈은 어떻게든 받아 내야 한다. 많은 경우에 나는 내 월급을 유보해야만 했고, 우리가 갚아야 할 돈을 예정보다 앞서 지불하지는 말아야 했다. 우리는 정확한 돈을 지불했고, 거래처들 역시 정확한 시간에 우리에게 송금하도록 했다. 카인드의 관리팀은 거래처들에게 전화를 걸어 우리가 판매한 제품에 대해 송금이 필요하다는 사실을 상기시켜 주었다. 재고 또한 긴축적으로 관리했다. 당연히 재고가 바닥나서는 안 되었지만, 대표적인 제품군을 생산하기 위한 자금조차 넉넉하지 않은 상태에서 너무 많은 재고를 가져갈 여유는 없었다. 마케팅과 샘플 제작에 필요한 예산 역시 충분치 못했다.

성장을 위한 대부분의 자극은 제품과 포장 자체에서, 그리고 광고나 팻말과 같이 소비자들의 눈길을 사로잡는 매장 내 마케팅 도구에서 나온다. 우리는 매장들에 제공했던 모든 철망 진열대들을 치밀하게 관리했다. 거래처들이 그 진열대를 아무렇게나 사용하도록 허락할 여유가 없었다. 우리는 항상 그 진열대를 우리의 새로운 제품들로 채워야 했다. 진열대에서 우리 제품이 모두 팔리고 나면, 경쟁자들이 그들의 제품을 거기에 걸어 놓기 전에 재빨리 재고를 채워 두어야 했다. 우리의 작은 사무실은 전투 사령실처럼 기능했다. 커다란 미국 전체 지도가 사무실 벽에 걸려 있었고, 지도 곳곳에 꽂혀 있는 핀들은 철망 진열대의 존재를 나타내고 있었다. 또한 핀들의 색상은 해당 매장을 마지막으로 방문했거나 전화를 걸었던 시점을 의미하는 것이었다. 우리에게는 그 모든 자산이 소중했다.

우리는 기업가 정신을 부지런히 익히고, 자금을 아껴 써야만 했다. 현금이 얼마나 들어올 것인지 걱정하지 않고 카인드 사무실에서 편안하게 숨을 쉴 수 있었던 것은 그로부터 오랜 세월이 흐른 뒤였다. 집중과 확신을 바탕으로 우리가 여기까지 걸어올 수 있었던 것은 행운이었다고 생각한다. 그리고 더 운이 좋았던 것은, 그러한 경험들이 우리의 조직 문화와 특성에 풍부한 자원을 남겨 주었다는 것이다.

자신에게 진실하기

그 무렵에 나는 내 아내인 미셸 리버먼을 만나게 되었다. 나는 오랫동안 혼자 살았고, 회사와 결혼했고, 그리고 카인드의 사명과 중동의 평화를 구축하기 위한 사업에만 집중했다.

우리 두 사람은 2006년 12월에 뉴욕 시 로어이스트사이드에서 친구가 열었던 가라오케 파티에서 만났다. 내가 그곳에 들어갔을 때,

엘비스 복장을 한 남자가 가라오케 기계로 노래를 부르고 있었다. 나는 미셸에게 그곳 분위기와는 대조적이어서 매혹적으로 보인다고 말하며 장난을 걸었다. 다행스럽게도 나는 그날 밤 노래를 한 곡도 부르지 않았다. 그리고 기대와는 달리 그녀는 내 데이트 신청을 선뜻 받아 주었다. 그녀는 의사였고, 스페인어를 할 줄 알았다. 나는 우리가 꽤 잘 어울린다는 생각이 들었다. 미셸 또한 마찬가지였다.

데이트를 시작하면서, 우리는 그녀가 농담으로, 그리고 참을성 있게 전쟁의 세월이라고 별명 붙인 기간으로 들어가게 되었다. 그것은 헤즈볼라-이스라엘 전쟁에 대한 나의 뜨거운 관심과 안타까움, 그리고 내가 치르고 있었던 나 자신과의 전쟁 때문이었다. 나는 나의 업무적인 영역에 강하게 집착했고, 그 누구도 들어오도록 허락하지 않았다.

근본적인 관계 발전을 위해서 나는 마음을 더욱 열어야 했다. 내가 약속에 대해, 그리고 다른 사람이 내 삶으로 들어오는 것에 대해 두려움을 갖고 있다는 사실을 인정해야 했다. 그러한 두려움은 일에 대한 강한 집착에서, 혹은 상처받기를 원치 않는 나의 소심함에서 비롯된 것이었다.

기업가로서 발을 내딛었을 때와 마찬가지로, 나는 과거의 연애 관계에서도 진정한 관심을 받지 못했고, 기껏해야 여러 상대들 중 한 명에 불과한 존재였다. 내가 상대를 이해하기 위해, 그리고 상대가 나를 이해할 수 있도록 진지하게 시간을 투자한 적은 한 번도 없었다. 나는 내가 두려워하고 있다는 사실을 인정해야만 했다. 그리고 미셸과의 관계에 기회를 주기로, 내가 가진 모든 것을 쏟아부어 보기로 다짐했다. 그것은 집중과 원칙, 그리고 진실에 관한 또 다른 깨달음의 시간이었다. 나는 미셸에게 집중했고, 또한 죽기 살기로 카인드를 이끌어 가면서 개인적인 삶에도 관심을 기울여야 했다.

당시에 나는 또한 팔레스타인과 이스라엘 양국 간의 화해 분위기를 조성하기 위한, 즉각적이고 지속적인 협상을 요구하도록 백만 명의 주민들을 끌어들이는 운동을 펼치고 있었다. 하지만 2007년 10월, 우리가 정말로 공을 들였던 그 중대한 행사는 마지막 순간에 취소가 되고 말았다. 상황이 그렇게 끝나자 절망감이 밀려왔다. 그래도 미셸의 사랑과 공감, 그리고 무조건적인 신뢰는 내가 그 절망을 딛고 일어설 수 있도록 힘을 주었을 뿐만 아니라, 그녀가 나의 동반자로서 곁에 있어 준다는 것이 얼마나 큰 축복인지 깨닫게 했다.

그리고 몇 주 후, 나는 미셸에게 청혼했다.

행동하는 사업가

무엇보다, 집중이란 뭔가를 이루어 낸다는 것을 의미한다. 좋은 아이디어를 갖고 있는 사람들은 많지만, 대부분 그 아이디어를 현실로 이루어 내지 못한다. 내가 생각하는 기업가란 혁신과 독창성, 그리고 새로운 아이디어를 실현하는 능력을 하나로 연결할 줄 아는 사람을 말한다.

어떤 사람들은 삶에서 가장 중요한 이분법이 자신이 흥미와 관심을 갖고 있는 사안들을 긍정적으로 바라볼 것인지, 아니면 부정적으로 바라볼 것인지에 대한 것이라 생각한다. 사람들은 낙관적인 렌즈와 비관적인 렌즈 중 무엇이 더 좋을지에 대해 많은 관심을 기울인다. 하지만 나는 그보다는 어떤 사안에 대해 스스로 뭔가를 할 것인지, 아니면 삶이 자신을 그냥 지나가도록 내버려 둘 것인지에 대한 질문이 더 중요하다고 생각한다. 여러분은 행동가인가?

행동은 창의성만큼이나 기업가에게 중요하다. 사람들이 물 잔이 절반이나 찼는지 혹은 절반밖에 없는지 묻는 동안에, 기업가는 물을 부어서 잔을 가득 채운다. 이러한 결단력은 기업가의 근본적인 자질이다.

기업가들은 힘들게 일하며, 그리고 벤처를 시작하는 사람들 대부분은 밤낮을 가리지 않고 일하고, 해야 할 모든 일들을 스스로 처리해야 한다고 생각한다. 기업가가 된다는 것은 무슨 일을 해야 하고, 어떤 문제를 해결해야 하는지 파악하고, 해결책을 발견해 나가는 것을 의미한다.

여러 가지 측면에서 〈태도는 곧 운명이다〉. 여러분이 지금 무슨 일을 하고 있고, 긍정적인 태도로 임하기로 결심했다면, 그 일을 추구하는 과정에서 충분한 만족감을 얻을 수 있을 것이다. 시작은 이미 절반의 성공이다. 시작하지 않는다면, 절대 이길 수 없다. 내가 아버지에게 배운 한 가지 교훈은 변화는 구경꾼들의 경기가 아니라는 사실이다. 우리는 우리가 살고 싶은 세상을 만들어 가는 과정에 적극적으로 참여해야 한다. 이러한 책임감은 나의 모든 비즈니스 모험에 많은 영향을 미쳤다.

세일즈 역시 마찬가지다. 거래를 시작하기까지 몇 년이 걸렸던 유통 업체들이 있다. 성공할 때까지 나는 약한 모습을 보이지 않았다. 그들이 카인드 바를 받아 줄 때까지 나는 멈추지 않았다. 절대로 포기하지 말아야 할 목표들은 지금도 있다. 우리 사장인 존 레이히 역시 나와 똑같은 접근 방식을 취하고 있다. 매년 그는 승리를 거두고 쟁취하고 싶은 가장 힘든 업체들의 로고들을 인쇄해서, 액자로 만들어 사무실 벽에다 걸어 둔다. 그는 지금까지 수많은 성공을 거두었지만, 그러한 이야기들로 자신의 사무실을 꾸미지 않는다. 그는 자신에게, 그리고 우리 조직에게 어떤 목표들이 아직 남아 있는지 항상 상기시켜 준다. 그의 집념 덕분에 우리는 진정으로 중요한 목표들을 향해 지금도 달려 나가고 있다.

처음부터 나는 스타벅스를 카인드의 소중한 기회로 보았다. 나는 스타벅스 안내실에 전화를 걸어, 직접 샘플을 전달할 수 있는 사람을 찾았다. 요르단에서 열렸던 세계 경제 포럼의 지역 회의에서 스타벅스의 한 임원을 만날 수 있었다. 우리는 친구가 되었고, 덕분에 스타벅스의 마케팅 팀을 소개받게 되었다. 하지만 안타깝게도 그들은 관심을 보이지 않았다.

2008년에는 스타벅스의 식품 사업부를 책임지고 있는 부사장을 소개받았다. 당시 스타벅스는 식품 비즈니스를 새롭게 개선하기 위해 〈리얼 푸드, 심플리 딜리셔스*Real Food, Simply Delicious*〉라고 하는 마케팅 프로그램을 계획하고 있었다. 나는 그 부사장이 우리에게 많은 관심이 있을 것이라 생각했고, 그래서 2008년 말과 2009년 초에 걸쳐 회사의 인력과 예산을 투자하여 그녀에게 매력적인 프레젠테이션을 선보였다.

물론 당시 우리는 자원도 부족했고, 조직 시스템도 허약했다. 우리 직원들은 내가 당장 필요한 마케팅 예산을 헛된 도전에 퍼붓고 있다고 주장했다. 물론 틀린 말은 아니었다. 나는 아주 오랫동안 모비 딕을 쫓고 있었다. 나는 우리 직원들에게 항상 실용적이고 현실적인 목표, 그리고 대단히 힘들지만 성공할 경우 엄청난 효과를 기대할 수 있는 거대하고 야심 찬 목표를 하나로 연결해야 한다고 강조했다. 결국 성공의 조짐이 조금씩 보이기 시작했다. 나는 스타벅스의 초대를 받아 비행기를 타고 시애틀로 가서, 부사장과 그녀의 팀과 함께 긍정적인 분위기에서 회의를 하게 되었다. 마치 학교에서 가장 예쁜 소녀를 짝사랑하게 된 소년이 된 듯한 기분이 들었다. 어느 날 갑자기 소녀가 내게 윙크를 보내 주었고, 이제 나는 전화기 앞에 앉아서 그녀의 연락을 하염없이 기다리는 신세가 되었다.

다음에 집중할 곳은 어디인가: 매우 중요한 의사 결정

스타벅스를 향한 나의 사랑은 두 가지 측면에서 카인드에 대단히 중요한 시기와 맞물려 피어났다.

첫째, 우리는 스스로에게 질문을 던지기 시작하고 있었다. 브랜드를 망가뜨리지 않고 어떻게 혁신할 수 있을까? 우리가 미국 시장에 프루트 앤드 너트 바를 처음으로 출시한 지 몇 년이 흘렀고, 나는 이제 카인드가 다음 단계로 넘어갈 시간이 왔다고 느꼈다. 그리고 우리 브랜드의 두 번째 단계야말로 다양한 차원에서 카인드가 지향하는 가치와 원칙을 정의하는 가장 중요한 행보가 될 것이라는 사실을 알고 있었다.

우리는 우선 카인드를 정의하는 공통분모가 무엇인지 결정해야 했다. 그것은 말린 과일과 견과류를 사용하는 것인가? 몸에 좋은 성분가? 천연 식품인가? 우리는 바를 생산하는 기업인가? 아니면 소비자들이 눈으로 확인하고 쉽게 발음할 수 있는, 영양이 풍부한 성분들로 이루어진 제품을 개발하는 기업인가? 우리는 카인드 프루트 앤드 너트 바가 무엇인지는 잘 알고 있었지만, 카인드라는 브랜드를 정확하게 정의하지는 못했다. 그래서 우리는 스스로에게 이와 같은 진지한 질문들을 던져야 했다. 그리고 나중에 후회할지 모르는 방향으로 무작정 나아가기 전에, 이러한 질문에 대한 대답을 내놓아야 했다.

둘째, 보다 직접적인 걱정거리로, 기업의 현금 흐름이 날로 악화되고 있었다. 조직이 성장하고 수익성이 나아지고 있었지만, 나는 여전히 내 월급도 제대로 가져가지 못하고 있었다. 나는 결혼을 했고, 조만간 자녀가 생길 예정이었기에 우리 가족을 어떻게 부양해야 할지 고민이 되었다. 그때 나는 몇 달 동안 연속해서 월급을 가져가지 못하고 있었다. 이제 나는 내 자신과 전략적인 대화를 나누어야 했다. 회사의 지분을 투자자들에게 팔아야 할까? 기업을 매각해야 할까? 아니면 굳게 지켜야 할까?

앞으로 어떻게 움직여야 할지 계속해서 고민하는 동안, 세상에서 제일 큰 식품 및 음료 기업들 중 하나가 우리 회사의 문을 두드리기 시작했다.

5장

단순함을 유지하기

흔들리지 않기 위한 기준

우리 외할아버지 돈 마르키토스 아메리쿠스는 종종 스페인어로 이렇게 말씀하시곤 했다. 「*Un hombre demasiado digno para agacharse a recoger un quinto, no vale un quinto*(자존심 때문에 길에서 5센트도 못 줍는 인간은 5센트의 값어치도 없다).」

어릴 적 이름이 마르코스 메리칸스키였던 외할아버지는 20세기 초에 자행된 유대인 학살을 피해서 리투아니아에서 멕시코로 이민을 왔다. 그는 성모 마리아상과 같은 종교 물품을 판매하는 일을 하다가, 결국 유명한 목장 주인이 되었다(코사크 군대에 징집된 이후로 말을 대단히 잘 탔다). 키가 150센티미터 남짓했지만 강하고 힘이 셌다. 내가 태어났을 때 그는 벌써 70대였지만, 마치 강철로 만들어진 사람처럼 보였다. 내게는 외할아버지의 겸손하고 친절한 모습이 가장 뚜렷하게 남아 있다. 그는 자신의 농장에서 일했던 농부들에게 항상 도움을 주셨고, 그들과 나란히 앉아서 밥을 먹고 잠을 잤고, 그리고 모두를 가족처럼 대했다. 할머니가 새로 산 셔츠를 할아버지에게 주면, 그날 농장의 한 농부가 어김없이 그 옷을 입고 있었다. 그렇게 그는 언제나 자신의 모든 것을 나눠 주었다.

내가 할아버지에게서 그리고 그의 가치관으로부터 영향을 받았던 내 어머니와 형제들에게서 배웠던 것은 일과 삶에서 겸손이 중요하다는 것이었다. 할아버지는 자신의 성공을 개인의 천재성이나 능력 때문이라고 생각하지 않았다. 성실함과 기술이 중요하기는 하지만, 성공의 많은 부분은 운과 환경의 작용으로 이루어진다고 믿었다. 우리 친척들은 박해를 피해 달아났고, 엄청나게 열심히 일했고, 살아남아서 성공을 거둔 것에 대해 운이 좋다고 생각했다.

아이디어가 아무리 대단하고 획기적이라고 하더라도, 그리고 아무리 열심히 일을 한다고 하더라도, 누군가는 성공하고, 다른 누군가는 실패할 것이다. 우리는 경기 침체나 주식 시장의 붕괴, 혹은 거품, 전쟁, 유행, 시기적인 행운과 같은 외부 상황을 모두 통제할 수 없다. 그리고 그러한 상황에서 이익을 얻었다고 해도, 그게 우리 자신 때문만은 아니다.

겸손하다고 해서 다른 사람의 의견에 잘 동의한다는 말은 아니다 (물론 긍정적인 태도는 그 자체로 보상을 주기는 하지만). 그 어떤 것도 당연한 것으로 받아들이지 않는다면, 치명적인 실패를 잘 피할 수 있을 것이며, 상황이 좋아 보인다고 해서 무작정 달려드는 실수를 범하지 않을 것이다. 우리 회사가 실패로부터 불과 몇 걸음밖에 떨어져 있지 않다는 사실을 나는 항상 상기하고자 했다. 물론 그것은 그리 어렵지 않은 일이었다. 실제로 우리가 거의 침몰할 뻔했던 시절을 언제든 생생하게 떠올릴 수 있었기 때문이다. 생존을 위한 모색은 강력한 동기 부여의 원천이다.

어떤 점에서 실패의 왕관보다는 성공의 월계관 때문에 우리의 판단이 흐려진다. 중심을 잃지 않고, 그리고 오만의 유혹에 저항하기 위해서, 우리는 의식적으로 제한을 두어야 한다. 하나의 인간으로서 중심을 잃어버리지 않는다는 것이 무엇을 의미하는지에 대해 고민하면서, 나는 카인드처럼 인간적인 형용사를 이름으로 하는 제품들이 자연에 뿌리를 두고 있다는 말이 무엇을 의미하는지 연구하기 시작했다. 이러한 노력을 통해서, 나는 카인드를 아주 특별한 궤도에 올려놓았던 통찰력을 얻을 수 있었다. 〈눈으로 확인하고 쉽게 발음할 수 있는 성분〉들로 이루어진 식품을 생산하기 위해서는 제조 과정을 획기적으로 바꾸어야 할 잠재적인 필요성이 있다는 사실을 다른 사람들이 이해하기 십 년 전에 말이다.

자연에 뿌리를 둔 제품들

역사적으로 식품 기업들은 가공 단계들을 추가함으로써 제품의 가치를 높이고, 제품의 가격도 높였다. 사과를 그냥 판매하는 대신에, 그들은 사과를 원래의 자연적인 형태에서 더욱 멀어지게 하고, 더욱 분명하게 차이를 만들어 내었고, 결국 과일 페이스트리까지 개발해 냈다. 기업들은 자연에서 발견할 수 있는 통곡물이 아니라, 설탕을 추가해서 곡물을 가공한다. 마이클 폴란이 그의 수많은 저서를 통해 설득력 있게 설명했던 것처럼, 식품 분야의 기업들은 투자를 한 제조 공정이 그들의 더 높은 프리미엄을 정당화해 줄 것이라고 믿는다. 하지만 카인드는 그와 정반대되는 노력을 하고 있다. 우리는 제품을 오히려 〈단순화〉하고 있다. 자연적인 성분들만을 사용하고 있음에도 불구하고, 우리는 약간의 꿀을 천연 방부제로 활용함으로써 프루트 앤드 너트 바의 유통 기간을 12~15개월로 늘리고 있다. 우리는 식품에서 영혼을 앗아가지 않도록 항상 주의를 기울인다.

아이러니하게도, 최대한 덜 가공하기가 오히려 힘들다. 견과류와 과일을 있는 그대로 살리려면, 아주 조심스럽게 재료를 다루어야 한다. 쉽게 상하기 때문이다. 여러분은 흠집이 난 견과류를 별로 좋아하지 않을 것이다. 원래 표피층을 조금만 벗겨 내도 부패 과정은 더욱 빠른 속도로 진행된다. 균질의 반죽으로 표준화된 덩어리를 만들어 낼 수 있기 때문에 관리가 용이한 일반적인 슬래브 바와는 달리, 카인드 바는 그 모양이 제각각이다. 카인드 바는 중량을 표준화할 수 없고, 견과류를 통째로 쓰기 때문에 제품 무게가 몇 그램 더 나가는 경우가 많다. 이러한 경우에 생산 원가가 더 들어가기는 하지만, 그렇다고 해서 가격을 더 받을 수는 없다. 그래도 소비자들이 카인드 바를 먹을 때, 우리는 보람을 느낀다.

자연에 더 가까이 다가간다는 아이디어는 식품의 범주를 넘어선다. 현대 소비자들의 습관은 이 땅으로부터, 그리고 자연적인 〈성분〉으로부터 점점 더 멀어져만 갔고, 이러한 경향은 70년대에 시작되어 90년대 초반에 정점에 이르렀다. 우리 사회는 합성 섬유, 기술적으로 개량된 음악, 자연 세상에서는 발견할 수 없는 색상(네온),

인공적인 생활, 그리고 과도한 마케팅에 열광하고 있다.

그러나 거의 모든 소비자 유행은 순환하기 마련이며, 새롭게 등장한 유행은 예전 유행에서 부족했거나 과도했던 것들을 바로 잡는 역할을 한다. 그 흐름이 한쪽으로 지나치게 기울어져 있을 때, 기업가들은 그 복원력을 인식하고 기회를 잡고자 할 것이다. 이상적인 관점에서 볼 때, 우리는 일시적인 유행이 아니라, 소비자 태도에서 장기적으로 드러나는 거시적인 변화에서 이익을 추구해야 할 것이다. 예를 들어, 과도하고 인공적인 측면에 열광했던 90년대가 지난 뒤에, 소비자들은 점차 식품을 포함하여 그들이 구매하는 모든 제품들에서 더 높은 진정성과 단순함을 요구했다. 〈개선〉을 요란하게 외쳐댔던 브랜드들은 직접적이고 투명한 브랜드들에게 자리를 빼앗기고 말았다. 해독할 수 없을 정도로 지나치게 가공된 재료의 방향으로 너무도 오랫동안 나아갔던 식품 분야에서, 나는 단순함을 향한 열망이 우리의 몸을 위해서라도 앞으로 계속해서 강화되길 바라는 마음이다.

비즈니스 세상에서 무엇이든 극단적인 것들은 그 생명이 짧기 마련이다. 식품 산업에서 그러한 최근의 사례들을 한번 떠올려 보자. 지방이 나쁘다는 인식은 저지방 열풍을 몰고 왔다. 다음으로 탄수화물이 나쁘다는 인식이 퍼졌고, 이는 다시 저칼로리 열풍을 낳았다. 지금 이 글을 쓰고 있는 순간에는 글루텐이 그러한 대상으로 지목되고 있으며(이로 인해 카인드는 이익을 보게 되었지만), 근시안적인 기업가들은 이 흐름에 뛰어들어 물, 살사 소스, 사탕 등 〈자연적으로〉 글루텐이 없는 제품들을 글루텐 프리 제품이라고 광고하고 있다. 당연하게도 글루텐(밀, 보리, 호밀에서만 나오는)이 들어 있지 않은 모든 식품들은 그 정의상 글루텐 프리 제품에 해당하며, 소비자들은 머지않아 이러한 마케팅의 실체를 알게 될 것이다. 그리고 글루텐이 없다고 해서 꼭 몸에 좋은 것은 아니다. 가령, 설탕에도 글루텐이 들어 있지 않다. 그래서 뭐 어쨌단 말인가? 정보 왜곡에 기반을 두고 있는 이러한 모든 과장된 유행들은 언제나 그러하듯 소비자들이 정확한 정보를 얻게 될 때, 역풍을 맞이하고 말 것이다.

단순한 제품 이름

단순성을 가장 직접적으로 드러내는 것은 기업의 이름이다. 나는 처음으로 피스웍스라는 회사 이름을 제시함으로써 협력의 비즈니스가 어떻게 사회적, 경제적 조화를 일구어 낼 수 있는지 전달하고자 했다. 협력은 평화를 강화한다. 평화는 실질적인 효과를 드러내고 가시적인 이익을 창출한다. 나는 피스웍스를 기업의 이름으로 좋아했다. 그러나 제품의 차원에서 식품의 본질을 이야기하기 위해서는 다른 새로운 브랜드가 필요하다고 느꼈다.

모셰 앤드 알리스가 기억나는가? 그 전체 이야기는 이렇다. 우리는 오랜 브레인스토밍 끝에 지중해식 스프레드를 〈모셰 푸픽과 알리 미쉬문켄의 세계적으로 유명한 천연 고급 식품〉이라고 이름을 짓는 〈천재적인〉 아이디어를 내놓았다. 나는 일부러 이름을 장황하게 지었다. 지나치게 길고, 이상하고, 떠올리기 힘든 이름이라 입소문에 도움이 될 것으로 기대했던 것이다. 나는 사람들이 〈아주 재미있고〉, 그리고 〈아주 매력적인〉 이름으로 기억해 줄 것이라고 생각했다. 하지만 제품이 언론에 오르내리기 시작할 무렵, 한 라디오 아나운서는 그 이름을 제대로 발음조차 하지 못했다. 그리고 대부분의 사람들은 발음을 시도조차 하지 않았다. 사람들에게는 그처럼 복잡하고 긴 이름을 발음하기 위한 시간과 인내심이 없었다. 그래서 결국 우리는 그 이름을 모셰 앤드 알리스라고 바꿔야 했다. 나중에는 지중해와 이탈리아 음식의 이미지를 떠올릴 수 있도록 메디탈리아로 다시 수정했다.

비슷하게 나는 우리가 개발한 제품의 〈유형〉들을 설명하기 위해 복잡한 형태로 이름을 지었다. 나는 우리 제품들이 기존 카테고리들과 잘 어울리지 않는다고 느꼈다(어쨌든 우리는 소스나 양념으로 사용할 수 있는 스프레드와 파테를 내놓았다). 그래서 새로운 카테고리 명칭을 창조하기로 결심했다. 우리는 지중해식 스프레드 제품에 〈스프라테spraté〉라는 이름을 붙였다. 이는 〈스프레드spread〉와 〈파테pâté〉의 합성어로, 요리의 재료나, 샐러드 드레싱, 파스타 소스, 담가 먹는 소스, 그리고 샌드위치 양념 등 모든 요리에 사용할 수 있는 다목적 양념이라는 뜻을 담고 있다.

돌이켜 보건대, 당시 우리는 완전히 새로운 유통 카테고리를 창조하고, 소비자들에게 그 정의를 전달해서 〈스프라테〉라는 이름을 사용하도록 하는 데 필요한 자원과 지속적인 역량을 갖추고 있지 못했다. 나는 소비자들의 행동을 바꾸는 데 어느 정도의 노력이 필요한지에 대해 신중하게 접근해야 한다는 사실을 깨달았다. 특히 여러분의 기업이 중동 지역에 평화를 구축하기 위해 노력하는 1만 달러 규모의 신생 기업이라면, 소비자들에게 새로운 용어를 반복적으로 교육시키는 것은 대단히 어려운 과제가 될 것이다. 그럼에도 나는 제품명을 지나치게 복잡하게 짓고 말았다.

나는 오컴의 면도날Occam's razor이라고 하는 700년이나 된 이론이 제품의 이름을 짓는 과제에, 그리고 실질적으로 기업 운영에 관련된 모든 과제에 적용된다는 사실을 배웠다. 다시 말해, 일반적으로 가장 단순한 대답이야말로 최고의 해결책이며, 그렇기 때문에 우리는 언제나 가장 간단한 해답을 발견해야 한다는 것이다. 이 법칙은 스스로 기존의 가정에 의문을 던지도록 자극한다는 점에서 우리의 〈그리고〉 철학과 완벽하게 조화를 이룬다. 왜 그런 식으로 돌아가야만 하는가? 왜 기존의 방식을 고수해야만 하는가? 더 단순한 방법은 없는 걸까? 여러분 자신이 중요하다고 생각한 두 가지 선택권 사이에서 어쩔 수 없이 하나를 고르는 것이 아니라, 발견할 수 있는 최고의 대답을 얻을 때까지 계속해서 질문을 던져야 한다. 단순성의 원칙은 힘든 노력과 까다로운 결정이 따르는 가치 있는 여정을 회피하라고 말하지 않는다. 다만 그럴 필요가 없는 상황을 지나치게 복잡하게 해서는 안 된다는 사실을 뜻하는 것이다.

모셰 앤드 알리스의 실수로부터 얻은 교훈을 바탕으로, 우리는 프루트 앤드 너트 바의 브랜드를 최대한 간단한 형태로 만들고자 했다. 우리는 하나의 단어로, 이상적으로 말하자면 3~4개의 알파벳으로 이루어진 브랜드를 찾았다. 직접적인 무언가가 필요했다. 당시 우리 회사에서 마케팅 업무를 총괄하고 있었던 사샤 헤어는 이름을 짓는 것뿐만 아니라, 로고를 개발하는 과정에도 많이 기여했다. 사샤는 우리에게 인간적인 측면과 의미를 담고 있는 그런 이름을 찾아내야 한다고 조언했다. 몇 달 동안 고민을 했고, 수많은 아이디어를 검토했다. 그것들 중에는 니르바, 나우, 올 굿, 퓨얼리 디바인, 헬스 헤븐, 조이 바, 고 바 고! 등을 포함하여 말도 안 되는 것들도 많았다. 최종적으로 우리는 카인드로 결정을 내렸다. 신선한 이름이었다. 그 이름만으로 우리의 목적과 사명(몸과 맛봉오리, 그리고 세상에 친절한 일을 하라)은 물론, 단순함에 대한 집중을 드러낼 수 있었다.

우리의 미니멀리즘이 글로벌 대기업의 관심을 받다

2007년 세계 경제는 붕괴 조짐을 보이기 시작했다. 그리고 머지않아 2008년에 세계 금융 위기가 터졌다. 이는 소비자들이 재량 소득*을 가지고 구매하게 되는 제품을 생산하는 기업들에게 대단히 불리한 상황을 의미하는 것이었다. 나 역시 상당한 불안감을 느끼고 있었다.

그와 동시에, 단순함을 지키고자 하는 우리의 끈질긴 집중과 적극적인 노력은 세간의 많은 관심을 끌고 있었다. 그해 가을, 세계 최대의 한 식품 기업이 카인드의 지분을 인수할 목적으로 우리에게 접근했다.

그것은 정말로 놀라운 사건이었다. 십 년 넘게 우리는 살아남기

* 가처분 소득에서 기본 생활비를 제외한 금액.

위해서, 그리고 소비자들에게 우리의 존재를 어떻게든 알리기 위해서 안간힘을 썼다. 그런데 이제 세계적인 대기업이 우리에게 손짓을 하고 있었다.

그 기업의 CEO는 그들과 우리를 모두 알고 있는 친구에게서 우리 제품을 소개받았고, 우리의 진정한 팬이 되었다. 그녀는 시간을 내어 나를 잠시 만났고, 몇몇 고위 임원들에게 우리 기업에 대해 알아보라는 지시를 내렸다. 나는 그들과 좋은 관계를 맺었다. 그들은 우리 브랜드와 제품의 잠재력을 높이 평가했고, 우리 기업의 지배 지분을 인수하고 싶다고 했다. 자산 실사의 일환으로, 우리는 금융 및 민감한 여러 가지 정보들을 상당 부분 공유해야만 했다. 그들은 내가 대답하기 힘든 많은 질문들까지 던졌다. 사실 우리는 그들이 지금까지 인수했던 조직들보다 훨씬 규모가 작은 기업이었다. 당시 우리의 연매출은 7백만 달러 수준이었고, 내년도에 1천5백만 달러를 목표로 삼고 있었다. 그들은 카인드 브랜드를 그들의 건강 및 웰빙과 관련된 모든 비즈니스를 위한 잠재적 기반으로 바라보고 있었다.

결론적으로, 그들은 우리 기업의 지배 지분을 인수할 준비가 되어 있지 않다고 판단했다. 우리는 생산 과정을 철저하게 관리하지 못하고 있었고, 그래서 위험이 높다고 느끼고 있었다. 당시 우리 제품들은 모두 호주에서 생산되고 있었는데, 그 기업은 우리의 생산 업체를 신뢰하지 못했다.

이미 많은 정보를 공유하고 나서 거래가 물거품으로 돌아가자, 나는 더욱 불안한 마음이 들었다. 나중에 그 대기업은 카인드 지분의 20퍼센트 정도만 사들여 소수 주주가 되고 싶다는 새로운 제안을 해왔다. 나는 변호사에게 조언을 구했다. 그는 스탠퍼드 로스쿨 시절 나의 룸메이트였던 A. J. 와이드하스라는 인물로, 우리 동기들 사이에서 가장 똑똑한 학생들 중 하나였다. 그는 내가 기업을 설립한 이후로 우리의 외부 자문 역할을 맡아 주었다. 그의 전문 분야는 사모 펀드 투자였다.

그는 전략적 투자자에게 소수의 지분을 매각하는 것은 항상 좋지 않은 결정이라고 말했다(전략적 투자자는 동종 업계에서 비즈니스를 운영하는 기업들로, 사모 펀드와 같은 금융 투자자들과는 달리 다른 전략적 투자자들과 경쟁 관계에 있다). 일단 지분의 일부만을 매각할 경우, 동종 업계에 있는 다른 투자자들은 그 기업을 인수하려 들지 않는다. 목표 기업에 관한 더 많은 정보를 이미 확보했던 그 소수 투자자가 왜 아예 인수하지 않았는지 의혹의 눈길로 바라보게 될 것이기 때문이다. 그렇게 된다면, 나는 결국 지배 지분을 매각함으로써 얻을 수 있는 프리미엄을 완전히 포기하게 되는 것이며, 우리가 향후 얻게 될 선택권의 폭은 그만큼 좁아지고 만다.

우리의 협상이 진행되는 동안에도, 경기 침체는 심화되고, 시장은 악화되고, 소비자 신뢰도는 급격하게 떨어지고 있었다. 몸에 좋은 프리미엄 식품을 판매하는 기업에게 최악의 상황이 펼쳐지고 있었다. 우리가 너무 많은 위험을 떠안고 있다는 느낌이 들었다.

그 협상을 어떻게든 마무리해야 한다는 압박감에 더하여, 아내 미셸은 첫 번째 아이의 출산을 앞두고 있었다. 우리는 2008년 3월에 텍사스와 멕시코에서 결혼식을 올렸고, 캘리포니아에서 열린 식품 박람회와 영국 옥스퍼드에서 열린 스콜 사회적 기업가 콘퍼런스 사이의 짧은 틈을 타서 태국으로 신혼여행을 다녀왔다. 거기서 우리는 호텔로 새롭게 리모델링을 마친 중세 시대의 감옥에서 묵었다. 우리는 그렇게 첫아이를 감옥에서 가진 것이다! 결혼을 하고 아이를 갖게 되면서, 우리는 미래에 대해 더 많은 고민을 하게 되었다. 당시 우리 부부의 수입은 넉넉지 않았다. 미셸은 신장학자로서 전문성을 갖추기 위해 계속해서 의학 교육을 받는 중이었고, 내 월급은 보잘것 없는 데다가 받지 못할 때가 더 많았다. 우리의 새 가족을 어떻게 부양해야 할까? 이번 협상이 성사된다면, 여태껏 한 번도 상상하지 못했던 경제적 안정을 얻을 수 있을 것이었다.

그러나 고민하면 할수록, 그 협상에 대한 부정적인 마음이 커졌다. 재정적인 차원을 넘어서, 카인드는 여전히 더 많은 독자적인 영양 공급이 필요한 어린 새였다. 여기서 대기업을 투자자로 끌어들인다면, 아무리 그들이 업계 최고의 대기업이라고 하더라도, 특히 당시의 상황에서 내가 움직일 수 있는 범위는 대단히 좁아질 것이었다. 우리와 같은 제안을 받아들였던 모든 지인들은 그때의 결정을 뼈저리게 후회하고 있었다. 이야기를 나누어 보았던 모든 기업가들은 내게 예전처럼 장기적인 사명에 집중하지 못하고, 대기업의 일부로서 카인드를 운영하면서 관료주의적인 간섭을 심하게 받고, 매일 월 스트리트 수익 보고서를 들여다보고, 수많은 잡다한 일에 신경을 쓰면서 참담한 심정을 느끼게 될 것이라고 말했다.

결국 우리는 그 대기업의 제안을 거절했다. 2008년 늦은 봄 협상은 원만한 분위기에서 없었던 일로 끝나고 말았다.

실패 속에서 가치를 발견하기

서구 사람들은 중국말로 〈위기〉가 〈위험〉과 〈기회〉로 이루어져 있다는 이야기를 종종 하곤 한다. 그러나 사람들은 그 단어에 너무 익숙해서 그러한 의미를 알지 못한다. 최근 중국 여행에서 나는 많은 사람들에게 〈위기〉라는 단어를 쓰고 그 문자의 의미를 설명해 달라고 했다. 사람들은 모두 내게 글자를 써서 보여 주었지만, 내가 지적할 때까지 어느 누구도 그 단어의 구성에 대해서 설명하지 않았다. 중국 사람들은 그들 자신의 지혜에 너무도 가까이 있어서 그 의미를 알아채지 못했던 것이다.

그 글자를 어떻게 쓰든 간에, 그 지혜는 절대적인 진실이다. 중요한 금융 거래에서 실패하는 힘든 상황 속에서, 우리는 기반을 더욱 강화하고, 혁신에 도전하고, 치열하게 고민하고, 〈그리고〉 철학을 활용해야 한다. 생존을 위한 투쟁은 관행이나 겉치레를 날려 버릴 수 있는 강력한 동기를 부여한다. 이제 우리는 생각해야 한다. 이번 실패의 아픔과 고민을 어떻게 활용하여 보다 강한 나로 거듭날 것인가? 겸손하고 단호한 자세로 어떻게 지금의 도전 과제를 받아들일 것인가? 어떻게 승리할 수 있을 것인가?

그 대기업과 오래 이어진 협상 과정에서 깨닫게 된 한 가지 놀라운 사실은, 그들이 카인드의 잠재력에 대한 나의 인식 범위를 넓혀 주었다는 것이다. 그때까지 나는 카인드가 건강식품 분야에서 상위 브랜드 정도로 남아 있을 것이라고만 생각했다. 하지만 그 대기업의 몇몇 임원들 덕분에, 나는 카인드의 미래에 대해 더욱 야심 찬 상상을 하게 되었고, 카인드와 더불어 어디로 나아갈 수 있을지 마음속으로 그려 보게 되었다. 그것은 앞으로의 여정에 대해 중요한 고민의 순간이었다. 특히 처음으로 나는 카인드가 건강 및 웰빙 분야에서 많은 사람들의 신뢰를 얻는, 앞서가는 브랜드가 될 수 있다는 사실을 깨닫게 되었다. 우리는 앞으로 나아가기 위한 최고의 길을 발견하기 위해 고민했고, 덕분에 우리에게 주어져 있던 거대한 기회를 가슴으로 받아들이게 되었다.

나는 재빨리 대책을 강구해야 했다. 2008년 12월이면 미셸과 내게 먹여 살려야 할 또 하나의 식구가 생길 것이었다. 게다가 금융 세상은 점점 더 어두워져만 가고 있었다.

나는 기업의 전부 혹은 일부를 매각하는 것이 옳은 일인지 스스로에게 물어보았다. 내 가족을 먹여 살리기 위해 테이블 위에 놓인 칩들을 모두 팔아 치워야 할 것인가? 아니면 카인드에 더 많은 투자를 해서 기업의 성장에 박차를 가해야 할 것인가? 그렇게 하기 위해서는 어떤 변화가 필요한가? 아니면 회사를 매각해서 그 돈을 평화 구축이라고 하는 나의 개인적인 사명을 위해 사용해야 할 것인가? 나의 우선순위는 무엇인가? 그리고 그것들을 달성하기 위한 가장 현명한 방법은 무엇인가?

나는 기업을 매각해서 내가 구상하고 있던 비영리 단체인 원보이스OneVoice를 통해 중동 지역에 평화를 구축하는 사업에 완전히 집중해야 할 것인지 스스로에게 진지하게 물었다. 하지만 내 친구이자 이사회 임원으로 있었던 짐 혼탈은 내게 그 두 가지 일을 모두 하라고(〈그리고〉 철학을 따르라고), 다시 말해 원보이스를 이끌면서 동시에 카인드를 운영하라고 조언을 주었다.

내 경험상 일반적으로 사람들은 한 번에 한 가지 일만을 잘 할 수 있다. 그래서 나는 처음에 짐의 조언을 받아들이지 않았다. 하지만 그는 내가 단지 기업을 매각한 자선 사업가일 때보다, 성공한 기업의 CEO일 때, 외교관이나 다른 자선 사업가, 혹은 산업의 주역들이 내 말에 더 귀를 기울일 것이라고 했다. 나는 사회적 목적을 달성하기 위해 기업을 매각했던 동료들과 함께 이야기를 나누었고, 많은 이들이 긍정적인 사회적 변화를 주도하기 위해서 비즈니스 기반을 포기했던 결정에 대해 후회하고 있다는 사실을 깨달았다. 나는 카인드의 운영을 지속하면서, 성장에 박차를 가하기 위해 소수의 투자자들을 끌어들이기로 결심했다. 우리 기업이 계속해서 성장하게 된다면, 나는 다리를 구축할 수 있는 더욱 다양한 방법을 확보하게 될 것이다. 그리고 그것은 내가 세상에 더욱 강력하게 영향력을 발휘할 수 있는 근간이 되어 줄 것이다.

소수 투자자들을 모색하기 위한 공식적인 움직임을 시작하기 전에, 한 유명 사모 펀드 기업이 우리에게 다가왔고, 우리의 투자 파트너가 되는 것에 많은 관심을 가지고 있다고 했다. 어쨌든 그것은 우리가 바라던 바였고, 틀림없이 좋은 소식이었다. 우리는 그들과의 관계를 진지하게 고려했다. 그들은 모든 투자자들을 똑같이 대우하는 보통주의 20~25퍼센트에 해당하는 소수 지분 매입을 제안했다. 하지만 카인드에 대한 실사를 거치고 나서(우리의 민감한 정보에 접근하고, 면밀한 감시로 우리를 불안하게 하고 나서), 그들은 합의 사항을 취소했다. 최종적으로 그들은 내게 카인드의 40퍼센트 지분을 요구했고, 보통주보다 더 많은 추가적인 배당금과 권리를 가질 수 있는 우선주 매입을 주장했다. 게다가 내 생각대로 기업을 운영할 수 있는 권한을 크게 위축시킬 수 있는 다양한 제한 조건들도 추가해 달라고 했다.

그들의 최후통첩은 미셸과 내가 샌타바버라에서 주말 휴가를 보내고 있던 동안에 왔다. 그 여행은 삼 개월 후 아기가 태어나기 전에 우리가 함께 시간을 보낼 수 있는 마지막 기회였다. 그러나 안타깝게도 나는 주말 내내 전화와 이메일, 그리고 사모 펀드 업체의 으름장에 시달려야 했다. 그들은 이렇게 주장했다. 〈이번《수정된》조건들을 받아들이지 않는다면, 우리도 그만 손을 떼도록 하겠습니다.〉

나는 그 주말 동안 미셸과 오랜 대화를 나누었다. 그녀는 걱정이 많았다. 카인드는 여전히 잘 돌아가고 있었지만, 이번 경기 침체가 우리에게 어떤 영향을 미치게 될지 알 수 없었다. 얼마 전에는 리먼 브라더스가 쓰러졌다. 그 거래에는 우리 가족에 대한 1천만 달러 지급도 포함되어 있었고, 그렇게 된다면 나는 더 이상 매출 목표를 달성하기 위해, 그리고 우리 자녀의 양육과 대학 공부를 위해 매주마다 걱정을 하지 않아도 될 것이었다. 또한 카인드 브랜드의 확장을 위해 필요한 추가 자금을 확보할 수 있을 터였다. 당시 경제적인 기후를 감안할 때, 이 거래를 포기한다면 아마도 더 이상의 기회는 없을지도 모를 일이었다. 그 사모 펀드 업체는 아마도 글로벌 위기를 그들의 무기로 활용하고자 했을 것이다. 하지만 그것은 내게 중요하지 않았다. 나는 마지막 순간에 재협상을 강요하는 그들의 접근 방식이 부당하다는 느낌이 들었다. 사기와 배신의 냄새가 풍겼다.

그들을 신뢰할 수 없었고, 파트너로 인정할 수 없었다. 미셸도 나의 그런 결정을 지지해 주었다.

두 번째 협상마저 결렬되면서, 나는 중심을 되찾기 위해 나의 내면의 자원으로 눈길을 돌렸다. 나는 스스로에게 카인드는 위대한 기업이며, 우리와 손을 잡게 되면 그것은 상대에게 대단한 행운이 될 것이라는 사실을 상기시켰다. 그리고 내가 존경할 수 없는 조직에 우리의 지분을 매각하지 않겠다고 다짐했다. 그것은 돈 문제가 아니었다. 나는 나 자신과의 이러한 대화를 통해서 두려움을 이겨 나갔다.

현명한 투자금

우리는 그냥 투자금을 받거나, 혹은 현명한 투자금을 받을 수 있다.

중요한 갈림길에서 내게 주어진 선택권들에 대해 고민하면서, 나는 비타민워터의 설립자 다리우스 비코프에게 전화를 걸었다. 나는 내 오랜 친구인 앤디 코마로프와 멜리사 코마로프의 도움으로 예전에 다리우스를 만난 적이 있었다. 그는 작년에 자신의 기업인 에너지 브랜드를 코카콜라에 매각했고, 그래서 나를 위한 소중한 조언을 줄 수 있을 것이라 생각했다.

나는 그에게 물었다. 「사모 펀드 업체가 우선주를 팔라고 요구하기도 합니까? 당신의 선택은 무엇이었습니까?」

다리우스는 대답했다. 「아뇨, 그런 경우는 없습니다. 그곳 말고 저희랑 거래를 하는 것이 좋겠습니다.」 다리우스는 내가 생각했던 대로 보통주를 기반으로 거래를 제안했다. 보통주를 보유한 주주들은 정확하게 동일한 수익과 손실을 떠안게 되기 때문에, 모두 동등한 입장에 서게 된다. 다리우스는 다시 내게 건강과 웰빙 분야의 유명 소비재 기업들을 전문으로 하는 사모 펀드 업체 VMG와 그 기업의 대표이자 실질적인 의사 결정권자인 마이크 리폴을 소개해 주었다. 다리우스와 마이크, 그리고 VMG는 보통주를 기반으로 카인드의 소유 지분을 매입하기 위한 협의체를 마련하는 데 동의했다.

협상 과정에서 점차 그들을 알게 되면서, 나는 VMG가 협상 조건과 관련하여 대단히 솔직하다는 데 안도감이 들었다. 내가 주로 만났던 VMG 사람들인 카라 치셀 로엘과 마이크 모즈는 집요한 협상가들이면서도, 언제나 약속을 지켰고 항상 단도직입적으로 임했다. 그들은 우리 조직과 내게는 없는 새로운 분야의 전문성을 확보하고 있었기에, 많은 도움을 얻을 수 있는 좋은 파트너라는 생각이 들었다. 또한 그들은 장기적인 관점으로 바라보고 있었다. 그들은 카인드를 발전시키고, 우리의 사명에 기여하는 것은 물론, 비즈니스 성장을 위해서도 적극적으로 협력하겠다는 확신을 내게 심어 주었다. 궁극적인 결실을 맺을 수 있는 투자 거래가 될 것으로 기대되었다.

늦은 가을에 만났음에도, 우리 양측은 2008년이 저물기도 전에 협상을 서둘러 마무리 지을 수 있었다. 아내의 출산은 2008년 12월 22일로 예정되어 있었는데, 19일에 모든 협상을 마무리 짓고 계약서에 서명할 수 있을 것으로 보였다. 하지만 18일 아침, 미셸의 진통이 시작되었다. 아내는 병원에서 모든 검사를 마치고 나서 천천히 분만실에 들어가기로 계획을 세우고 있었다. 그러나 아내가 급히 분만실로 들어가게 되었다는 소식을 들었을 때, 나는 잠시 협상을 중단하고 곧바로 병원으로 달려가야 했다.

그것은 내게 완전히 낯선 경험이었다. 협상 때문에 출생의 순간을 놓치고 싶은 마음은 조금도 없었다. 모든 사람들이 끈기 있게 성숙한 모습을 보여 주었으며, 상대가 갑자기 물러설 수 있다는 걱정이 들기는 했지만, 그래도 계약을 마무리 짓기 위해 할 수 있는 모든 일을 했다.

12월 19일 새벽 2시 26분, 아들은 건강하게 태어났고, 나는 우리 아버지를 따라 로먼이라고 이름을 지었다. 아이가 태어나는 순간, 나는 앞으로 몇 년 동안 우리 기업의 향방을 결정하게 될 중요한 경제적, 법률적 협상을 까마득히 잊어버렸다. 하지만 이내 정신을 차렸고, 2008년 12월 22일에 우리는 협상을 완전히 마무리 지을 수 있었다. 그리고 다시 아들 로미와 함께 있기 위해 곧장 돌아갔다.

우리는 카인드 지분의 3분의 1을 VMG와 비타민워터 설립자에게 매각했다. 이 거래에서 우리 기업의 가치는 4천5백만 달러로 평가되었다. 나는 훌륭한 파트너와 든든한 기반을 얻었다. 만일 지분을 앞의 대기업이나 사모 펀드 업체에 넘겼더라면, 나의 경제적 이익과 기업 운영에 관한 권한은 지금보다 심각하게 위축되었을 것이다.

다른 사람으로부터 배우는 방법을 배우기

나는 15년 동안 비즈니스를 이끌어 왔다. 사업을 시작한 지 10년이 된 시점에서 카인드를 출범했고, 그 이후로 5년의 세월이 흘렀다. 나는 항상 전략 고문으로서 내게 가르침을 줄 수 있는 파트너를 찾았다. 자존심이 강한 사람들에게는 힘든 일이 될 수도 있겠지만, 다른 사람들로부터 가르침을 받는다는 것은 대단히 중요한 일이다. 물론 혼자서 비전을 세우고 브랜드를 지켜 나갈 수도 있겠지만, 목표를 가다듬고, 관리하고, 실행에 옮길 수 있도록 도움을 주는 파트너와 함께한다면 비전은 더욱 풍요로워질 것이다.

물론 나도 때로는 조언을 받아들이기가 쉽지만은 않다는 사실을 깨닫게 된다. 투자자들은 일단 이사회 멤버가 되면 회사의 재무를 책임질 사람을 뽑아야 한다고 목소리를 높인다. 왜 그런 사람이 필요한 것일까? 비즈니스를 키우는 데 쏟아부어야 할 자원을 왜 낭비해야 하는가? 우리에게는 이미 도리스 리베라라고 하는 믿음직한 직원이 있었다. 그는 우리 회사의 재무 관리 업무를 효과적으로 수행하고 있었다. 다행스럽게도 도리스와 나는 우리의 현재 역량, 그리고 조만간 필요하게 될 역량 사이의 격차를 늦지 않게 인식했고, VMG가 재무 보고서와 시스템을 개선할 수 있도록 허용해야 한다는 조언에 귀를 기울여 재무 부사장을 영입하기 위해 면접을 실시했다. 그중에서 댄 크룩은 단연코 우리가 원했던 최고의 후보자였으며, 그는 지난 6년 동안 우리 기업 재무팀을 세 명에서 50명에 이르는 조직으로 확장하는 과정에 크게 기여했다.

댄의 첫 번째 요구 사항은(이사회를 통해 전달된) 감사를 마무리하고 난 뒤에 예산을 책정하라는 것이었다. 사실 나는 오랫동안 그렇게 해오지 않았다. 나는 직접 수표를 발행했고, 언제 어떻게 돈이 나가는지 모두 알고 있었다. 그리고 세일즈와 마케팅에 투자해야 할 돈을 감사 수수료로 낭비해야 할 필요성을 전혀 느끼지 못했다. 그러나 내가 몰랐던 것은, 우리 기업이 그러한 금융 원칙을 마련해야 할 시점에 이미 도달했다는 사실이었다. 기업이 특정 단계에 도달하면, 기업가는 더 이상 모든 업무의 중심점으로 기능할 수 없게 된다. 재무를 포함하여 다양한 비즈니스 업무를 자신보다 더 잘 처리해 줄 사람이 필요하다. 이제 나는 직접 수표를 발행하는 일을 그만두고, 보다 강력한 시스템과 관리 체계를 구축하는 일에 집중해야 했다. 무엇보다 재무를(그리고 운영 및 다양한 분야의 업무들을) 세일즈나 마케팅과 똑같이 전략적으로 중요한 업무로 바라보아야 했다. 먼저 감사를 실시하고 이후에 예산을 책정하는 접근 방식을 통해, 댄은 우리의 성과, 그리고 카인드 투자자들에 대한 인상적인 보상에 기여했던 강력한 재정 기반을 구축할 수 있었다.

비즈니스 확장을 위해 투자를 추진하는 동안, 많은 사람들은 내게 업무를 일정에 맞추어 이끌어 나가기 위한 조직의 부대표(기업의 일상적인 업무를 관리해 줄 나의 협력자)가 필요하다고 조언했다. 결국 나는 사장을 고용하기로 합의했고, 우리는 오랫동안 많은 인물들을 공들여 검토했다. 그리고 마침내 적당한 후보자를 발견했고, 그를 이사회에 추천했다. 이사회는 그 결정을 승인했다.

하지만 댄 크룩은 사장을 물색하는 작업이 모두 끝났다는 사실을 알지 못했다. 운명적이었던 것인지 댄의 아내는 고등학교 농구 시합에서 오랜 친구를 만나게 되었고, 그 친구의 남편이자 플레이텍스 시절 댄의 동료였던 존이 새로운 일자리를 알아보고 있다는 사실을 알게 되었다. 그렇게 두 사람은 각자의 아내로부터 함께 손잡고 일할 수 있는 기회가 생겼다는 소식을 듣게 되었다.

두 사람은 점심을 함께하면서 회사를 나온 이후로 사오 년 동안 어떻게 지냈는지 이야기를 나누었다. 존이 자연식품 분야에서 경력을 쌓았다는 소식에, 댄은 즉각 그가 카인드의 훌륭한 사장 후보가 될 수 있다고 생각했다. 식품과 대규모 유통, 약품, 그리고 회원제 유통 업체들과 오랫동안 함께 일했던 존의 경험이 카인드가 새로운 시장으로 확장해 나가는 과정에 많은 도움이 될 것이라 확신했다.

댄은 내게 존의 이력서를 보내 주었다. 처음에 나는 이미 결정을 내렸고, 이사회도 우리의 선택을 승인했다고 생각했다. 그래도 아직 최종 후보자에게 확답을 주지는 않은 상태였기 때문에, 댄은 존에게 한번 기회를 달라고 부탁했고, 나는 컨설턴트로서 관계를 맺을 수도 있겠다는 생각에 그를 일단 만나 보기로 했다. 하지만 그를 만난 자리에서 곧바로 마음을 고쳐먹었고, 존에게 우리의 투자자들을 만나 달라고 부탁했다. 그렇게 존은 우리 회사의 사장이 되었다. 그는 2010년 초 카인드에 합류했고, 곧바로 나의 양에 대한 음의 역할을 맡아 주었다. 우리의 전문성과 관리 방식은 서로를 보완해 주었고, 우리 두 사람은 하나의 강력한 팀으로 카인드를 관리하고 이끌어 나갔다. 만약 존의 경영 기술이 없었더라면, 카인드는 지금의 모습으로 성장하지 못했을 것이다.

낭비와 인색함 사이에서 균형 잡기

신생 기업으로서 돈이 없다는 것에는 어느 정도의 소박함과 좋은 점이 있다. 그러한 상황에서 우리는 결코 낭비할 수 없다. 가장 소박한 방식으로 업무를 처리하는 방법을 배울 수밖에 없다. 다른 선택권이 없기 때문이다. 우리는 마치 스위스 시계처럼 최고의 효율성으로 조직을 운영해야 한다. 실수가 허락되지 않기 때문에, 효율 그 이상이 되어야 하고, 현실적으로 비즈니스를 관리해야 한다. 그리고 어쩔 수 없이 현금 흐름을 최적화해야 한다. 거기에 기업의 생존이 달렸기 때문이다.

조직 성장에 필수적인 자원을 낭비하는 상황은 어떻게든 피해야 한다. 아무리 수익성이 좋다고 하더라도, 조직이 지나치게 빨리 성장하는 경우, 성장을 유지하거나 가속화하는 데 필요한 현금을 충분히 확보하기는 어려울 것이다. 그 사이에서 균형을 잡기란 절대 쉬운 일이 아니다.

일단 우리의 아이디어와 제품이 인기가 있다는 사실을 입증했다면, 이제 우리는 거기에 연료를 공급해야 한다. 이를 위한 가장 쉽고 분명한 접근 방식은 제품을 판매해서 돈을 벌어들이는 것이다. 그러나 초기 자본만을 가지고 물건을 팔아서 성공을 거두는 기업은 거의 없다. 대부분의 신생 기업들에게는 그들의 고유한 판매 제안을 소비자들에게 널리 알리기 위해서 전면적인 투자가 필요하다.

언제 투자자를 끌어들여야 하는지 결정하기란 어려운 문제다. 기업가들은 대부분 우선 자신이 가지고 있는 돈을 비즈니스에 집어넣는다. 나 역시 그랬다. 다음으로 다분히 위험하고 압박의 수위가 높은 방법이기는 하지만, 신용 카드를 최대한도로 사용한다. 이는 기업의 가치를 입증할 만한 매출 실적이 없기 때문에 자본 비용이 아주 높을 수밖에 없는 초창기 시절에 현금 흐름을 유지하는 데 도움이 된다. 아이디어를 시험하거나 제품이나 서비스를 최적화하는 과정에서 다른 곳들로부터 자금을 끌어모아야 할 상황을 피할 수 있다면, 자신의 자본을 희석시키지 않을 수 있다.

하지만 그러한 집착은 오히려 상황을 더 어렵게 만들 수 있다. 앞서 우리는 검소함과 스스로를 위험에 처하게 만드는 집착 사이에 눈에 잘 보이지 않는 선이 존재한다는 사실을 확인해 보았다.

비즈니스 초창기 시절, 나는 래미 레셈과 같이 미국 중서부로 출장을 떠났고, 우리의 마지막 목적지인 클리블랜드에 도착하게 되었다. 힘든 하루 일과를 마치고 우리는 호텔을 찾았다. 그때 우리는 아주 허름한 마을에서 하룻밤을 묵게 되었다는 사실을 알지 못했다. 결국 30달러짜리 방을 발견하기는 했지만, 우리 눈에도 꽤 안 좋아 보였다. 돈을 더 쓰기로 결정하고, 길 건너편으로 가서 40달러짜리 방을 얻었다. 출장 예산을 이미 초과한 상태였기에, 나와 래미는 한방에 묵었다.

그날의 10달러는 지금까지 우리가 가장 효과적으로 쓴 돈으로 남아 있다. 다음 날 새벽 5시경, 우리는 천둥소리에 놀라 잠에서 깼다. 커튼을 열고 내다보니, 우리가 어제 그냥 지나쳤던 호텔에서 경찰이 총격전을 벌이고 있었다. 아마도 그곳은 마약을 밀매하는 곳으로 쓰였을 것이다. 그날 밤 우리는 억세게 운이 좋았다.

최대한 경제적인 차원에서 기업을 운영해야 할 때, 우리는 단순함과 효율성, 검소함, 그리고 그 각각의 장단점에 대해서 배우게 된다. 일반적으로 우리는 오만하고, 자원을 낭비하고, 지나치게 호화롭게 살지 않도록 주의를 기울여야 한다. 그러나 다른 한편으로, 우리가 풍요의 문화를 구축하고자 할 때, 그러한 태도가 인색함으로 이어지지 않도록 조심해야 한다.

인색한 태도에 관한 한 가지 사례로, 카인드 출범 당시에 우리가 실시했던 샘플 행사를 떠올려 보자. 카인드 바 제품을 시식하기에 적당한 크기로 사람들에게 나누어 주면서도, 나는 그러한 샘플 행사에 들어가는 돈을 값비싼 비용으로 보았다. 사실 우리 제품을 무료로 나누어 주는 것을 싫어했고, 다만 유통 업체의 구매 담당자에게 주문을 요청하는 데 필요할 때에만 샘플을 사용하고자 했다. 2008년에 샘플 행사 예산으로 책정해 놓은 금액은 고작 8백 달러에 불과했다. 당시 우리의 연매출은 이미 1천3백만 달러에 이르고 있었다. 그럼에도 나는 비용을 더욱 엄격하게 관리해야 한다고 믿었고, 카인드 바를 무료 샘플로 계속해서 나눠 주다가는 매출 자체를 갉아먹게 될 거라고 우려했다.

굳이 변명을 하자면, 당시 우리는 무료 샘플 행사에 필요한 자금을 충분히 마련하지 못하고 있었다.

어쨌든 나는 그때 우리가 나누어 주었던 모든 샘플이 비용이 아니라 투자라는 사실을 인식하지 못했다. 카인드 바를 시식했던 열 명의 소비자들 중 아홉이 실제로 제품을 구매하고, 다른 사람들에게 추천해 줄 것이라고 기대하지 못했다. 우리가 더 많은 카인드 바를 소비자들에게 나누어 주었더라면, 아마도 더 빨리 성장할 수 있었을 것이다. VMG의 투자로 샘플 행사를 본격적으로 시작하기 위한 충분한 자금이 마련되고 나서야, 우리는 두터운 소비자층을 기반으로 한 매출의 급신장에 깜짝 놀라게 되었다(357쪽 도표, 〈판매량 성장 추이〉참조).

낭비와 인색한 태도 사이에 있는 건강한 중간 지대를 일컬어 나는 〈융통성 있는〉태도라고 부른다. 융통성 있는 직원들은 낭비를 하지 않으면서도, 최고의 조건에서 어떻게 업무를 처리할 수 있을 것인가에 대해 창조적으로 생각한다. 융통성 있는 태도를 가진 사람들은 이렇게 묻는다. 〈성장을 위한 최고의 방법은 무엇인가? 어떤 일들을 해야 하고, 그리고 어떻게 가장 낮은 비용으로 처리할 수 있을까?〉

현실적인 생각

아무런 노력도 하지 않는다면, 돈은 삶과 비즈니스, 그리고 가족을 부양하는 방법을 포함한 모든 것들에 대한 여러분의 생각을 몽땅 바꿔 버릴 것이다. 중요한 사실은 돈이 여러분이 생각하고 행동하는 방식을 바꾸지 못하도록 막아야 한다는 것이다.

사무실 집기를 예로 들어 보자. 여러분은 지금 막 비즈니스를 시작했고, 그래서 자금이 넉넉하지 않다면, 융통성을 발휘하여 저렴하게, 혹은 공짜로 비품들을 들여와야 할 것이다. 우리는 말 그대로 뉴욕의 길가에 버려져 있었던 책상과 의자를 주워 가지고 왔다. 그리고 그 가구들은 내가 기업을 시작하면서 지하의 작은 방을 사무실로 썼던 시절부터 무려 20년 동안이나 우리 사무실을 꾸며 주었고, 최근에 더 이상 못 쓸 때까지 그 집기들을 사용했다.

갑자기 회사 통장에 수백만 달러가 들어온다면, 더 좋은 책상과 의자를 사고, 언제나 비즈니스 좌석을 타고 다닐 수 있을 것이다. 의자 하나(혹은 조직이 성장하면서 5백 개)를 구매했다고 해서 기업의 재정 레이더망에 곧바로 포착되지는 않을 것이다. 그러나 문제는 그것으로 끝나지 않는다는 점이다.

이러한 행동들(새로운 사무실 집기를 들여오거나, 비즈니스 좌석을 타는 것)은 기업 문화와 관련하여 조직이 무엇을 가치 있게 생각하고, 어떤 행동을 기대하는지에 대해 직원들에게 많은 이야기를 들려준다. 직원들은 리더의 행동을 따라하게 된다. 더 많은 비용을 지불하기로 한 의사 결정 모두는 직원들에게서 배고픔의 정신을 앗아가고, 조직을 지출에 더 둔감하게 한다. 그리고 이러한 의사 결정들이 누적되면서, 조직의 규모와 상관없이 기업의 수익 구조는 상당한 영향을 받게 될 것이다.

〈내게 그럴 여유가 있는가?〉 혹은 〈우리의 수익 구조에 영향을 미칠 것인가?〉라고 묻는 대신에, 〈정말로 필요한가?〉, 그리고 〈도전을 위해서 올바른 결정인가?〉라고 물어야 할 것이다. 오래된 책상이 잘 열리지 않아서 생산성을 떨어뜨리고 있거나, 혹은 너무 낡아서 전문가다운 이미지를 보여 주지 못하고 있다면, 당연히 새 책상을 들여놓아야 할 것이다. 하지만 그 전에 이렇게 물어보아야 한다. 〈그렇게 많은 비용을 들이지 않고서도 내가 생각하는 전문가다운 이미지를

완성할 수 있지 않을까?〉

2014년에 새로운 사무실을 임대했을 때, 우리는 스스로에게 이러한 질문을 던졌다. 급속하게 성장했던 시절 이후에, 우리는 약 3천 4백 제곱미터 넓이의 사무 공간이 필요했다. 당시 우리는 임대 및 디자인과 관련하여 시장 가격을 지불할 충분한 여유가 있었다. 하지만 차익 거래의 기회를 찾아보기로 했고, 우리의 요구 사항에 잘 들어맞는 전대 물건을 발견했다. 결국 일반 시세보다 25~30퍼센트 더 저렴한, 그리고 전대 기간이 7년이나 남아 있는 사무실을 얻을 수 있었다. 디자인적으로도 창조성과 융통성을 발휘하여, 임대 계약상의 공사비를 초과하지 않고서 미적으로 훌륭한 공간을 꾸밀 수 있었다.

우리는 가구에 대해서도 똑같은 접근 방식을 따랐다. 기업의 일반적인 방식은 낡은 가구들을 버리고 새로운 것들을 사들이는 것이다. 사람들은 대부분 사무실을 멋지게 꾸미기 위해서는 처음부터 새롭게 시작해야 한다고 생각한다. 특히 매년 수십억 달러의 수익을 기록하고 있는 포춘 500대 기업들의 경우, 가구에 들어가는 비용으로 50만 달러를 아끼는 일은 아무런 의미 없는 노력이다(하지만 그러한 방식에 기반을 둔 의사 결정들이 계속해서 누적되면서, 조직에 부담을 가중시킨다). 그러나 우리는 기회를 찾았다.

앞서 맺었던 세 번의 전대 계약에서, 우리는 예전 사무실에서 쓸 만한 가구들을 모조리 가지고 왔다. 그리고 새 사무실의 예전 임차인들은 대부분의 가구들을 그대로 남겨 두었다. 우리는 약간의 가구만 더 사들여서 훨씬 더 커진 사무실 공간을 완전히 채울 수 있었다. 사실 우리는 모든 집기들을 새롭게 장만할 충분한 여유가 있었지만,

멀쩡한 가구를 버리는 것은 바람직한 지출 방법이 아니었고, 환경적으로도 책임 있는 행동이 아니었다.

우리 사무실을 돌아다녀 보면, 한쪽 끝에서 반대편 끝까지 20년 넘은 가구들이 모여 있는 공간이라고 상상하기는 힘들 것이다. 새로운 집기들을 가지고 동일한 미적 수준으로 사무실을 디자인하기 위해 네 배나 더 많은 돈을 들인 기업들과 비교해 보더라도, 우리 사무실의 디자인은 꽤 세련되었다. 새로운 가구들에 돈을 쓰는 대신, 우리는 다양한 주요 사업에 투자하거나, 직원들에게 더 많은 상여금을 지급할 수 있었다. 이에 더하여, 〈그리고〉 접근 방식으로 업무를 처리하는 방법과 관련하여 우리 조직이 깨달았던 문화적 교훈이 한 가지 있다. 그것은 우리에게 대단한 공간이 있고, 〈그리고〉 자원이 풍부하다는 사실이다.

우리의 사무실을 제대로 이해하기 위해서는, 기존의 가정에 대해 고민하고 질문을 던지는 우리의 문화를 먼저 이해해야 한다. 우리는 예전 위치와 새로운 위치에 모든 가구들을 신중하게 배치했고, 새로운 필요성을 기준으로 이들을 조합하고 분류했다. 몇몇 직원들은 어떻게 해야 의자와 책상들이 하나의 조합과 부분으로 잘 어울려서 모든 것들이 원래 그렇게 함께 있도록 설계된 것처럼 보일 수 있는지 몇 시간을 생각했다. 이러한 추가적인 노력을 위해 우리는 많은 신경을 써야 했다.

개별적인 자금 관리

투자자들로부터 자금이 들어오고 나면, 스트레스가 어느 정도 해소될 것이다. 갑자기 편안하게 잠을 잘 수 있게 된다. 납기 시한까지 요금을 지불할 수 있을 것인지 마음을 졸일 필요가 없다. 재고 문제가 어느 정도 해결이 되었다면, 기업이 무너지는 일은 없을 것이다. 하지만 여러분은 그런 식으로 생각해서는 곤란하다. 경계심을 늦추거나, 들어온 자금 때문에 긴장의 끈을 놓아서는 안 된다.

개별적인 자금 관리 방식은 우리가 지켜야 할 가치가 있는 것이다. 성장을 가속화하기 위해 자금을 들여올 때, 돈이 허물어뜨릴 수 없는 자금 관리 시스템을 탄탄하게 구축해 놓아야 한다. 돈이 여러분의 조직을 느슨하게 하지 못하도록 확고한 금융 시스템을 만들어 놓아야 한다.

문제는 자금의 효과적인 활용이다. 많은 도전과 실패를 통해, 우리는 단순하게 관리하고, 우리의 가치를 지키고, 그리고 돈이 카인드의 정체성에 영향을 미치지 못하도록 하는 방법을 깨달았다.

우리의 경우, 투자금은 다른 계정으로 분류했다. 그래서 승인 없이 운용 자금으로 활용할 수 없도록 했다. 투자금을 사용하기 위해서는 일일이 나의 명시적인 승인을 받아야 했다. 운영 자금의 원칙을 수정하는 것은 아주 드문 경우에만 허용되었다. 예를 들어, 급격한 성장으로 추가적인 재고를 가져가야 하거나, 매출을 예측하기 힘든 제품들이 많을 경우, 좀 더 탄력적인 방식으로 재고를 관리할 필요가 있다. 운영적인 측면에서 반드시 수정이 필요한 경우를 제외하고, 우리는 조직 내부에 훌륭한 인재들을 확보하거나 공격적인 세일즈 및 마케팅 도구를 개발하는 것과 같이 성장을 가속화할 수 있는 부분에만 엄격하게 새로운 자금을 투입했다.

재정적인 신중함은 또한 들어오는 주문을 관리하는 과정에도 그대로 적용된다. 거래처들로부터 갑작스럽게 많은 주문이 밀려들어 올 때가 있다. 그들은 어쩌면 우리 제품을 다른 쪽으로 그냥 넘겨 버릴 수도 있다. 혹은 더 나은 방법을 발견하지 못할 수도 있다. 여러분은 장기적으로 예상하고, 적절한 경로를 통해 적절한 시간 단위로 유통될 수 있는 재고만 배송하기를 원할 것이다. 뭔가가 너무 좋아서 사실처럼 보이지 않는 경우, 그것은 정말로 사실이 아닐 수 있다. 90년대 말 피스웍스에서도 한 업체가 엄청난 수량의 제품을 주문한 적이 있었다. 당시 우리는 그 위험성을 인식할 만큼 충분히 조심스럽지 못했다. 그 업체는 예전에 한 번도 그렇게 많이 주문한 적이 없었다. 그들의 많은 주문은 갑작스러운 일이었다. 그래도 우리는 그들이 원하는 만큼 그대로 배송을 해주었다. 하지만 그들은 대금을 지불하기 전에 파산을 선고해 버렸다.

우리는 그들이 파산했다는 소식을 듣고서야 어찌된 상황인지 깨닫게 되었다. 그들은 의도적으로 많은 주문을 냈고, 대금을 결제하지 않은 상태에서 그 재고를 판매했다. 그것은 부도덕한 행위였다. 하지만 지나치게 욕심만 부리지 않았더라도, 우리는 얼마든지 그러한 위험을 사전에 막을 수 있었을 것이다. 갑자기 증가한 그들의 주문량에 대해, 우리는 분명히 의심을 했어야만 했다. 이번 일을 계기로 우리는 많은 교훈을 얻었다.

오늘날 카인드는 이러한 종류의 문제를 예방하기 위해 세 가지 안전장치를 마련해 놓고 있다. 감시 업체 및 우리 스스로 수집한 데이터를 통해, 우리와 거래하는 중간 상인이나 유통 업체들의 건전성을 항상 관찰하고 있다. 〈신용 기간〉을 신중하게 책정하고, 그들의 유통 채널을 통해서 충분히 소화할 수 있다고 생각되는 수량만을 외상으로 출고한다. 또한 대금 상환이 제 시간에 이루어지는지 계속해서 점검한다. 상환이 제때 이루어지지 않을 경우, 돈이 들어올 때까지 출고를 정지하도록 하고 있다.

성장에 투자해야 할 순간

우리 투자자들은 내가 자원을 아끼기 위해 얼마나 부지런히 노력하는지를 보고 깜짝 놀라고는 한다. 동시에 그들은 내가 비용 관리에 지나치게 집착하는 것은 아닌지, 성장을 위한 투자에는 충분히 집중하고 있는지 걱정한다. 이론적으로 비용은 0까지 줄일 수 있다. 그러나 반대쪽은 무한하다.

나중에 설명하게 될 여러 가지 이유들로, 2006년에서 2008년 사이에 나는 중동 지역의 평화를 위해 일하면서 많은 시간을 미국 밖에서 보냈다. 투자 계약의 일환으로, 그 사업이 끝나면 대부분의 시간을 카인드에 집중하겠다고 약속했다. 경기 침체가 심화되던 2009년 1월 나는 뉴욕에 있었다. 사람들은 우리 사회가 완전히 무너질 수도 있다는 이야기들을 하고 있었다. 우리는 1월과 2월에 매출 목표를 달성하지 못했고, 그것은 아주 드문 경우였다. 당시 소비자 지출은 크게 위축되고 있었고, 나는 마케팅에 대한 대규모 투자를 망설이고 있었다. 그때까지 한 번도 재량껏 돈을 쏟아부어서 공격적인 마케팅 프로그램을 추진하는 사치를 누려 본 적이 없었다. 투자 수익률을 높이기 위해, 자금을 투자해야 할 순간을 신중하게 결정하고자 했다. 솔직히 말해서, 그때는 좀 겁을 먹고 있었다.

마이크 리폴은 내게 이렇게 조언해 주었다. 「우리는 이미 돈을 좀 썼어요. 어느 정도 위험은 감수하기로 합의했으니, 그만 망설이고 한번 해봅시다.」

옳은 지적이었다. 이제 나는 내 가족을 먹여 살릴 수 있게 되었고, 위험을 감수할 여력이 있었다. 그러나 방향 전환은 쉬운 일이 아니었다. 무엇보다 기업의 자원을 낭비하기가 싫었다. 하지만 그러한 망설임 탓에 소중한 기회를 놓쳐 버릴 수도 있었다.

결국 마이크의 조언을 따르기로 했고, 우리는 본격적인 마케팅 계획 수립에 돌입했다. 처음으로 우리는 현장 마케팅 팀을 조직해서 우리 제품의 샘플을 사람들에게 나눠 줬고, 회사 내의 간식 시간이나 비행기로 여행하는 동안, 출퇴근 열차 안에서, 혹은 자전거 여행을 하는 동안 등 적절한 순간에 우리의 제품을 먹어 보라고 했다.

처음에 나는 샘플을 비용으로 간주했다. 2008년에 우리가 샘플에 투자했던 8백 달러는 소비자들이 아니라, 주로 유통 업체들을 대상으로 한 것이었다. 나는 올바른 투자에 돈을 쓰겠다는 제안을 승인하는 법을 배워야 했다. 샘플 투자는 나의 전략에서 빠져 있는 거대한 조각이었다. 돌이켜 보건대, 분명하게도 샘플은 비용이 아니라 투자였다.

2009년 우리는 샘플 예산을 8백 달러에서 80만 달러로 늘렸다. 우리의 제품은 품질이 뛰어나고 맛이 좋았기 때문에, 사람들에게 시식을 권하는 것이야말로 인지도를 높이기 위한 최고의 방법이었다. 사람들에게 우리 제품이 얼마나 맛있는지 알리기 위해서는 직접 먹어 보도록 해야만 했다. 최근 우리는 현장 마케팅과 샘플 프로그램을 위해 매년 2천만 달러를 투자하고 있다.

물론 샘플을 무료로 나누어 주는 것보다 더 좋은 것은 소비자들이 직접 우리 제품을 사서 먹도록 하는 일이다. 2009년 봄 시즌에 우리는 유통 시장을 계속해서 넓혀 가고 있었고, 2만 5천여 곳에 달하는 매장들이 우리의 제품을 취급하고 있었다. 우리의 팬들이 그들의 친구들에게 계속해서 카인드의 이야기를 들려주는 가운데, 구전 효과는 우리의 매출을 이끌어 가고 있었다. 샘플 행사나 시식 코너를 운영하기에 가장 좋은 장소는 〈충동〉 지대, 다시 말해 계산대 바로 옆이다. 나는 미국 전역의 스타벅스 매장 안에 있는 1만 1천 대의 프리미엄 계산대 옆에 카인드 제품들을 진열해 놓겠다는 꿈을 한 번도 포기한 적이 없었다.

스타벅스에서 식품 사업부를 책임지고 있는 부사장과의 대화는 천천히, 그리고 꾸준히 진척되었다. 첫 번째 만남이 반에서 제일 예쁜 소녀에게 첫눈에 반한 사건이었다면, 그 이후 몇 달은 스토커처럼 보이지 않도록 조심스럽게 다가가면서, 계속해서 끈기 있게 관심을 보이는 단계였다. 그렇게 상황이 조금씩 변화하던 중, 갑작스럽게 행운이 찾아왔다. 스타벅스와 카인드가 연애를 시작하게 된 것이다. 스타벅스 경영진은 〈리얼 푸드, 심플리 딜리셔스〉 마케팅에 집중하면서, 매장 안에서 카인드 바를 판매하기로 결정했다. 그때까지만 하더라도 스타벅스는 외부 브랜드의 포장 식품을 가져와서 판매한 적이 한 번도 없었기 때문에, 그것은 중대한 사건이었다. 당시 스타벅스에서 판매하고 있던 비스코티와 초콜릿, 그리고 다양한 과자류들은 모두 스타벅스 브랜드를 달고 있었다.

스타벅스가 그렇게 결정을 내린 후, 그 거대한 조직이 결정을 신속하게 실행으로 옮기는 과정은 대단히 인상적이었다. 그들은 우리에게 그들의 속도를 따라잡을 수 있는지, 그리고 6~9일 안에 제품 배송이 가능한지 물었다. 우리는 기회를 놓치지 않았고, 일정대로 스타벅스의 모든 매장으로 배송을 완료하는 것을 전략적 우선 과제로 정했다. 그리고 카인드 바를 스타벅스의 파트너들에게 하나씩 선물함으로써 우리 제품의 출시를 축하했다(파트너는 스타벅스 직원들을 말한다. 내 생각에, 〈직원〉이라는 용어를 쓰지 않기 위함인 듯하다). 또한 8만 6천 개의 바를 네 조각으로 잘라서 몇십만 명에 달하는 스타벅스 소비자들에게 샘플로 나누어 주었다. 자연식품 업계는 우리의 이러한 움직임을 흥미롭게 지켜보았다. 이후 모든 식품 브랜드들이 그들 역시 납품할 수 있는지 알아보기 위해, 스타벅스의 문을 두드리기 시작했다. 그리고 일반적으로 소매 업체들은 다른 경쟁 업체들이 카인드 제품을 판매하고 있다는 사실을 달갑지 않게 생각했으나, 스타벅스만큼은 새로운 유행을 창조하는 업체로 인정했고, 그들 역시 그러한 새로운 유통 방식을 적극적으로 받아들였다.

목적에 뿌리를 내리기

사회적 기업이 투자를 받을 때 발생하는 중요한 문제는, 어떻게 해야 새로운 파트너들이 기업의 사회적 목표와 조화를 이룰 수 있을 것인가 하는 점이다. 우리가 VGM과 손을 잡기 전에, 나는 잠재적 투자 파트너들에게 사회적 사명이 여러 가지 간접적인 방식으로 우리 브랜드에 도움을 준다는 사실을 강조했다. 그리고 그것이 무엇이든 간에, 우리의 사회적 사명은 기업에서 절대 변하지 않을 부분이며, 사업 타당성을 초월하는 것이라 설명했다. 우리에게 그것은 카인드의 영혼을 지키는 일이었다.

외부 투자는 성장을 모색하는 모든 기업에게 활력소이자 에너지, 그리고 추진력이다. 하지만 대규모의 외부 투자로 인해 떠오르게 되는 또 다른 주요한 과제는, 한 사람의 인간이자 조직의 리더로서 겸손을 지켜야 한다는 사실이다. 경제적인 성공의 한가운데에서 여러분은 어떻게 중심을 잡을 수 있겠는가? 어느 날 갑자기 엄청난 자금이 들어오거나, 예전에 한 번도 상상하지 못했던 돈을 들고 집에 들어가게 된다. 그러한 상황에서 여러분은 자신이 무엇을 지향하고 있는지, 그리고 어떻게 삶을 살아가야 할 것인지 스스로에게 상기시킬 수 있겠는가?

앞서 설명했듯이, 이 질문에 대한 대답은 바로 자기 성찰이다. 우리는 자기 자신과 대화를 나누어야 한다. 스스로에게 자신의 가치를 상기시켜야 한다. 자신이 어디서 출발했는지에 대한 인식, 즉 목적을 잃어버리지 않으려는 의식적인 노력이 필요하다. 우리는 언제나 돈은 목적이 아니라 목적을 달성하기 위한 도구라는 사실을 잊지 말아야 한다. 그래야 내가 벌어들인 돈이 우리 사회의 것이라고 생각할 수 있다. 나는 다만 그 돈을 좋은 용도로 사용하도록 위탁을 받은 관리인에 불과하다.

우리 자녀들에게 박애주의와 성실함, 그리고 기업가 정신의 가치를 불어넣기 위해, 미셸과 나는 절대 흔들리지 말고, 예전과 똑같은 마음가짐으로 계속해서 일을 해야 한다고 다짐했다. 아이들이 쓸 수 있는 돈, 그리고 스스로에게 허락할 수 있는 일에는 한계가 있다는 사실을 이해하고, 우리가 정해 놓은 적절한 경제적 경계 안에서 균형 감각을 유지하면서 살아갈 수 있도록 하는 것은 중요하다.

접근 가능성: 다른 사람들이 당신을 보고 웃게 하라

업무 환경에서 중심을 잡기 위한 중요한 방법은, 스스로를 지나치게 엄숙한 존재로 여기지 말고, 직원들이 쉽게 다가설 수 있도록 허락하는 것이다. 기업의 성장과 성공이 이어지면서, 설립자들은 특히 어리거나 새로 들어온 직원들에게 빈틈이 없고, 위압적인 존재로 스스로의 모습을 드러내고자 하는 실수를 범하게 된다. 하지만 카인드 사람들은 얼마든지 스스로를 비판하고, 다른 사람들에게 솔직한 피드백을 전달할 수 있는 조직 문화를 만들었다. 우리 모두는 인간이고, 그래서 실수를 저지른다. 그리고 언제 우리가 실수를 하는지 파악하기 위해서는 다른 사람들의 도움이 필요하다. 제도적인 차원에서 모든 직원들의 아이디어를 소중하게 평가할 수 있어야, 진정한 피드백을 받을 수 있다. 직원들의 아이디어가 여러분의 것보다 더 낫다면, 열린 마음으로 생각을 바꾸자. 그리고 자신의 것이라고 주장하기보다, 다른 사람들과 조직의 헌신과 아이디어를 신뢰하고 존중하자.

툉명스러우면서도 알아듣기 힘든 나의 멕시코 유대인 억양은 항상 나를 겸손하게 해주었다. 설상가상으로, 미국 로스쿨을 나온 사람으로서 나는 종종 법률 용어들을 구사해야 할 때가 있다. 어떤 사람들은 나의 그러한 조합이 재미있다고 말한다. 나는 내 억양이 나의 열정적인 모습을 좀 더 부드러워 보이게 하고, 부정적인 느낌을 완화시켜 주고 있다고 생각한다. 특히 심각한 문제를 가지고 이야기를 나눌 때면 더욱 그렇다. 사람들은 그러한 내 모습에 종종 웃음을 터뜨린다. 아마도 이렇게 생각하면서 말이다. 〈누가 이 가엾은 남자를 비난하겠는가? 그의 목소리는 마치 리키 리카르도* 같아.〉

어린 시절을 미국에서 보내지 않았기 때문에, 내가 자주 사용하는 표현들이 종종 어색할 때가 있다. 예를 들어, 공격적인 샘플 마케팅 프로그램을 시작했을 때, 나는 소비자 인지도와 판매량을 높이기 위해서 〈물을 부어야 할 *just pour water*〉 시간이라고 말했다. 그러나 정확한 영어 표현은 〈*just add water*〉다. 또한 〈목욕물 버리려다 아이까지 버리지 마라 *Don't throw the baby out with the bathwater*〉라는 말을 〈*Don't throw the baby out the window with the bathtub*〉이라고 말하기도 했다. 게다가 여러 가지 표현들을 마음대로 조합한 적도 많았

* 1950년대 미국 시트콤 「왈가닥 루시 I love Lucy」에 등장하는 인물.

다. 가령, 〈거리를 돌아다니다*pound the pavement*〉와 〈잘 되어 가다*hit the ground running*〉라는 표현을 합쳐서 〈*hit the pound running*〉이라는 듣도 보도 못한 표현을 만들어 내기도 했다. 또한 우리 직원들이 〈*Don't be a backseat quarter back*〉이라는 나의 표현을 알아듣지 못하고, 〈치마 속*under the skirt*〉을 들여다본다는 표현이 새로운 비즈니스 기회를 평가한다는 의미 말고 다른 의미로 받아들여질 수 있다는 사실에 깜짝 놀란 적도 있었다! 나는 숙어*idiom*로 농담을 한 게 아니라, 바보 같은 짓*idiotism*을 한 것이다. 우리 직원들은 나의 그런 표현들을 대니얼리즘*Danielism*이라고 놀리곤 한다. 하지만 나는 나의 이러한 어리석음을 기꺼이 받아들이고, 스스로 너무 심각해지지 않으려고 노력한다. 그것이 바로 내 본연의 모습이다. 또한 이처럼 자기를 비하하는 식의 유머는 나의 리더십 스타일에도 도움이 된다.

편집증에 대한 변명

중심을 잃지 말고 겸손하라는 말은 자만하지 말고, 비즈니스 위협에 대한 경계를 항상 늦추지 말라는 뜻이다. 때로 누군가는 정말로 여러분을 공격하려 덤빌 것이다. 비즈니스 세상에서는 언제나 안테나를 세워 놓아야 한다. 항상 겸손한 자세로 우리 기업이 난공불락의 요새가 아니라는 사실을 명심해야 한다. 비즈니스 세상에서는 아무것도 멈춰 있지 않다. 여러분의 기업은 지금도 시장 점유율을 얻거나 잃고 있을 것이다. 인텔 설립자 앤디 그로브 역시 1999년에 출간된 자신의 책 제목으로 〈오직 편집광만이 살아남는다 *Only the paranoid survive*〉*고 말했다. 우리는 언제나 위험에 노출되어 있다는 사실을 잊어서는 안 된다.

건강한 수준의 편집증은 우리에게 도움이 되었다. 2009년과 2010년 동안 카인드가 성공을 거두면서, 모방자들의 물결이 거세게 밀려왔다. 우리는 이러한 상황에 어떻게 대처해야 하는지 그 방법을 알아내야만 했다. 창조성을 끌어올리기 위해서, 개인 투자자들에게서 받은 자금을 활용할 때가 왔다는 생각이 들었다. 우리 앞에 놓인 도전 과제는 이런 것이었다. 어떻게 모방자들을 혁신에서 앞서고 그 무리를 이끌어 갈 수 있을까?

* 한국에서는 〈승자의 법칙〉이라는 제목으로 2003년 한국경제신문사에서 출간되었다.

6장

독창성

틀을 깨고 사고하기

카인드 프루트 앤드 너트 바가 사람들의 관심을 끌자, 우리는 영양 바 카테고리 안에서 새로운 경쟁 공간을 만들어 내기 시작했다. 우리 제품만의 고유한 특성으로 인해, 시장에는 진정한 경쟁자가 없었다. 견과류와 과일을 통째로 집어넣은 바를 찾았던 소비자들은 우리 제품의 진열대로 몰려들었다. 우리는 마케팅 활동을 매장 안에 집중했고(우리는 이를 〈참호 속으로〉라고 표현했다), 제품 성분들의 품질을 특히 강조했다. 또한 매장 복도가 끝나는 지점에 우리 제품들을 무더기로 쌓아 진열해 뒀고, 계산대 근처에는 제품 전시용 선반과 임시 가판대를 설치해 두었다. 반면, 다른 업체들의 스낵 바 제품들은 주로 진열대 바깥쪽에 자리 잡고 있었다.

그로부터 몇 년 뒤, 크고 작은 기업들이 우리가 새롭게 창조한 하위 카테고리 안에서 경쟁하기 위해 신제품들을 출시하기 시작했다. 그들은 우리의 성분 조합, 견과류와 과일들을 통째로 사용하는 제조 방식, 그리고 투명한 포장지를 모방했다. 하지만 어느 브랜드도 소비자의 마음속에 자리를 잡지는 못했다. 모방 브랜드들이 주요 유통 업체나 대형 생산 업체, 혹은 작은 신생 기업이든 간에, 다행스럽게도 소비자들은 우리를 버리지 않았다.

2011년에는 한 경쟁 업체가 카인드 바를 그대로 베껴서 프루트 앤드 너트 바 제품을 출시했다. 이 새로운 모방자는 그들의 제품이 기존 프루트 앤드 너트 바에 비해 설탕을 60퍼센트나 더 적게 함유하고 있다고 광고했다.

견과류를 그대로 사용하는 바 제품에서 설탕을 낮추기 위한 방법에는 세 가지가 있다. 과일을 적게 넣거나, 다른 성분으로 채워 넣거나, 혹은 점착제로 꿀 대신 다른 인공 재료를 사용하는 것이다. 그 기업은 이 세 가지 방식을 조합해서 사용하고 있었다. 제품을 부풀리기 위해 인공적인 맛과 느낌이 강한 말티톨이나 소르비톨과 같은 당알코올을 사용하고 있었을 뿐만 아니라, 땅콩 대신에 가공 성분들을 주로 활용하고 있었다. 그리고 그들의 주장을 강조하기 위해서, 과일이 하나도 들어 있지 않은 그들의 제품과 과일을 함유하고 있는 〈기존〉 제품들의 영양 성분을 비교했다. 다시 말해, 그들은 사과를 사과와 비교하지 않았다. 만약 그들의 제품을 우리의 너트 딜라이트Nut Delight(과일은 물론 말티톨과 소르비톨도 전혀 포함하지 않은)와 비교했다면, 설탕 함유량은 실질적으로 동일한 수준으로 나타났을 것이다.

그 업체는 그들의 대표 제품들을 〈무설탕〉, 〈천연〉이라는 표현으로 홍보했다. 하지만 우리는 자연 성분들만을 가지고서는 설탕이 전혀 들어 있지 않은 바를 만드는 것이 불가능하다는 사실을 잘 알고 있었다. 견과류에는 자연적으로 약간의 당분이 포함되어 있다. 당연히 과일에도 당분이 포함되어 있다(심지어 모유에도 있다). 그러나 미국 사회의 비만 문제와 이에 대한 소비자들의 두려움을 이용해서 돈을 벌려고 했던 이 기업은 인공 성분으로 제품을 생산하는 〈무설탕〉 기술을 자랑스럽게 떠벌리고 있었다.

우리는 딜레마에 빠졌다. 〈설탕〉에 대한 절대적 공포는 우리에게 불리하게 작용하고 있는가? 그렇다면 에리트리톨과 같은 〈천연 당알코올〉을 사용하는 새로운 제품군을 출시해야 할까? 그 경쟁 업체와 마찬가지로 우리도 당분을 낮춰야 할까? 무설탕 제품을 새롭게 출시해야 할까?

카인드의 초창기 시절, 나는 설탕을 우리 제품의 주요 성분으로 사용하지 않겠다고 결심했었다. 또한 우리는 자연에서 얻은 성분에 대한 존경을 기반으로 카인드라고 하는 브랜드를 세웠다. 그런데 〈무설탕〉 유행을 따라잡기 위해서 갑자기 당알코올이나 여러 다른 인공 성분들을 추가한다면, 우리는 더 이상 〈사람들이 눈으로 확인하고 쉽게 발음할 수 있는 성분들〉을 사용했다고 말할 수 없을 것이다. 우리의 가치에 대한 배신은 소비자들을 떠나가게 할 것이다. 어느 순간, 나는 인공 성분으로 제품을 대체하는 방식은 우리 브랜드에 대한 진실한 태도가 아니라는 사실을 깨닫게 되었다. 실험실에서 개발한 성분이 아니라, 진짜 식품에 집중함으로써 건강한 해결책을 소비자들에게 계속해서 보여 주어야 했다. 나는 카인드가 단지 하나의 다이어트 기능 식품이 되기를 원치 않았다. 우리가 원한 것은 건강한 라이프스타일의 한 부분을 차지하는 몸에 좋은 식품으로 남는 것이었다.

우리는 타협할 뜻이 없었다. 그래서 보다 정직하고 투명한 방식으로 경쟁하면서, 동시에 설탕 섭취를 줄이고자 하는 소비자들의 정당한 관심을 충족시키기 위해 새로운 제품을 개발하기로 결정했다. 그렇게 일 년의 세월이 흘러, 2012년 우리는 카인드 너츠 앤드 스파이시스Nuts & Spices 제품군을 새롭게 선보였다. 여기서 우리는 과일을 빼고, 향신료를 써서 풍미를 높이는 방식으로 설탕 함유량을 크게 줄였다. 우리는 견과류를 가급적 적은 양의 꿀이나 물엿으로 혼합하기 위해 끊임없이 연구했다. 그리고 다크 초콜릿 코팅을 입혀서 설탕의 함유량을 줄였다. 이러한 방식으로 우리는 제품당 설탕 함유량을 5그램 아래로 낮췄고, 브랜드의 약속을 지킬 수 있었다.

〈무설탕〉 브랜드 제품들과 경쟁에 뛰어들기 전에 우리는 논의의 방향을 바꾸어 보기로 했다. 이번 신제품군의 이름을 너츠 앤드 스파이스라고 붙임으로써 우리는 브랜드에 충실하면서, 동시에 소비자들이 우리 제품의 가치(영양이 풍부한 견과류와 좋은 맛)에 다시 집중하게끔 하고자 했다. 이번 결정으로 우리는 우리의 제품을 다이어트 식품 카테고리에 놓아두는 것이 아니라, 우리의 장점, 즉 사람들이 성분을 눈으로 확인하고 쉽게 발음할 수 있다는 사실을 적극적으로 활용했다.

제품의 성분에 집중했던 이번 전략은 효과가 있었다. 시장 조사 업체인 닐슨과 IRI의 데이터에 따르면, 이 제품군으로 출시했던 카인드 다크 초콜릿 너츠 앤드 시 솔트 바KIND Dark Chocolate Nuts &

Sea Salt bar는 동일 매장들을 기준으로 전체 영양 바 카테고리 안에서 최고의 제품으로 꼽혔다.

원칙에 충실하고, 〈그리고〉를 기반으로 생각을 했기에, 경쟁자들의 도전은 오히려 우리를 더 강하게 해주었다. 지금 돌이켜 보건대, 나는 이 에피소드가 브랜드의 약속을 충실히 지키면서 혁신을 추구하는 접근 방식의 중요성을 보여 주는 완벽한 사례라고 생각한다. 우리는 경쟁자들의 움직임을 면밀히 관찰했고, 그들의 도전을 우리 기업의 가치를 재정의하는 기회로 삼았다. 이러한 전략을 기반으로 우리는 우리가 누구이며, 무엇을 지향하는지 보다 분명하게 정의를 내리면서, 경쟁자들보다 혁신적으로 움직이고 그들을 뛰어넘을 수 있었다.

브랜드를 지키는 혁신

카인드 너츠 앤드 스파이스를 새롭게 출시하면서, 동시에 우리 브랜드 안에 그대로 머물러 있는 전략의 장점은 기존 제품군에 부주의하게 피해를 입히는 일이 없다는 것이다. 되돌아보면 그것은 당연한 사실이었지만, 신제품을 출시하면서 기존의 핵심 제품들을 제대로 지키지 못하는 사례들은 최근에도 어렵지 않게 찾아볼 수 있다. 소비자들은 신제품에 대한 기업의 집중적인 마케팅을 기존 제품들이 이제 중심 무대에서 밀려나게 되었다는 증거로 받아들인다. 그래서 기존 핵심 제품들에 대한 구매를 중단한다. 예를 들어, 여러분의 기업에 240칼로리 음료수 제품이 있다고 해보자. 이후 10칼로리, 혹은 0칼로리 제품을 새롭게 출시했을 때, 이는 의도하지 않게 기존 제품의 높은 칼로리 특성을 부각시키게 된다. 이러한 위험에 취약한 브랜드들은 문제를 드러내기 시작한다. 신제품을 출시할 때 신중을 기하지 않으면, 모든 브랜드는 스스로에게 상처를 내기 마련이다.

기존의 핵심 제품을 넘어 혁신을 시도할 때, 우리는 자신의 브랜드가 지향하는 바를 항상 명심하고 있어야 한다. 자칫 소비자들에게 모순된 메시지를 전달함으로써 그들을 혼란에 빠트릴 위험이 있다. 이제 우리 브랜드가 소비자들에게 어떤 의미인지, 그리고 그들이 어떤 가치를 드러내기를 바라는지 진지하게 고민해야 할 시간이 왔다. 까다로운 질문에 대답해야 한다. 하나의 기업으로서 우리는 누구인가? 비즈니스를 확장하기 전에, 우리는 그 해답을 찾아내야 한다.

혁신이란 완전히 차별화되고 파괴적인 작업으로, 이를 통해 우리는 여태껏 한 번도 가보지 못했던 곳으로 가게 된다. 하지만 진정한 혁신은 브랜드 안에 머물러 있어야 하고, 우리 브랜드에게 무엇을 기대해야 하는지 이해하고 있는 사람들을 설득시킬 수 있어야 한다. 공통분모와 일관성, 그리고 근본적인 전제나 가치 체계를 지켜야, 사람들은 우리의 도전에 믿음을 보내 줄 것이다.

우리는 기존 제품을 훌쩍 뛰어넘을 수도 있지만, 그러한 시도가 성공을 거두기 위해서는 마케터들이 흔히 말하는 브랜드 승인이란 것이 필요하다. 이 말은 신제품을 통해 브랜드를 이끌어 가고자 하는 방향을 소비자들이 인정해야 한다는 뜻이다. 여러분이 지금 캔디바를 생산하는 업체일 때, 몸에 좋은 스낵을 개발하려는 여러분의 새로운 시도에 소비자들은 과연 신뢰를 보내 줄 것인가? 아마도 그렇지 않을 것이다. 그 대신에 또 다른 브랜드를 시작하라는 조언을 받게 될 것이다. 그것은 기존의 캔디 바 브랜드가 건강식품 분야에서 부정적인 이미지를 갖고 있기 때문이다. 혹은 맛있는 청량음료 브랜드를 갖고 있다면, 소비자들은 제품의 성분이 인공적인 것이라 생각할 것이다. 그러한 상황에서 자연적인 성분으로 새로운 음료를 개발하려는 시도는 내부적인 충돌을 일으키면서, 실질적으로 기존의 핵심 브랜드에 피해를 입힐 것이다. 소비자들은 여러분의 신제품을 천연 음료로 받아들이지 않을 것이며, 왜 그런 제품을 내놓았는지 의심스러운 눈초리로 바라볼 것이다. 여러분의 핵심 소비자들은 맛있는 청량음료를 선택할 것이기 때문에, 새로운 웰빙 음료에는 별로 관심을 주지 않을 것이다.

기업들은 때로 성장 과정에서 그들의 브랜드가 지향하는 바를 잊어버리고는 한다. 대기업들은 종종 소규모 브랜드를 담당했던 초보 수준의 브랜드 매니저들을 고용해서 성공을 거두고자 한다. 그러나 이러한 접근 방식은 브랜드에 끔찍한 재앙이 될 수 있다.

밸런스 바의 경우를 생각해 보자. 밸런스 영양 바는 20년 전에 단백질 30퍼센트, 탄수화물 40퍼센트, 그리고 식이 지방 30퍼센트로 이루어진 균형 잡힌 〈식품〉임을 약속하는 고유한 가치 제안과 더불어 시장에 모습을 드러냈다.

기업의 설립자들이 직접 운영하고, 그들의 사명에 집중하는 동안, 밸런스 바의 매출은 1992년에서 1999년까지 1억 달러 이상으로 성장했고, 이후 2000년 1월에 크라프트사에 인수되었다.

하지만 그 유명 브랜드는 이후로 길을 잃고 말았다. 이후 10년 동안 영양 바 시장에 새로운 유행이 등장할 때마다, 밸런스-크라프트 팀은 이를 따라잡으려 했다. 사람들이 유기농에 관심을 기울이면, 그들은 유기농 밸런스 바를 내놓았다. 카인드가 견과류와 과일을 통째로 집어넣은 제품을 새롭게 선보였을 때, 그들은 밸런스 베어를 내놓았다. 이처럼 유행을 쫓아가며 그들이 개발했던 다양한 제품들로는 밸런스 카브웰, 밸런스 오가닉, 그리고 밸런스 100칼로리 바가 있으며, 이들 모두 미국 전역을 휩쓴 유행의 흐름을 타기 위해 출시된 것이다.

그러나 그들의 전략은 합리적이지 못했다. 원래 밸런스 바는 기능 식품이었다. 그들의 전체 브랜드는 구체적인 기준을 바탕으로 균형 잡힌 식품을 추구했고, 특히 기능적인 측면을 선호하는 소비자층으로부터 많은 관심을 얻었다. 그러나 조직에 갑작스럽게 들어온 새로운 브랜드 매니저는 기존의 매출 흐름을 살펴보았고, 당시 더 빠른 성장세를 보이고 있던 브랜드들을 따라잡고자 했다. 그 브랜드 관리자는 밸런스 브랜드로 새롭게 출시한 유기농 바에 대해 소비자들이 신뢰를 보내 줄 것인지에 대해 고민하지 않았다. 그러나 밸런스는 그 시장으로 진출하기 위한 브랜드 승인을 얻어 내지 못했다. 신제품을 출시할 때마다 그들은 잠재적인 충돌과 의심, 그리고 기존 제품에 대한 혼란을 자극했다. 소비자들은 그들의 변화가 기존 제품의 포기를 의미하는 것인지 궁금해했다. 아마도 밸런스의 브랜드 매니저는 스스로에게 이러한 질문을 던져 보지 않았을 것이다. 〈우리는 어떻게 핵심 제품을 지키고 키워 나갈 것인가?〉

결국 밸런스는 휘청거리기 시작했다. 2009년 크라프트는 밸런스를 포기하기로 결정했고, 그 브랜드는 시장에서 리더십과 신뢰를 모두 잃어버리고 말았다. 크라프트는 결국 막대한 손실을 떠안고 밸런스를 투자 업체에 팔아넘겨 버렸다.

작은 기업을 운영하고 있든 아니면 대기업에서 사업부를 이끌고 있든 브랜드를 키워 내야 할 책임을 안고 있다면, 여러분이 가장 먼저 해야 할 일은 브랜드가 지향하는 바를 이해하는 것이다. 사실 이는 결코 쉬운 일이 아니다. 사람들은 저마다 다른 시선으로 브랜드를 바라보고, 브랜드는 끊임없이 진화하기 때문이다. 그렇다고 하더라도 사람들이 왜 여러분의 제품을 구매하는지, 그리고 그들이 여러분의 브랜드로부터 무엇을 기대하는지 이해하려는 노력은 중요한 과제다.

예전에 누군가 내게 이런 말을 했다. 「브랜드는 약속입니다. 그리고 위대한 브랜드란 잘 지켜진 약속을 말합니다.」

카인드 제2막

카인드 프루트 앤드 너트 바가 시장에서 5년 동안 판매되면서, 우리는 기존 카테고리를 넘어 진정한 혁신과 브랜딩 사이의 자연스러운 긴장 속에서 균형을 유지하고, 점차 확장을 시작해야 할 때라고 느꼈다.

예전에 미국 대사 토머스 피커링이 내게 했던 말처럼, 일반적으로 혁신의 과정에 있을 때, 체스판에서 말을 한 칸씩 이동하는 편이 유리하다. 기업은 아마도 바로 인접해 있는 영역을 더 익숙하게 알고 있을 것이며, 소비자들은 브랜드의 이러한 논리적 진보를 더 잘 인식하게 될 것이다.

우리의 공통분모는 〈바〉 제품을 만들고, 영양 바를 넘어서 확장하고, 그리고 그래놀라 바를 추가하는 것이었다. 혹은 〈견과류와 과일〉을 사용하는 생산 방식도 공통분모가 될 수 있을 것이며, 이를 기반으로 과일과 견과류를 활용한 휴대용 식품 카테고리로 넘어갈 수도 있을 것이다. 하지만 카인드가 기존의 자리에 계속해서 머물러만 있다면, 소비자들은 우리를 그저 바를 생산하는 기업으로만 바라볼 것이었다. 과일과 견과류를 활용한 휴대용 식품을 출시한다면, 우리를 과일과 견과류 업체로 볼 것이었다.

우리는 한 번에 두 칸을 이동하는 위험스러운 전략적 행보를 시도하기로 했다. 다시 말해, 과일과 견과류는 물론, 바의 카테고리를 넘어서고자 했다. 이를 통해 우리는 카인드가 경계를 넘어서고 있다는 메시지를 사람들에게 전달하고자 했다. 우리는 우리만의 차별화된 가치 제안이 최소한으로 가공된, 몸에 좋은 성분들을 활용하는 방식이라고 결론을 내렸다.

그래서 2011년 10월 우리는 카인드 헬시 그레인스 클러스터스 KIND Healthy Grains Clusters를 출시했다. 이는 이동 중에, 혹은 우유나 요구르트와 함께 그릇에 담아 간편하게 먹을 수 있는 그래놀라와 같은 제품이다. 우리는 카인드 제품들의 공통분모가 눈으로 확인하고 쉽게 발음할 수 있는, 영양적으로 풍부한 성분들이라는 메시지를 소비자들에게 전하고 싶었다. 우리는 이러한 아이디어의 가능성을 실현하고, 〈그리고〉 새로운 여정을 개척해야 한다는 책임감을 느끼고 있었다.

데리야키 후추 스프레드와 초창기에 여러 실패작들을 경험한 덕분에, 우리는 모든 점에서 100퍼센트 만족스럽지 않은 것을 핵심 제품으로 판매해서는 안 된다는 사실을 깨닫게 되었다. 카인드 헬시 그레인스 클러스터스를 출시하면서, 스스로 차별화되고, 다른 그래놀라 제품들과는 다른 가치를 제안하는 훌륭한 제품이 탄생했다는 확신이 들었다. 이 제품은 오트밀만을 가지고 만든 제품과는 달리, 다섯 가지 슈퍼 곡물, 즉 기장, 아마란스, 퀴노아, 메밀, 그리고 글루텐이 들어 있지 않은 오트밀을 모두 담고 있었다. 우리는 이 제품을 다양한 조합의 형태로 출시했다. 우리는 이 제품이야 말로 카인드 브랜드가 지향하는 바를 드러내는 것이라고 확신했고, 시장에 자랑스럽게 내놓았다.

실질적인 피드백을 얻기 위해서, 우리는 많은 비용을 들여 소량의 클러스터스 샘플을 실제 포장으로 제작했다(완전한 디자인과 포장으로 〈살아 있는〉 제품). 이를 위해 우리는 수만 달러를 투자했다. 작은 기업으로서 이는 적지 않은 투자였다. 우리는 매장에 그 제품을 시범적으로 진열함으로써 소비자들이 어떻게 반응하는지 확인해 보았다. 그리고 그 신제품을 시장에 실제로 내놓았을 때, 매장의 최소 매출 기준을 넘을 수 있을 것이라고 내부적으로 결론을 내렸다. 광고나 홍보물을 가지고 제품을 알리려 하기보다, 우리는 그 제품이 진열대 위에서 스스로 자리를 잡고, 고유한 장점을 바탕으로 성공을 거둘 수 있도록 했다.

헬시 그레인스 클러스터스의 매출은 빠른 속도로 증가했다. 우리는 각각의 샘플 제품 안에 설문을 위한 안내장을 넣어 두었다. 설문조사의 결과는 분명했다. 소비자들은 그 제품을 좋아했고, 당시 판매되고 있던 다른 그래놀라 제품들보다 영양적으로 더 풍부하다고 생각한다는 사실을 확인할 수 있다. 이 제품은 글루텐이 들어 있지 않고, GMO를 사용하지 않았으며, 맛이 좋고, 영양소로 가득했다. 공식적으로 우리는 홀 푸드와 손을 잡고 이 제품을 출시했다. 이들은 우리 제품을 진열하고, 그 획기적인 특성과 뛰어난 맛을 널리 알려 주었다. 그리고 석 달 뒤, 우리는 미국 전역으로 그 제품을 확대 공급하기 시작했다. 카인드 헬시 그레인스 클러스터스는 그래놀라 카테고리 안에서 가장 급속도로 성장하는 제품들 중 하나였으며, 출시 2년 만에 그래놀라 제품의 전체 매출에서 10퍼센트 이상을 차지했다. 한 주요 유통 업체의 경우, 우리의 이번 제품 출시로 전체 그래놀라 매출이 40퍼센트나 상승했다.

품질에 대한 집착에도 불구하고, 우리는 품질과 관련된 문제로 어려움을 겪었다. 초기에 우리는 일부 소비자들에게서 불만을 받았고, 그것은 우리에게 완전히 생소한 일이었다. 지금 우리는 매달 수천만 개의 바를 판매하고, 한줌의 불만을 받는다. 우리 제품에 실망한 소비자들이 제기한 문제를 해결하기 위해, 그리고 품질 개선을 위한 아이디어를 지속적으로 얻기 위해, 우리는 소비자들의 모든 불만 사항들을 꼼꼼히 들여다보았다. 그러나 갑자기 1백만 개당 백 개가 넘는 불만이 접수되기 시작했다. 비록 다른 기업들에 비해 양호한 편이기는 했지만, 우리로서는 대단히 이례적인 상황이었다. 카인드에서 고객 관리 팀을 이끌고 있었던 토니 셀렌타노는 소비자 불만 보고서들이 올라오기 시작하자 이를 기업의 공식적인 문제로 제기했다. 2012년 11월에는 클러스터스 1백만 개당 202건의 불만이 접수되었고, 나는 심한 충격을 받았다.

우리가 사용했던 두 가지 성분인 메밀과 아마란스는 생각했던 것보다 훨씬 더 쉽게 상했다(신선도가 급격하게 떨어졌다). 이러한 문제로 인해, 우리는 공급 업체들에게 신선도와 품질을 점검해 달라고 요청했고, 우리 쪽에서도 제품 성분들을 효과적으로 저장하기 위한 최적의 방안을 마련했다. 우리는 본사 차원에서 이 문제를 연구했고, 생산 팀장인 밥 로즈, 그리고 헬시 그레인스 생산 팀을 이끌고 있었던 브라이언 러터는 신속한 해결책을 마련하기 위해, 가족들과의 주말을 포기하고 몇 주 동안 공장에서 살았다. 5주 동안 우리는 신선도를 끌어올리기 위한 다양한 변화를 시도했다. 요즘에는 클러스터스 1백만 개당 접수된 소비자 불만이 0.35건에도 미치지 않고 있다.

1백만 개당 202건의 소비자 불만은 그리 심각한 문제로 보이지 않을 수도 있다. 하지만 한 사람이 애써 시간을 내어 불만을 제기했다면, 아마도 수천 명은 그냥 우리 브랜드를 포기했을 것이다. 이들 모두는 우리가 떠나보낸 소비자들이다. 불만을 제기한 사람들에게는 적어도 진심으로 사과하고 다른 제품을 보내 줄 수 있을 것이다. 하지만 제품에 대한 실망으로 우리 브랜드에 대한 관심을 접어 버린 소비자들에게는 가슴 아파하는 것 말고는 해줄 수 있는 게 없다.

소비자 불만은 피드백을 확인하고, 문제를 해결할 수 있는 소중한 기회다. 소비자들의 이야기에 귀를 기울이고, 그들의 반응을 통합하는 시스템을 구축하는 것은 대단히 중요한 일이다. 누가 어떻게 살을 뺐고, 혹은 친절한 행동이 어떻게 다른 사람들을 행복하게 해주었는지와 같은 소비자들의 자발적인 증언들을 포함하여, 우리는 소비자들로부터 받은 많은 칭찬들을 사랑한다. 하지만 그러한 사랑속에서 길을 잃고 말았다는 비판은 원치 않기 때문에, 우리는 주간 피드백 보고서를 통해서 소비자들의 모든 불만들을 목록으로 작성하고 있다. 그리고 열두 명의 팀장들이 주간 단위로 그 보고서를 검토하고 있으며, 팀원들이 보고서에 따라서 행동하도록 지침을 내리고 있다.

혁신: 여러분의 비밀 무기

어떤 비즈니스 분야에 몸담고 있든 간에, 여러분은 아마도 자신의 기업을 다른 기업들과 구분해 주는 제품이나 서비스를 원할 것이다. 미국 문화의 핵심은 세상을 좀 더 나은 곳으로 만들어 주는 고유한 제품과 아이디어를 칭송하는 것이다.

소비재 시장에서 혁신적이지 못한 제품들을 경멸적으로 부르는 표현이 있다. 〈미투*me-too*〉라는 말이다. 미투 제품들은 어떤 유행이 시장을 장악하고, 그리고 어떤 기업이 혁신적이고 성공적인 제품을 내놓고 나서 얼마 후에 번성하기 시작한다. 최근 식품 산업에서 나타나고 있는 코코넛 워터나 저칼로리 식품, 혹은 글루텐 프리 제품들의 열풍이 바로 그렇다. 이러한 미투 제품들은 의류에서 디지털 앱에 이르기까지 다양한 시장에서 찾아볼 수 있다.

유통 업체의 구매 담당자들은 이렇게 생각할 것이다. 왜 파생 상품들에게 진열대 공간을 내주어야 한단 말인가? 미투 제품들은 그 카테고리 창출에 아무 기여도 하지 않았고, 새로운 소비자들을 끌어들인 것도 아니다. 소비자들에게 새로운 가치를 전달하지 못하면서, 다만 카테고리 안에서 서로 매출을 잡아먹을 뿐이다. 어떤 제품을 무작정 베껴서 출시하겠다는 생각은 모방 기업들에게도 악영향을 미친다. 소비자들은 코코넛 워터나 글루텐 프리 그래놀라 카테고리에 뒤늦게 진출한 브랜드들을 열망하지 않으며, 대형 할인마트에는 그것들까지 얹어 놓을 진열 공간이 없다. 차별화된 가치를 제시하지 않는 이상, 소비자들은 군이 다섯 번째, 혹은 스무 번째 브랜드를 신뢰해야 할 이유를 발견하지 못한다. 판매가 부진한 브랜드들은 결국 매장에서 할인 판매에 들어가야 할 것이다. 승리하지 못할 거면, 아예 뛰어들지 않는 게 낫다. 승리를 차지할 수 있는 가능성이 높은 또 다른 게임을 골라야 한다.

〈그리고〉 철학은 혁신과 창조성을 가져다준다. 혁신은 세상을 돌아가게 하는 원동력이다. 벤처 기업이 성공하기 위한 핵심이다. 그리고 평등을 가져다준다. 승리하기 위해서 반드시 가장 큰 기업일 필요는 없다. 창조적이기만 하다면, 우리는 경기장을 평평하게 만들 수 있다(혹은 내가 어색한 멕시코식 영어로 우리 직원들에게 말했던 것처럼, 〈경기장을 평평하게 만드는 것이 창조성이다〉). 그렇기 때문에 신생 기업과 도전적인 기업들이(설계에서 혁신적인) 대기업을 이기는 일이 종종 벌어지는 것이다.

현재 상황에 의문을 품기

매일 아침마다 수많은 남성들은 잠에서 깨어 옷을 갈아입고 넥타이를 맨다. 자신의 목을 감싸고 아랫배까지 늘어져 있는 그 옷감을 직장에서 하루 종일 매고 다닌다. 그들은 이를 일반적인 비즈니스 패션 아이템으로 받아들인다. 앞으로도 대다수의 남성들은 왜 그것을 목에 두르고 다녀야 하는지, 그리고 이러한 패션이 어디서 온 것인지 의문을 품지 않은 채 삶을 살아가게 될 것이다.

그런데 왜 그 기다란 옷감이 세련됨과 전문성을 상징하게 되었을까? 그 관습은 어떻게 시작되었을까? 분명하게도 다른 문화에서 〈이상한〉 관습을 보았을 때(가령, 아프리카의 어떤 부족이 목을 길게 늘이기 위해 사용하는 커다란 나무 고리처럼), 우리는 생소함과 기이함에 깜짝 놀란다. 하지만 우리 자신의 관습은 그것이 마치 완벽한 표준인 것처럼 당연하게 여긴다.

넥타이의 기원과 관련하여 내가 알고 있는 가장 신빙성 있는 설명은 다음과 같다. 17세기 초 크로아티아 용병들이 파리에 왔을 때, 그들이 목에 두르고 있던 화려한 스카프에 파리 사람들이 깜짝 놀랐다. 그때부터 파리 사람들은 이를 하나의 소품으로 받아들이고, 목에 두르는 스카프인 〈크로아트 *croate*〉를 하고 다니기 시작했으며, 나중에 이 말은 〈크라밧〉, 혹은 지금의 넥타이로 바뀌었다. 하지만 5백

년이 지난 지금에도 우리가 여전히 그때의 풍습을 따라야 하는지에 대한 논리적인 설명은 없다. 과거에 유행했던 수많은 관습들을 몽땅 버린 것에 대해 우리 사회가 아무런 죄책감도 느끼지 않는 이 시대에 말이다. 우리는 너무나 많은 것들을 그대로 받아들이고 살아가고 있으며, 이미 도전의 대상이 되어 버린 많은 과거의 관념들을 그대로 인정하려는 경향이 있다.

가치를 창조하기 위한 많은 기회들은 우리의 비즈니스와 개인적인 삶의 일상적인 반복 속에 숨어 있다. 어떤 관행과 관습이 더욱 깊숙이 자리 잡고 있을수록, 지금의 현실에 더 이상 유효하지 않은 것일 가능성이 높다. 비판적인 사고를 통해서, 우리는 기존의 방식이 지금도(혹은 과거에도) 최적의 해결책인지 의심해야 한다. 또한 〈그리고〉 사고방식과 방법론을 바탕으로 과거의 근본적인 가정들을 분석하고, 그것이 정말로 타당한 것인지 아니면 더 나은 방법을 발견할 수 있는지 질문을 던져야 한다.

나는 내가 내렸던 의사 결정을 뒷받침하는 가정에 대해 생각하고, 다른 선택권이 있는지 혹은 만들어 내야 하는지를 판단하기 위해 많은 시간을 투자했다. 물론 이러한 방식은 결단력 있는 리더십 스타일과는 거리가 멀고, 민첩하고 과감한 리더십에 의해 보완이 되지 못할 경우 조직을 마비시킬 위험이 따른다. 카인드의 경우, 그러한 리더십은 〈시장을 향해 달려 나가라〉를 모토로 삼고 있는 존 레이히 사장의 몫이었다. 그렇다고 하더라도 이러한 고민을 통해 우리는 중요한 전략적 기회를 발견할 수 있다.

이와 같은 엄격한 사고방식을 우리의 삶으로 끌어들이는 방법이 있다. 또한 여러분은 직원들에게 〈그리고〉를 바탕으로 사고하는 공식적인 브레인스토밍 과정을 운영하게끔 할 수 있다. 나는 오랜 기간에 걸쳐 카인드 직원들이 〈그리고〉 사고방식에 많이 익숙해져 왔다고 생각한다. 그래도 갈 길은 멀다. 100점을 기준으로 한다면, 이제 우리는 10점 정도에 도달한 것 같다.

우리는 끊임없이 스스로에게 이렇게 물어야 한다. 〈어떤 근본적인 가정이 나를 제약하고 있는가?〉 물론 그러한 가정들이 타당할 수도 있겠지만, 그래도 우리는 이 질문으로부터 시작해야 한다. 우리는 항상 자기 자신과 대화를 나누는 연습을 해야 한다. 그러나 많은 사람들은 너무도 바빠서 그럴 만한 시간을 찾지 못하고 있다.

잠들기 전 침대에 누워서든, 아니면 출퇴근 시간에 전화기를 들여다보지 않기로 결심을 했든, 지금 자신이 하고 있는 일에 대해서 곰곰이 생각해 볼 시간을 갖자. 나는 주로 샤워를 할 때 상상의 나래를 펴거나 나 자신과 이야기를 나누고는 한다.

스마트폰을 포함한 여러 디지털 기기들의 심각한 폐해들 중 하나는 자기 자신과 대화를 나누어야 할 시간을 빼앗아 버린다는 것이다. 우리는 항상 온갖 자극에 노출되어 있고, 이메일과 음성 메일, 그리고 소셜 미디어를 확인해야 한다. 생각이 흘러가는 대로 내버려둘 시간을 스스로에게 허락하지 않는다. 그렇기 때문에 따로 시간을 마련해야 하는 것이다. 할 수만 있다면, 업무 중에 한 시간 정도 짬을 내서 매일 여러분의 두뇌가 날아다니도록 하자.

틀을 깨고 사고하기

자유로운 생각을 위한 휴식 시간 동안에 여러분은 어떤 생각을 할 것인가? 만약 해결해야 할 문제가 있다면, 그 시간 동안 생각해 보도록 하자. 다른 방식으로 질문을 던져 보자. 문제를 작은 조각들로 나누고, 그 조각들로부터 문제 해결을 시작해 보자. 이 시간 동안 집중해야 할 주제들을 정해 보자. 샤워를 하는 동안, 혹은 거리를 걷는 동안 나는 무엇에 대해 생각할 것인가?

어쩌면 지금 씨름하고 있는 중요한 질문이 없을 수도 있다. 그래도 생각이 이리저리 자유롭게 돌아다니고 헤매도록 내버려 두는 것은 건강에 도움이 되고, 기발한 아이디어로 이어질 수도 있다. 이를 위해, 먼저 자신의 마음속에서 사소한 근심들을 비워 내자. 그리고 지금 떠오르는 주제로 가득 채우자. 생각이 끌리는 방향으로 나아가자. 여러분은 획기적인 아이디어가 떠오를 공간을 마련하고 있는 것이다.

비즈니스 기회, 사회적 문제들을 들여다보는 창조적인 방식, 혹은 자신의 삶을 보다 충만하게 하는 방법을 포함하여 많은 최고의 아이디어들은 마음속에서 생각이 자유롭게 흘러가도록 내버려 두는 전적으로 무작위한 과정에서 모습을 드러낸다.

하지만 충격적이게도 내가 알고 있는 한, 우리는 어릴 적에, 그리고 어른이 되어서도 이러한 사고 기술을 배우지 못했다. 오히려 어른들은 아이들을 산만하다고 나무라거나, 집중력을 높이는 약을 처방한다. 하지만 우리는 창조적인 브레인스토밍과 의도적인 망상을 격려해야 한다. 우리의 성공을 뒷받침하고 있는 것은 미국적 창조성과 독창성이다. 이를 강화하려는 노력은 교육 시스템의 핵심이 되어야 한다.

어릴 적 나는 내게 아주 많은 시간을 허락했다. 흔히 말하는 〈자유로운 놀이〉는 내 오후 일과였다. 여러 가지 활동으로 일정이 꽉 차 있었던 적은 없었고, 오히려 그 반대였다. 침실 뒤에 있었던 정원은 매일 새로운 세상이 탄생하는 극장이었다. 잠들기 전에는 항상 오랫동안 몽상에 잠기곤 했다. 나는 내가 초능력을 가진 마술사라 상상했고, 그러한 초능력을 발휘해서 아랍과 이스라엘 사람들이 평화롭게 살도록 하는 꿈을 꾸었다. 꿈을 꾸는 힘, 즉 전통적인 지혜에 도전하는 새로운 여정을 상상하는 힘은 언제나 나를 들뜨게 했다.

브레인스토밍을 통한 아이디어: 뉴욕에 나타난 낙타

1996년 피스웍스가 마침내 뉴욕 시에 지중해식 스프레드 제품을 판매하기 시작하면서, 우리는 깜짝 점심 행사를 열기로 했다. 이를 위해 우리는 비즈니스 전략을 논의하기 위해 모인 전문가들의 집단인 자문 위원회의 회의 시간에 맞추어 행사 일정을 잡았다.

당시 우리 회사에는 대학원을 갓 졸업한 직원 두 명이 있었다. 나는 그들과 브랜드를 널리 알릴 수 있는 방법을 찾기 위해 브레인스토밍 시간을 가졌다. 그중 한 사람이 뉴욕 거리에서 낙타를 몰고 다니면서 사람들의 이목을 집중시키고, 언론의 관심을 끌어 보자는 좀 황당한 아이디어를 내놓았다. 사실 뉴요커들은 길거리에서 이상한 장면들을 마주하는 데 익숙했고, 그만큼 그들의 시선을 빼앗기는 힘든 일이었다. 그래도 우리는 과연 낙타를 가지고 사람들의 관심을 끌어당길 수 있을지 고민해 보기로 했다.

처음에 우리는 그 아이디어를 단지 웃긴 이야기로 넘기고 계속해서 브레인스토밍을 이어 나갔다. 하지만 브레인스토밍을 마무리하면서 그 시간에 거론되었던 아이디어들을 살펴보았을 때, 우리는 다시 한 번 그 아이디어에 주목하게 되었다.

나는 이렇게 말했다. 「낙타 이야기는 너무 황당하고 이상하게 들리기는 하지만, 어쩌면 그 방법이 통할지도 모르겠군요.」

결국 우리는 한번 도전해 보기로 했다. 우리가 처음으로 의뢰를 했던 곳은 이미 그날 낙타를 대여해 주었다고 했다. 나는 맨해튼에 실제로 낙타를 빌려주는 서비스가 존재할 것이라고는 상상조차 하지 못했다! 결국 우리는 1천 달러에 낙타를 빌려주겠다는 사람을 만날 수 있었다.

우리는 낙타와 함께 걸어갈 두 명의 배우를 뽑아서 우리 브랜드의 마스코트인 모셰와 알리 역할을 맡겼다. 하지만 전문 배우를 고용할 여건이 안 되었기에, 나는 스패니시 할렘으로 들어가 길 모퉁이에 서 있는 도미니카 출신의 멋진 두 남성에게 나의 모국어인 스페인어로 말을 걸었다. 그들에게 1인당 150달러를 주겠다고 제안했다. 우리는 그중 한 사람에게 전통 복장을 입히고 아랍식 머리 장식을 씌워 마법사 알리로 변장시켰고, 다른 사람에게는 파우더를 뿌려서 하얀 턱수염을 멋지게 그려 주는 동시에 요리사 복장을 입히고 큰 흰색 모자를 씌워 모세로 분장시켰다.

화려한 문양의 초대장을 만들었고, 또 다른 효과를 위해 그 안에 피타 브레드도 함께 넣었다. 당시 우리는 잃을 게 없었고 지켜야 할 명성도 없었기에, 고정 관념에서 과감하게 탈피할 수 있었다.

우리는 자문 위원회 중 한 사람인 벤 코헨에게 식품업계 사람들 백 명의 인사들을 초청했던 레스토랑 안으로 낙타를 끌고 걸어 들어가 달라고 부탁했다. 그는 수락했고, 〈모세 앤드 알리스: 세상에서 가장 달콤한 협력〉이라고 적힌 셔츠를 입었다. 그런데 벤이 행인들에게 샘플을 나누어 주려고 할 때마다 낙타는 그의 손에서 먹잇감을 잽싸게 낚아채 버렸다. 벤 앤드 제리스로 유명한 코헨이 자갈로 포장된 트라이베카 거리를 걸어가는 동안, 낙타는 계속해서 그의 손에서 샘플을 빼앗아 먹었다.

하지만 그 덕분에 우리는 언론에 더 많이 노출이 되었다. 우리 이야기는 「뉴욕 타임스」에 실렸고, 그날 저녁 TV를 틀었을 때, 하루의 소식들을 간추려 보도하는 지역 뉴스 프로그램인 폭스의 「마이뉴트Minute」에서 우리의 모습을 볼 수 있었다. 내게 그것은 대단한 일이었고, 그 뒤로 주문이 이어졌다.

만일 우리가 좀 황당한 아이디어들을 그저 미친 생각이라고 치부해 버렸더라면, 이러한 일은 절대 일어나지 않았을 것이다.

카인드의 브레인스토밍 과정

카인드는 브레인스토밍 시간을 진행하고 새로운 아이디어들을 걸러 내는 실질적인 단계를 마련해 놓고 있다. 첫째, 달성하고자 하는 궁극적인 목표에 대해 신중하게 고민을 하고, 전술적인 문제로 목표에 혼란을 주지 않도록 주의한다. 둘째, 마음대로 활용할 수 있는 모든 자산과 도구 들을 빠짐없이 목록으로 작성한다. 셋째, 상상을 시작한다. 아이디어를 자극하기 위해 공식적인 목표는 물론 기존의 자산과 도구 들까지 활용해야 하지만, 그것은 생각을 제한하기 위해서가 아니라, 창조적 샘물이 마구 흘러넘치도록 하기 위한 것이라는 점을 스스로에게 상기시킨다.

창조적 브레인스토밍 과정, 그리고 이에 따르는 분석 평가 과정을 따로 구분하는 것이 무엇보다 중요하다. 상상의 나래를 펼치는 동안에는 어떤 필터로도 방해를 해서는 안 된다. 예를 들어, 비용 문제나 생산 효율성과 같은 다양한 실무적인 사안들이 창조적인 흐름을 가로막도록 내버려 두어서는 안 된다. 다른 사람들의 의견을 비판하거나, 왜 그것이 실패할 것인지 분석의 칼날을 드러내서도 안 된다. 〈아뇨〉, 〈안 될 겁니다〉, 〈현실적으로 생각합시다〉, 〈말도 안 돼요〉와 같은 말들, 그리고 여러 가지 다양한 거절의 표현들은 이 단계에서 사라져야 한다.

일단 창조적인 아이디어들을 모두 다 내놓았다면, 다음으로 우리는 현실성, 비용, 목표 소비자층의 예상된 반응, 브랜드 일관성, 시간, 성공 가능성, 투자 수익률 등 적절한 기준들을 통해서 하나씩 걸러 낸다.

우리는 이러한 기준을 적용함으로써, 목표를 가장 효과적으로 달성할 것으로 보이는 아이디어들을 순서대로 나열한다. 일반적으로 이러한 과정을 통해 전반적인 개념을 정하고 난 뒤, 우리는 그 과정을 반복하면서 우리가 선택한 개념과 아이디어 안에서 보다 구체적인 방식으로 브레인스토밍을 다시 시작한다. 서너 차례 브레인스토밍 시간을 가지며 최고의 아이디어를 결정하기 위해 점점 더 집중력을 높여 가는 과정은 우리에게 그리 낯선 일이 아니다.

필터가 필요한 이유

편안한 브레인스토밍과 몽상은 꼭 필요한 것이기는 하지만, 자신과 자신의 아이디어에 대한 비판적인 사고 역시 빠트려서는 안 되는 항목이다. 아이디어를 제시할 때에는 스스로에게 순진함을 허락해야 한다. 하지만 그러고 난 다음에는 앞서 언급한 기준들을 적용함으로써 스스로를 그러한 순진함으로부터 지켜 내는 노력도 중요하다.

어떤 아이디어들이 효과가 있을지 예측하기 힘들 때가 있다. 그렇기 때문에 우리는 다른 사람들에게 조언을 구해야 한다. 사업을 시작했던 초창기 시절, 다행스럽게도 우리 직원들은 내가 내놓은 현실성 없는 아이디어에 대해 그들의 솔직한 생각을 말해 주었다. 그때 나는 뉴욕 시에 피스웍스 카페를 만들어, 그곳에서 후원자들이 노숙인들을 초대하여 식사할 수 있도록 하고 싶었다. 이 아이디어의 핵심은 카페를 찾은 사람들이 자연스럽게 노숙인들을 만나고, 대화를 통해 그들의 처지에 대해 더 깊이 이해하고, 더 많은 동정심을 느끼도록 하겠다는 것이었다.

우리 직원들은 의도는 좋지만 현실성이 떨어진다고 지적했다. 얼마나 많은 사람들이 노숙인은 말할 것도 없이, 모르는 사람 옆에 앉아서 돈을 내고 식사를 하려고 하겠는가? 남에게 도움을 받아서 식사를 하길 원하는 노숙인들은 또 어떻게 찾을 것인가? 실패가 뻔한 일이었다. 이상은 좋지만, 과하면 자멸을 초래한다.

그렇기 때문에 이사회와 투자자들을 우리 자신의 아이디어를 검증하기 위한 소중한 기준으로 삼아야 한다. 내 친구 마틴 바르사브스키는 14개의 벤처 기업을 시작해서 잇달아 성공을 거두었고, 지금까지 수십억 달러의 가치를 만들어 낸 인물이다. 마틴은 외부 투자자를 끌어들이지 않고서는 절대 새로운 사업을 시작하지 않는다. 한번은 그에게 그 이유를 물어보았다. 그의 대답은 이랬다. 「그들의 관여가 내 아이디어를 타당하게 해주고, 내가 자기기만에 빠질 위험을 낮춰 주니까.」 그러고는 이렇게 덧붙였다. 「새로운 아이디어에 돈을 투자하도록 그들을 설득하지 못한다면, 나 역시 투자할 가치가 없다는 의미지.」

그렇다고 반대를 위한 반대가 항상 필요하다는 말은 아니다. 비록 나는 마틴만큼 엄격하지는 않지만, 분명하게도 모든 회의주의자들에게 맞서는 용감한 투자자들의 가치를 믿는다. 그래도 마틴이 말한 기준에 대해 생각해 볼 필요가 있다. 우리는 다른 사람들이 왜 우리 자신의 아이디어에 대해 부정적으로 이야기하는지 들여다볼 필요가 있다. 나의 경험 법칙은 이렇다. 이사회의 반대를 무시해서는 안 되지만, 그들의 많은 질문에 진지하게 대답을 제시할 수 있다면 가능하다는 것이다. 진정한 혁신은 창조성과 순진함(내면의 직관에 귀를 기울이고, 회의주의에 맞서는 능력) 모두가 있어야 가능한 일이다.

엉뚱함의 가치

브레인스토밍을 하는 동안에는 모든 아이디어들을 기록하고, 그리고 소중하게 여겨야 한다. 새로운 아이디어들은 다른 사람들에게 도약의 발판이 되어 준다. 엉뚱하고 어리석은 아이디어처럼 느껴진다고 해서 다른 사람들에게 내놓지 않는다면, 우리는 그것을 진정으로 검증해 볼 수 없을 것이다.

가장 엉뚱한 순간이 때로는 진정한 혁신으로 이어지기도 한다. 특별 식품 유통 업체인 스튜 레너스의 구매 담당자에게 전화를 하고 몇 달이 흘러, 나는 그가 내게 다시 전화를 걸도록 하기 위해서는 무언가 창조적인 것을 제안해야 한다는 생각을 하게 되었다. 몇 번의 음성 메시지를 남기고 나서, 나는 그에게 우리 제품이 팔리지 않으면 그의 자동차를 직접 세차해 주겠다는 제안을 했다. 마침내 그에게서 전화가 걸려왔고, 한번 해보겠다며 웃음을 지었다. 「그런 제안을 한 사람은 당신이 처음이었습니다.」

나는 일본에서 엉뚱한 아이디어의 가치를 배우게 되었다. 대학을 졸업한 그해 여름에 나는 미국 고객 업체들에게 일본 시장 점유율을 늘리기 위한 전략을 제시하는 컨설팅 업체인 재팬 카운슬러스에서 일하게 되었다. 내가 맡은 업무는 회사의 〈영어〉 서류들을 번역 및 편집하고, 일본 직원들에게 영어를 가르치는 일이었다. 지금까지도 나는 그 직원들이 강한 멕시코 억양으로 영어를 할 때 주변 사람들의 반응이 어땠을지 궁금하다.

나의 일본계 미국인 상사는 내게 일본 문화와 홍보 업무에 대해 많은 것들을 가르쳐 주었다. 재팬 카운슬러스는 기발한 행사로 널리 알려져 있었다. 그들은 홀스 멘토립투스 목캔디로부터 후원을 받아서 가장 고함을 크게 지르는 사람을 뽑는 대회를 주최하거나, 혹은 쉬크 면도기로부터 협찬을 받아서 턱수염을 가장 멋지게 기른 사람을 선발하는 대회를 열었다.

그중에서도 내가 제일 좋아했던 것은 레이드 살충제로부터 후원을 받아서 했던 대회로, 그 목표는 일본에서 가장 큰 바퀴벌레를 찾는 것이었다. 그들은 사무실의 한 공간에다가 참가자들이 우편으로 보낸 끔찍하게 생긴 바퀴벌레들을 보관해 두었다. 마케팅 캠페인이 유별날수록, 언론들은 그것을 더 많이 다루어 주었다. 이를 통해 나는 언론의 힘, 그리고 이야기를 전달하는 창조성의 힘에 대해 새롭게 눈을 뜨게 되었다.

순진함은 창조성에서 매우 중요하다. 자신의 계획이 불가능하고, 현실적이지 못하고, 혹은 성공 가능성이 없다는 사실을 알지 못하는 것이 더 좋을 때가 있다. 그러한 정신적 한계가 없을 때, 우리는 다양한 방식으로 고민을 하게 되고, 결국 자신의 아이디어를 실현할 수 있는 방법을 발견하게 된다. 어쨌든 해답이 뻔히 보이는 경우라면, 다른 사람들도 이미 그 방법을 시도해 보았을 것이다.

현실 가능성보다 창조적 사고가 더 중요하다는 사실을 잘 보여 주는 한 가지 사례로, 식품 산업 분야의 최대 전시회인 미국 서부 자연식품 박람회에서 우리가 보여 주었던 마케팅 캠페인을 들 수 있겠다. 최근 카인드는 이 박람회에 매년 참가하고 있으며, 거기서 뚜렷한 존재감을 드러내고 있다. 하지만 초창기 무렵 우리의 행사 부스는 보잘것없었다.

부스의 규모가 작은 경우, 게릴라 마케팅 전술이 필요하다. 우리가 했던 방법은 거기 있던 모든 사람들이 우리의 마케팅 캠페인에 참여하도록 하는 것이었다. 이를 위해, 전시회에 입장한 관객들이 카인드 로고가 들어가 있는 티셔츠를 입도록 했다. 우리는 수천 장의 티셔츠를 제작했고, 전시회장에서 그 옷을 입고 돌아다니는 조건으로 최대한 많은 사람들에게 나누어 주었다. 그리고 참가자들을 위해 보물찾기와 같은 재미있는 행사도 마련했다. 참가자들은 카인드 제품을 발견하거나 다른 누군가에게 친절한 행동을 해서 도장을 받는다. 충분한 개수의 도장을 받아 오면 티셔츠를 선물로 받고, 사람들의 꿈을 이루어 주는 빅 카인드 액트Big KIND Act와 같은 또 다른 과제에 도전할 수 있었다. 또한 전시회장을 돌아다니면서 받게 되는 수많은 샘플과 자료들을 담을 수 있도록 카인드의 로고가 들어간 가방도 나누어 주었다. 우리의 규모는 작았지만 존재감은 작지 않았다. 카인드가 혁신적이고 매력적인 브랜드라는 사실뿐 아니라, 우리가 벌인 게릴라 마케팅 전략 때문이었다.

우리의 전략은 놀랄 만큼 효과가 좋았고, 지금은 하나의 전통으로 자리를 잡았다. 매년 수많은 카인드의 열성 팬들이 전시장을 가득 메우고 있으며, 카인드의 티를 입고 돌아다니면서 카인드의 간판으로 활동하고 있다.

나의 일에서 미친 아이디어가 차지하는 역할은 아무리 강조해도 지나치지 않다. 사실 우리가 내놓은 최고의 아이디어들은 처음에 모두 이상한 것으로 취급을 받았다. 가령, 견과류와 과일을 통째로 넣어서 만든 바, 투명한 포장재, 그리고 비즈니스를 중심으로 아랍과 이스라엘 사람들을 하나로 묶겠다는 아이디어 모두가 그랬다. 내가 이스라엘과 아랍 사람들 사이의 경제적 협력을 주제로 논문을 쓰려고 했을 때, 내 지도 교수는 나를 머리가 좀 이상한 사람으로 보았다. 내가 했던 중요한 일들은 모두 이처럼 미친 아이디어로부터 시작되었다. 나중에 성공을 거두고 나서야, 그 아이디어들은 당연한 생각처럼 대접을 받을 수 있었다.

아이디어를 자극하기

몇 년 동안 기존의 가정에 질문을 던지고 난 뒤, 우리 직원들은 특정한 사안을 집요하게 파고드는 나의 접근 방식을 놀리고 있다. 그들은 이를 멕시코식 연구 방법이라고 부른다. 사실 모든 사안에 대해 반대 입장을 취하는 것이야말로 나의 접근 방식이다. 나를 잘 알지 못하는 직원들은 아마도 내가 특정한 관점을 지지하고 있다고 생각할 것이다. 그러나 나는 모든 주장에 의문을 품고, 잘못된 전제를 밝혀냄으로써 진실을 발견하고, 그리고 가치를 높이기 위한 절호의 기회를 찾아내기 위해 노력한다. 내가 생각하는 이상은, 아무도 반론을 개인적인 공격으로 느끼지 않고, 모두가 편안하게 나와 다른 사람들의 주장에 도전할 수 있는 건전한 토론 문화를 구축하는 일이다.

우리는 모든 사람들의 기여를 환영하는 진정한 문화를 강화하기 위해 노력하고 있다. 이를 위해, 나는 언제나 내가 실수했던 부분을 강조하고, 우리 직원들이 어떻게 내 마음을 바꾸어 놓았는지, 혹은 내가 처음에 반대했지만 더 좋은 것으로 판명난 아이디어를 어떻게 생각해 냈는지 언급한다. 예를 들어, 페이스북이 한창 성장할 무렵, 우리 마케팅 부서의 에리카 블리스 패트니와 엘르 래닝은 많은 팬들이 우리의 페이스북 페이지에 가입하도록 적극적으로 노력해야 한다고 지적했다. 하지만 나의 본능적인 반응은 이랬다. 〈왜 우리가 다른 회사의 네트워크를 구축해 주어야 합니까? 우리도 자체적으로 웹 사이트를 만들면 어떨까요? 왜 우리의 미래를 다른 사람의 손에 맡겨야 합니까?〉

그러나 내 생각은 틀렸다. 카인드 무브먼트를 위해 노력하는 과정에서, 나는 페이스북의 인증(정체성에 대한 공동체의 승인)을 통해 우리가 스스로 만들어 낼 수 없는 엄청난 가치를 더할 수 있다는 사실을 깨달았다. 이제 여러분은 이메일 인증이나 페이스북 계정을 통해서 카인드 운동에 참여할 수 있다.

주요한 재발명

사람들은 신제품 개발이나 마케팅 캠페인이 혁신을 위한 주요한 도구라고 생각한다. 하지만 기업들은 틀에서 벗어나 생각하고, 기존의 가정에 질문을 던지는 것이 일상적인 업무에 얼마나 중요한 것인지 과소평가하는 경향이 있다. 그 주된 이유는 오랫동안 똑같은 방식을 그대로 따랐기 때문이다. 사람들은 매일 똑같은 방식으로 일을 처리하는 데 익숙해져 있다. 그러나 기술이나 사회, 혹은 여러분이 활동하고 있는 비즈니스 분야에서 일어나고 있는 다양한 변화들은 새로운 업무 방식을 강요하고 있다. 기존의 관행들에 대해 생각해 보는 시간을 갖기 전에는 그러한 상황을 깨닫기 힘들다.

주요한 〈재발명〉(앞서 설명했듯이 영구적인 신생 기업 문화에 기반을 둔)은 기업 내부에서 원래의 발명과 혁신만큼이나 중요하다. 카인드 사람들의 목표는 업무의 모든 측면에 끊임없이 질문을 던짐으로써, 이제는 쓸모가 없어진 관행들이 관성적으로 실행되는 일이 없도록 하는 것이다. 우리는 6개월 단위로 모든 부서에 걸쳐 효과가 있었던 일과 그렇지 못한 일들을 검토하고 있다. 이를 통해 모든 구성원들은 전략과 전술에 대해 끊임없이 질문을 던지고, 솔직한 분석을 바탕으로 자신의 성과를 평가하게 된다.

절차의 혁신을 잘 보여 주는 사례로, 카인드가 온라인 매출을 시작하게 되었던 과정을 한번 살펴보도록 하자. 우리가 카인드를 설립했던 당시에 식품 시장에서 온라인 판매는 실질적으로 존재하지 않았다. 일부 식품 브랜드들이 그들의 웹 사이트에 전자 상거래 프로그램을 갖추고 있기는 했지만, 그것은 실질적인 매출을 위한 것이라 기보다 호기심에 가까운 것이었다.

나는 쉽게 상하는 식품을 온라인으로 판매하는 방식에 대해 다소 회의적인 생각을 갖고 있었다. 반면, 상온 보관이 용이한 식품들, 특히 배송에 많은 비용이 들지 않는(무게와 부피에서 상대적으로 비용 효율적인) 제품들의 온라인 판매는 급격히 증가할 수 있을 것이라 확신하고 있었다. 더욱 중요한 것으로, 당시 카인드 바는 소비자들에게 일종의 습관적인 제품으로 자리를 잡았다. 카인드 바를 처음으로 맛본 사람들은 이후에 종종 반복 구매를 했다. 가장 충성스러운 카인드의 고객들은 하루에 두 개의 카인드 바를 먹었고, 일주일에 여러 개를 구매하는 소비자들도 많았다. 우리가 온라인으로 제품을 판매할 수 있다면, 소비자들은 대단히 편리하게 느낄 것이고, 우리 제품은 사람들의 라이프스타일 속으로 계속해서 침투해 들어갈 것이었다.

초기에 나는 항상 존경하고 있었던 이사회 멤버들의 많은 반대에 부딪혔다. 오프라인 시장에서 바타민워터를 성공시켰던 마이크 리폴은 기껏해야 전체 매출에서 1퍼센트에 불과한 온라인 판매를 위해 나의 소중한 시간과 기업의 자원을 낭비하고 있다고 생각하고 있었다.

그래도 나는 뜻을 굽히지 않았다. 나는 가장 충성스러운 고객들이 저마다 서로 다른 주기로 자동적으로 제품을 받아볼 수 있도록 하는 플랫폼을 개발하고자 했다. 이제 카인드 어드밴티지는 우리 웹사이트인 KindSnacks.com를 통해서 대량으로, 그리고 매장보다 훨씬 낮은 가격으로 제품을 무료 배송하는 서비스를 실시하고 있다.

우리는 끊임없는 혁신을 통해서 다양한 맛의 제품들을 번갈아 배송하고, 친구에게 선물을 보내는 기능을 추가하고 새로운 소비자에게 카인드 공동체를 소개해 준 것에 대해 보상을 제공하는 등 보다 탄력적인 서비스를 제공하고 있다. 그러나 적어도 내가 가장 중요하게 여기는 것은, 카인드 어드밴티지 회원들을 대상으로 깜짝 선물을 발송하고 있다는 것이다. 새로 출시된 제품들을 그들에게 선물함으로써, 우리는 그들의 충성에 감사를 표현하고 있다. 우리는 그들의 반응을 적극적으로 반영하고 있으며, 그들 모두를 가장 중요한 홍보 대사로 여기고 있다.

이러한 우리의 끈질긴 노력은 성공을 거뒀다. 온라인 판매(카인드 웹 사이트, 그리고 다른 업체들의 웹 사이트를 통해서)는 우리의 핵심적인 판매 채널로 자리를 잡았다. 지난 몇 년 동안 온라인 매출은 카인드의 전체적인 성장세를 크게 앞질렀고, 지금은 전체 매출의 10퍼센트에 가까운 비중을 차지하고 있다. 현재 아마존은 우리의 20대 고객 업체들 중 하나며, 아마존 임원들의 말에 따르면, 〈카인드〉는 지난 2년 동안 아마존 사이트에서 식품과 관련하여 가장 자주 등장하는 검색어 10위에 꾸준히 이름을 올리고 있다.

카인드 투명 포장지의 기원과 독창성

나는 종종 어떻게 안이 훤히 들여다보이는 포장지를 선택하게 되었는지에 대해 사람들로부터 질문을 받곤 한다. 당시 미국 시장에서는 왜 아무도 영양 바, 혹은 건강 스낵 바 제품에 투명 포장지를 사용하지 않았던 걸까? 그러한 생각 아래에 깔려 있던 기본적인 가정은 무엇이었을까? 우리는 어떻게 그 가정을 카인드에 적용해서는 안 된다고 생각하게 되었을까?

7장

투명성과 진정성

열린 의사소통의 가치

영양 바 시장에서 우리는 어떻게 투명한 포장지를 선보이게 되었을까? 돌이켜 보건대 그 결정은 당연한 것이었다. 그것은 견과류와 과일을 통째로 사용한 수준 높은 기술을 그대로 보여 주기 위함이었다. 하지만 놀랍게도, 그 대답은 우리가 이 문제로 고민하고 있었을 당시에는 그리 분명해 보이지 않았다. 우리는 오랫동안 논의했다. 당시의 전통적인 지혜는 양식에 맞춘 불투명한 포장지에 강렬한 색깔을 입혀서 실제 제품을 가리는 것이었다. 나는 이런 이야기를 들었다. 〈진짜 성분으로는 마케터들이 이상적으로 연출한 이미지와 겨룰 수 없다.〉 호주와 같은 몇몇 국가들에서 투명한 포장지를 사용하고는 있었지만, 비용이 더 많이 들고, 제품을 돋보이게 하거나 재료를 보호하기 힘들었다. 미국 시장의 모든 주요 스낵 바 제조 업체들은 슬래브 바를 만들었고, 종종 특정한 맛을 내는 합성물로 코팅을 했기 때문에(외관상으로 그대로 팔리기 힘든 상태), 아무도 제품의 신선도 또한 높일 수 있는 투명 포장 기술에 군이 투자를 하려고 들지 않았다.

우리는 아무도 제품 자체를 바라보지 않는다는 잘못된 가정에 도전하기로 했다. 우리는 소비자들이 영양이 풍부한 성분들을 통째로 사용하는 방식을 특히 선호한다는 사실을 이미 알고 있었다.

또한 우리는 제품의 산화를 막고, 적절한 습도를 유지하도록 밀봉하기 위한 포장 기술을 개발했다. 이를 위해, 우리는 포장 전문가들과 손을 잡고 그들의 생산 기술을 들여왔다. 수년간에 걸쳐, 우리는 진보된 포장 기술을 모색하고 최적화했다.

우리는 인쇄 포장의 외형에 관한 기존의 지혜에도 도전했다. 통째로 집어넣는 견과류와 말린 과일을 강조하기 위한 포장지를 개발하기 위해, 우리는 그 주인공인 원재료를 돋보이게 하는 가장 단순한 디자인을 필요로 했다. 우리는 제안받은 수많은 디자인들을 면밀히 검토했고, 에너지가 폭발하거나 역동적인 시각 효과, 혹은 아이콘이나 직인, 상징, 질감에 따른 추가적인 특성들은 모두 거부했다. 우리에게는 모든 단계가 중요했다. 포장지를 디자인할 때, 당연하게도 무한한 선택에 직면하게 된다. 우리는 우리가 추구하는 미니멀리즘 미학 때문에, 신중하게 고민한 뒤 디자인을 결정해야 했다.

〈솔직한〉 브랜드라는 것과 의미가 연결되도록, 우리는 포장의 모든 형태가 직선이어야 한다고 결정했다. 곡선은 없다. 원도 없다. 실제로 우리의 웹 사이트를 방문하거나 포장지를 살펴본다면, 원이나 곡선을 찾아보기 힘들 것이다.

모든 측면에 걸친 투명성

주로 투명한 포장지 덕분에 투명성과 진정성은(말 그대로 투명한) 우리 소비자들이 카인드와 더불어 가장 쉽게 떠올리는 가치가 되었다. 우리를 가장 잘 아는 사람들은 투명성과 진정성이야말로 우리가 하는 모든 일의 핵심이라는 사실을 이해할 것이다. 우리는 제품의 이름과 단순한 디자인, 그리고 마케팅을 통해서 이와 같은 가치를 전달하고 있다. 겉으로 잘 드러나지는 않지만, 우리는 또한 카인드 팀과 전략적인 파트너들과의 열린 의사소통을 강화하고, 우리가 잘못한 것들을 숨김없이 밝히고, 그리고 직원들을 〈해고〉하기보다 업무를 변경하는 방법을 활용한다. 이러한 진정성의 문화를 받아들이기 위해 우리는 어느 정도 위험을 감수해야 하지만, 그래도 전체적으로 봤을 때 이러한 문화는 우리 조직을 더욱 강하게 한다.

우리는 모든 마케팅 활동에서 진정성을 확보하기 위해 노력하고 있다. 예를 들어, 포장 디자인에서 정형화됐거나 낭만적으로 만들어진 이미지를 가급적 피하고 있다. 내가 생각하기에, 오늘날 소비자들은 이미 제품 이미지가 실제로 포장 안에 들어 있는 실물과 같을 것이라고 믿지 않게 되어 버렸다. 그러한 기대는 항상 실망으로 이어지기 마련이다. 그래서 우리는 최대한 이미지 사용을 피하고 있다. 진열대에서 제품 이미지를 보여 주어야 하는 드문 경우에도 우리는 포장지에 담긴 제품의 실제 사진만을 사용했다. 더불어 소비자들이 이미지와 동일한 제품을 구매하고 있다고 신뢰할 수 있도록 실제 제품에 충실한 이미지를 사용하기 위해 지속적인 노력을 기울이고 있다.

같은 맥락에서, 창조적 충동을 억누르는 한이 있더라도 우리는 직접적인 이름을 사용하고 애매모호한 방식은 피하고 있다. 예를 들어, 초콜릿과 너트, 그리고 체리로 만든 제품의 이름을 블랙 포리스트 케이크 슈프림Black Forest Cake Supreme이나 여러 다양한 용어들의 혼합이 아니라, 다크 초콜릿 체리 캐슈Dark Chocolate Cherry Cashew라고 정했다. 오늘날 소비자들은 이러한 명칭을 당연한 것으로 받아들이고 있지만, 2004년에는 다른 경쟁자들이 디저트나 다른 달콤한 음식의 이미지를 연상하게 하는 교묘한 마케팅 표현들을 사용하고 있었기 때문에, 당시로서는 다소 과감한 선택일 수밖에 없었다. 하지만 우리는 소비자들이 우리 제품을 선택할 때, 그들이 무엇을 먹게 될 것인지 정확하게 이해시키고 싶었다.

지나치게 직접적인 방식에는 불이익이 따르게 된다. 법적인 보호를 받기가 더욱 힘들기 때문에, 경쟁자들은 더 쉽게 우리 제품의 이름을 베낄 수 있다. 가령, 크랜딜리셔스 아몬디니는 상표 등록이 충분히 가능하지만, 크랜베리 아몬드는 힘들다. 그러나 분명하게도, 솔직하고자 하는 우리의 선택은 신선한 공기를 들이마시는 경험으로 사람들에게 다가가고 있다. 즉, 소비자들은 이제 복잡하고 당황스러운 것에 지쳤다. 물론 이러한 직접적인 접근 방식이 모든 브랜드들에게 효과를 발휘하는 것은 아니다. 어쩌면 브랜드 이미지를 지루하고 평범하게 만들 위험도 있다. 하지만 우리 브랜드에는 분명한 도움을 주었다. 카인드는 식품 산업 내부에서, 그리고 영양학자와 의사, 요리사, 유행 선도자들에게서 많은 인정과 높은 평가를 얻고 있다. 그리고 우리는 소비자들의 높은 충성도를 기반으로 조직적인 성장을 이어 나가고 있다. 소비자들은 우리의 가치 제안(단순함, 최소 가공, 인공적인 성분 배제, 교묘함과 속임수를 멀리하는 직접적인 마케팅)에 대해 진정성이 느껴진다는 반응들을 종종 전해 주고 있다.

이러한 수준의 투명성은 내 자신의 특성들 중 한 가지, 즉 의사소통을 할 때 두드러지게 드러나는 직접성, 혹은 솔직함과 조화를 이룬다. 여기에도 역시 장단점이 있기는 하지만(내가 듣는 이야기처럼!), 그래도 나는 투명한 문화, 그리고 우리 직원들 사이에서는 물론, 거래 파트너와 소비자들과 함께하는 열린 의사소통에 보상을 제공하는 문화를 창조하고 있다는 데 자부심을 느낀다. 나는 우리 공동체가 이러한 문화를 인정하고 있다고 생각한다. 그리고 시장에서도 공감대를 형성하고 있다고 믿는다.

진정성이 중요한 이유

진정성이란 또한 우리가 누구이고, 무엇인지를 받아들이고, 자신을 뭔가 다른 존재로 묘사하지 않도록 자아에 대한 확고한 인식을 갖는 일이다. 여러분에게 진정함이 있다면, 자신의 다른 모습을 사람들에게 보여 주고 싶은 충동을 쉽게 흘려보낼 수 있을 것이다. 자신의 강점과 약점을 솔직하게 받아들이고, 자신의 실수를 인정하는 자세는 대단히 중요하다. 마케팅 활동을 할 때는 항상 매출에 도움이 되는 특성들을 강조해야 하지만, 자신을 이루고 있는 핵심으로부터 멀어지지 않도록 주의해야 한다. 하나의 브랜드로서는 물론, 한 사람의 리더로서 자신에게 솔직한 태도를 간직하고 있다면, 사람들은 여러분이 추구하는 바를 더 쉽게 이해하고, 여러분을 더 존경하게 될 것이다.

진정성은 완벽함이 아니다. 사람들은 완벽하다고 주장하는 거짓 브랜드보다, 한계를 인정하는 진정한 브랜드를 선택할 것이다. 진정성은 끊임없는 추구다. 성장을 거듭하는 동안, 우리는 언제나 진실과 투명성, 그리고 진정성을 잃어버리지 않게 주의를 기울이고 있다.

진정성은 소비자들이 브랜드의 약속을 〈믿게끔〉 하는 가치다. 진정성이 있을 때, 그리 크게 떠들어 대지 않아도 여러분의 브랜드는 이름을 널리 알리게 될 것이다.

여러분이 존경하는 브랜드를 떠올려 보자. 그러한 브랜드들은 확고하고 신뢰를 주는 정체성을 지니고 있을 것이다. 그들이 신제품을 출시할 때, 비록 그 제품이 새로운 맛을 담고 있고, 그리고 다른 카테고리 안에서 경쟁하고 있다고 하더라도, 여러분은 그 제품에게서 특정한 기대를 하게 될 것이다.

과장과 속임수 피하기

사회적 사명을 추구할 때, 우리는 공동체를 위한 사업을 어떻게 포지셔닝 할 것인지에 대해 특히 겸손해야 할 필요가 있다. 카인드 사람들은 사회적 사명을 이야기하는 과정에서 최대한 투명성과 진정성을 높이고자 한다. 나는 〈이 제품을 사면, 아이의 생명을 살릴 수 있습니다〉라는 말을 들을 때, 깜짝 놀라게 된다. 영양 바나 스웨터를 구매하면 누군가의 생명을 살릴 수 있다는 주장은 과장되고, 문제를 지나치게 단순화한 것이다.

사업 초기에, 한 직원은 내게 우리가 이렇게 말해야 한다고 주장했다. 「말린 토마토 스프레드 병을 구매하면 중동에 평화의 물결을 일으킬 수 있습니다.」 하지만 나의 대답은 이랬다. 「그렇게 말할 수는 없어요. 그것은 솔직하지 못한 겁니다.」 나는 우리가 사실만을 전달해야 하고, 피스웍스 제품들은 분쟁 지역에서 살아가고 있는 주민들 사이의 경제적 협력을 이끌어 내기 위한 것이라고 설명했다. 우리는 자신의 상황을 과대 포장하고, 사람들에게 자신의 제품을 구매함으로써 어려운 갈등의 문제를 해결할 수 있다고 주장하고 싶은 욕망을 경계해야 한다. 과장은 우리 주변에 너무도 만연해 있고, 이는 올바르게 일을 하고자 노력하는 사람들에게 많은 피해를 입힌다. 이제 소비자들은 쉽게 속지 않으며, 그러한 주장이 거짓임이 드러날 때, 그들 자신의 기업뿐만 아니라 겸손한 자세로 올바른 방향으로 나아가고 있는 다른 많은 기업들에 대한 믿음도 떨어지게 된다. 신뢰를 구축하기 위해서, 가급적 말은 적게, 그리고 실행은 많이 해야 한다.

1 + 1 비즈니스 모델로 사람들의 많은 관심을 끌고 있는 기업들은 과대 광고를 하지 않고, 투명성과 진정성을 지키는 것이 중요하다는 사실을 잘 이해하고 있는 듯하다. 가령, 신발을 판매하는 탐스는 신

발 한 켤레를 사면 가난한 사람에게 또 다른 한 켤레를 기부할 수 있다는 1 + 1 기부 아이디어를 바탕으로 그 전반적인 흐름을 창조했다. 비록 우리의 비즈니스 모델은 아니지만, 적어도 내가 알기로 탐스는 객관성과 구체성에 신중함을 보이고 있다. 그들의 경제학은 분명하게도 신발 한 켤레의 소비자 가격 안에서 움직이고 있다. 안경을 판매하고 있는 와비 파커 역시 비슷한 일을 하고 있다. 그들은 안경의 소비자 가격 안에서 또 다른 안경 하나를 기부할 수 있는 비즈니스 모델을 구축했으며, 겸손하고 진지한 사명, 그리고 미학적 우수성과 경쟁력 있는 가격 사이에서 균형을 유지하는 탁월한 재능을 드러내고 있다.

몇 년 전 우리도 카인드 바를 하나 구매할 때, 배고픈 사람들에게 제품을 나누어 주는 직접적인 상호 관계 모델에 대해 고려한 적이 있었다. 우리는 그 아이디어가 마음에 들었고, 바 제품을 하나 판매할 때마다 식사나 영양 식품 세트를 기부하는 방식에 대해서 많이 고민했다. 그 모델을 실행에 옮겼다고 하더라도, 우리는 〈생명을 살릴 수 있다〉고 주장하지는 않았을 것이다. 하지만 더 겸손하고, 덜 과장스럽게 이야기를 한다고 하더라도, 그 경제학은 애초에 우리로서는 실행 가능하지 않은 선택이었다. 영양 식품 세트는 하나에 29센트 정도가 들었고 적절한 형태의 식사에는 더 많은 비용이 들었다. 매장 및 유통 마진을 더한 다음에, 추가적인 비용까지 각각의 제품에 포함시킬 경우, 결국 카인드 바의 소비자 가격은 경쟁자들의 제품에 비해 1달러나 비쌌다.

광고에 대한 신뢰 Vs. 얄팍한 마케팅

많은 소비자들이 식품 산업 내에서 드러나고 있는 과장과 속임수에 지쳤다. 하지만 이러한 상황은 투명함과 진정성을 추구하는 기업들에게 기회가 되고 있다.

기업들이 그들의 제품을 시각적으로 묘사하는 다양한 방식에 대해 생각해 보자. 소비자들은 대부분 광고 속 이미지들이 모두 보정 작업을 거친 것이라는 사실을 잘 알고 있기 때문에, 그 이미지를 곧이곧대로 믿지 않는다. 그리고 TV 속 음식은 포장지에 매력적인 사진으로 실려 있는 맛난 음식이 아니라 우주 비행사들의 식량에 더 가까울 것이라고 생각한다.

진정성은 기업이 판매하고 있는 제품에 관한 주장으로도 이어진다. 그리스 요구르트 열풍은 이러한 점을 잘 보여 주고 있다. 그리스와 터키 지역에 널리 퍼져 있는 여과 요구르트는 정당한 이유로 미국 시장에서 유행했다. 영양 성분들이 그대로, 그리고 밀도 있게 들어 있기 때문에, 이 제품들은 놀라운 영양적 특성을 갖추고 있다.

일부 브랜드들은 그리스 요구르트 맛이 나지만, 실제로 그리스 요구르트와는 무관한 코팅 기술을 활용하여 제품을 개발함으로써 그리스 요구르트 열풍에 뛰어들고 있다. 그 달콤한 코팅 성분은 프로바이오틱 특성이나 단백질을 포함하고 있지 않으며, 기본적으로 설탕에 불과한 것이다. 이러한 비도덕적인 방식에도 불구하고, 마케터들은 그들의 사탕이나 바가 〈그리스 요구르트〉로 만들어져 있다고 자랑함으로써 소비자들을 계속해서 현혹하고 있다. 그중 일부는 단백질 성분에 대해서도 광고를 하고 있지만(실제로 그리스 요구르트는 양질의 단백질 원천이다), 그 단백질이 그리스 요구르트에서 온 것이 아니며(실제로 그리스 요구르트를 사용하지 않았기 때문에), 분리 콩단백과 같이 후가공 과정에서 첨가된 성분들이라는 사실은 밝히지 않는다. 그들은 그리스 요구르트 맛이 나는 화합물들을 사용하고 있음에도, 포장지를 통해서 소비자들이 그리스 요구르트와 건강식품 사이의 연관성을 떠올리게끔 하고 있다(소위 〈건강 후광〉 효과). 그들은 실제로 영양적 가치가 전혀 없는, 그리고 나중에 보충재를 첨가한 설탕 범벅을 판매하고 있는 것이다.

2004년부터 카인드도 요구르트를 입힌 바 제품들을 판매하고 있다. 그리스 요구르트 열풍이 시장을 강타했을 때, 요구르트 성분을 판매하는 많은 업체들은 우리에게 그리스 요구르트 맛이 나는 성분들을 집어넣어서 〈그리스 요구르트〉 제품으로 포장하여 판매함으로써, 다른 바 업체들과 함께 유행에 동참하라는 조언을 했다. 나는 그러한 조언을 단호하게 무시하고 싶었지만, 우리가 있는 곳은 경쟁이 치열한 시장이었다. 당시 우리는 강한 압박감을 느끼고 있었고, 실제로 그들의 조언에 대해 논의했었다. 그리고 다행스럽게도 우리는 그러한 방법을 거부하기로 했다. 나는 이렇게 설명했다. 「단기적으로 승리할 수는 있겠지만, 장기적으로 우리 브랜드의 신뢰를 떨어뜨리게 될 겁니다.」

〈그리스 요구르트〉 물결에 편승한 브랜드들이 유통 시장에서 힘을 얻고 있었기 때문에, 일부 직원들은 한동안 우리가 소중한 기회를 날려 버리고 있다고 걱정했다. 하지만 〈그리스 요구르트〉를 사용했다고 제일 크게 떠벌렸던 브랜드의 시장 점유율은 2년 만에 크게 떨어지고 말았다.

소비자들은 아주 예민하다. 한 번은 속일 수 있다. 그러나 그것이 반복될 경우, 소비자들은 놀라운 능력으로 기만적인 주장들을 간파할 것이다. 사탕 생산 업체는 인공적인 색상을 제거할 수 있다. 그리고 일부는 〈유기농〉 사탕을 내놓을 것이다. 하지만 소비자들은 대부분 아무리 색상이 자연스럽다고 하더라도, 혹은 유기농 현미 시럽을 감미료로 사용했다고 하더라도, 설탕이 주요 성분인 제품들은 영양이 부족할 수밖에 없다는 사실을 잘 알고 있다.

내 경험상, 식품 산업 내에는 올바른 일을 하려는 선한 사람들이 압도적으로 많다. 일반적으로 대기업들은 면밀한 감시를 받기 때문에 엄격한 법적 기준을 마련해 놓고 있으며, 문제에 휘말리지 않도록 각별한 주의를 기울이고 있다. 기업가들 대부분 그들이 활동하고 있는 공동체를 풍요롭게 하기 위한 진지한 의도를 가지고 비즈니스를 시작한다. 그러나 치열한 전쟁터에서 스스로를 차별화해야 하는 압박에 시달리는 경영자들은 때로 기존의 경계를 지나치게 멀리 벗어나, 진정성을 모토로 삼기보다 건강과 관련된 과장된 주장들을 마구 내놓는다. 그럴 경우, 소비자들은 머지않아 그 기업에 대한 신뢰를 잃어버리게 된다.

기업들 모두 인간과 마찬가지로 실수를 저지른다. 중요한 것은 실수에 대해 책임을 지고, 최선을 다해서 잘못을 바로잡고, 그리고 다시는 그런 실수를 반복하지 않도록 주의하는 것이다. 성분 표기와 관련된 미국 식품 의약국의 규정을 제대로 숙지하지 못해서 기술적인 실수를 저질렀던 일이 떠오른다. 다행스럽게도 한 충직한 소비자가 우리에게 그 문제와 관련하여 편지를 보내 주었다. 우리는 그 문제를 조사했고, 그 소비자의 지적이 옳았다는 사실을 깨달았다. 우리는 재빨리 포장지를 교체하면서 그 소비자에게 감사의 말을 전했다.

시장에서의 투명성과 공정성

우리는 비즈니스 세상에서 객관적이고 이성적인 태도를 유지해야 한다. 물론 그것은 대단히 힘든 일이다. 내가 생각하기에, 공정한 방식으로 일을 하는 것은 평화를 발견하기 위한 노력의 한 부분이다. 나는 단기적인 비즈니스 이익에만 집중하는 것은 깊이가 없고 협소한 접근 방식이라 생각한다. 우리는 자신과 자신의 조직, 그리고 협력 업체들 사이에서 지속적인 신뢰를 쌓을 수 있는 귀중한 문화를 창조해야 한다. 즉, 여러분이 그들 모두를 정당하게 대우하면, 다시 그들 모두가 여러분을 똑같이 대우할 것이라는 기대의 문화를 조성해야 한다. 우리는 그러한 명성과 기대를 구축해야 하고, 이는 장기적으로 우리에게 도움을 준다.

투명한 경영 방식에 대한 나의 모델은 바로 내 아버지였다. 내가 열세 살이 되던 무렵, 아버지의 출장을 따라 텍사스 주 러레이도로 여행한 적이 있었다. 좀 심심했던 나는 그 옆에 있던 창고로 들어가 보았고, 거기서 발견한 지게차를 몰면서 건물 주변을 돌아다녔다.

나는 점점 더 속도를 높이면서 과격하게 회전도 해보았다. 그러자 갑자기 중심을 잃었고, TV가 설치된 기둥을 들이받고 말았다.

아버지는 나를 한 사람의 성인으로 대함으로써 가르침을 주셨다. 아버지는 자신의 기대와 실망감에 대해 내게 솔직하게 말씀하셨다. 아마도 그냥 혼을 내고, 호텔방으로 돌려보내거나, 혹은 TV를 보지 못하도록 벌을 내리는 방법이 더 쉬웠을 테지만, 아버지는 더 높은 기준으로 나를 대우해 주셨다. 아버지는 내가 나 자신의 실수를 인정하고, 반성하고, 성장하고, 그리고 책임을 지도록 하셨다. 적어도 그날만큼은 내가 성숙하게 행동하지 못해서 아버지를 실망시킨 것에 부끄러운 마음이 들었다.

나는 학교 수업을 지루해하는 아이였고, 학생과 선생님 모두를 웃게 하는 농담을 하고는 했다. 그랬지만 우리 부모님들은 나의 부주의한 잘못으로 종종 교장실로 불려 가서 면담을 해야만 했다. 다른 친구들이 사고를 쳤을 때 그랬던 것처럼, 나는 면담이 끝나고 꾸지람을 들을 것이라 생각했지만, 대신에 우리 부모님은 커다란 마호가니 책상과 그 뒤로 인상적인 조각들이 놓여 있는 아버지 서재로 나를 데리고 가서는 어찌된 영문인지 내게 설명하라고 했다. 그들은 앉아서 내 대답을 기다렸고, 내가 저지른 잘못에 대해 설명하고, 인정하고, 그리고 스스로 이해하도록 했다. 그때 내가 느꼈던 심리적 압박감은 혼이 나거나 TV를 보지 못하도록 벌을 받았을 때보다 훨씬 더 심했다. 나는 그 후로도 계속해서 실수를 저질렀고, 단기적으로 볼 때, 부모님의 그러한 접근 방식은 기대만큼 효과적이지는 못한 듯했다. 하지만 지금 되돌아볼 때, 부모님의 그러한 교육 방식은 나의 인성을 키웠고, 내 자신을 성찰하고 다른 사람들에게 솔직해야 한다는 가르침을 주었다. 그 교훈은 어릴 적 내가 생각했던 것보다 훨씬 더 큰 것이었다.

나는 이러한 교훈과 함께 성장했고, 비즈니스 세상에서도 이를 활용하기 위해 노력했다. 공급 업체와의 관계에 있어서도 우리는 전통적인 방식을 따르지 않고, 진정성과 공정성을 보여 주기 위해 노력했다. 우리는 전략적인 협력 업체 및 공급 업체들과 다양한 정보를 공유할 뿐만 아니라, 그들에게 영향을 미치거나, 특히 우리의 의사 결정이 그들에게 거꾸로 중대한 영향을 주는 경우에는 그들과 함께 논의를 했다. 우리는 공급 업체들이 우리의 변화에 따라서 계획을 세울 수 있기를 원했고, 다른 공급 업체와 협력 업체 들에게 미칠 수 있는 피해를 최소화할 수 있는 방안을 새롭게 마련했다. 그것은 우리가 성인군자이기 때문이 아니다. 우리가 먼저 그런 태도를 보여야, 거래 상대방 역시 우리를 소중하게 생각하고 투명하게 대한다는 사실을 알고 있었기 때문이다.

비록 우리는 집요한 협상가이지만, 서비스 제공 업체들이 우리의 기대를 넘어설 때 보너스를 지급함으로써 종종 그들을 깜짝 놀라게 했다. 우리는 품질 개선 문제와 관련하여 덴버 출신의 한 컨설턴트와 함께 일한 적이 있었다. 그는 그 문제를 말끔히 해결해 주었고, 우리는 그에게 원래 계약했던 것보다 더 높은 보수를 깜짝 보너스로 선사했다. 이제 그는 우리와 함께 일할 때, 계약 조건에 신경을 쓰지 않는다. 우리가 공정하고 관대하게 대우해 줄 것이라는 사실을 잘 알고 있기 때문에, 그는 우리와의 모든 협력 관계에서 특별한 태도를 보여 주고 있다.

우리는 경쟁자들에게도 공정하고자 노력했다. 하지만 누군가 우리의 상표를 침해하고, 시장에서 혼란을 초래할 때, 적극적으로 맞서 싸우기도 했다. 그것은 우리 기업과 소비자 모두에게 부당한 일이라고 생각했기 때문이다. 우리 브랜드가 힘을 얻으면서, 안타깝게도 우리 제품의 디자인, 그리고 카인드라고 하는 브랜드 이름까지 따라 하는 많은 경쟁자들이 나타났다. 우리는 상표에 대한 권리를 지키기 위해 수백만 달러를 지불해야 했다. 게다가 정의의 문제를 넘어서, 브랜드의 운명을 통제한다는 것은 우리에게도 중요한 일이었다. 우리가 아무리 모두가 바라는 품질과 진정성에 집착을 한다고 하더라도, 소비자들이 속아서 가짜 제품을 우리 브랜드라고 착각하게 된다면, 그들의 실망감은 다른 제품들로도 넘어가게 될 것이었다.

한 사례에서 어떤 경쟁 기업은 놀랍게도, 그리고 당황스럽게도 우리 제품과 흡사한 포장을 만들어 냈다. 조사를 하는 과정에서, 우리는 그것이 절대 우연이 아니라고 확신하게 되었다. 그 포장지를 디자인했던 사람은 카인드 포장지와 상자를 구해서 〈카인드와 비슷한 형태로 창문을 내고 색상을 입혀라〉라는 구체적인 지시까지 받았다고 했다. 또 다른 사례에서는, 카인드 브랜드 이름을 그대로 쓰고, 〈당신의 몸에 친절하세요〉, 〈우리 세상에 친절하세요〉라는 문구까지 그대로 사용했던 한 비타민 보충제 기업으로부터 우리 상표를 지켜야 했다. 혼란을 느꼈던 한 지인은 내게 이메일을 보내서, 일반적으로 〈거짓 다이어트약〉을 사지는 않지만, 〈당신의 브랜드를 믿기 때문에, 카인드를 보았을 때 그 제품으로 결정을 했다〉는 말을 전했다. 그러고는 마지막에 이렇게 덧붙였다. 〈만약 머리가 빠지면 누구에게 전화를 해야 할지 알고 있었기 때문에 당신의 비타민을 집었던 겁니다.〉 이 사례에서, 우리는 그 제품이 우리 브랜드와 아무런 상관이 없다는 사실을 알려 줄 수 있었다. 그리고 해당 업체가 포장을 변경하고, 브랜딩 작업에서 우리와 거리를 두도록 설득할 수 있었다. 하지만 얼마나 많은 소비자들이 아무런 의심 없이 그 제품을 우리 브랜드인 줄 알고 샀을 것인가? 소비자들에게 투명한 모습을 보여 주고자 하는 기업은 상호 협력을 통해 다른 기업들의 상표를 존중해야 할 의무가 있다.

또 다른 방식의 고용 계약

사람이 기업의 가장 중요한 자산이라는 말은 상투적인 표현이다. 우리 기업의 문화와 업무 윤리에 적합한 인재들을 발굴하고 이들을 관리하는 것은 대단히 중요한 과제다. 직원들을 교육하고, 다른 기업들과는 차별화된 우리의 고유한 문화를 흡수하도록 하는 과정에는 많은 시간이 걸린다. 우리는 최선을 다해 일하고, 급속도로 비즈니스를 확장하고 있으며, 그렇기 때문에 새로운 인재들을 계속해서 찾아다닐 시간적 여유가 없다. 일단 어떤 직원에게 시간을 투자하기로 결정을 내렸다면, 우리는 그들에게 최선을 다하고, 그들이 함께 즐겁게 일할 수 있도록 모든 관심을 기울인다.

그래도 모든 직원들이 남아 있지는 않을 것이며, 최선을 다해 일하지 않는 직원들을 내보내야 할 때도 있을 것이다. 하지만 직원들이 행복을 느끼지 못하고 떠나기로 결정했다면, 혹은 그렇게 하는 편이 더 낫다고 우리가 결정을 내렸다면, 우리 모두는 인간적이고 성숙한 방식으로 그들의 이직 과정에 도움을 주어야 한다.

나는 〈해고〉라는 말을 싫어한다. 그리고 해고와 함께 신속하고 냉정하게 조직을 떠나는 문화도 싫어한다. 인생의 소중한 시간을 조직에 바쳤던 사람에게 느닷없이 소지품을 담은 상자를 건네고, 건물 밖으로 배웅해야 하는 것은 가슴 아픈 일이며, 그리고 거의 대부분 불필요한 일일 때가 많다. 그렇게 기업이나 조직을 떠나가는 일반적인 시스템은 쓸데없이 비효율적이고, 상처를 주고, 비인간적이다. 조직을 떠나는 과정에서 이보다 더 인간적인 접근 방식은 분명히 있다.

심각하고 고의적인 불법 행위를 저지르지 않은 이상, 나는 어느 누구도 2주일짜리 임의 공지만으로(혹은 아무런 공지 없이) 직원들을 내보낼 수 없는 기업 문화를 구축하기 위해 노력했다. 대신에 우리는 직원들에게 문제점을 극복할 수 있는 교육을 제공하고 있다. 교육 과정이 끝나고 나면, 직원들은 대부분 조직에 더 많은 기여를 할 수 있게 되고, 회사 생활에 더 높은 만족감을 보인다. 그 결과 더 오랫동안 함께 일하게 된다.

반면, 기업 역시 직원들이 2주일 전에 통보하고 조직을 떠나기를 원치 않는다. 그 대신, 어떤 직원이 개인적 혹은 업무적인 이유로 우리 조직을 떠나기로 결정했다면, 우리는 보다 일찍 공개적으로 논의함으로써 가능한 선택권들을 함께 살펴볼 수 있기를 원한다. 최종적으로 이직을 결정했다면, 대체 인력을 구하기 위해 함께 노력하면서,

직원 면접 및 채용, 그리고 인수인계를 위한 교육 과정을 마련하고, 해당 직원이 인생의 다음 단계로 부드럽게 넘어갈 수 있도록 적극적으로 도와준다. 직원들이 다른 직장을 알아보고 있는 경우, 자신의 업무를 등한시하지 않는 한, 카인드 안에서 공개적으로 알아볼 수 있다.

우리는 직원들이 그들의 의사를 CEO나 관리자에게 먼저 밝히고, 공개적으로 새로운 일자리를 알아볼 수 있도록 허용하는 명예 규율을 지지하고 있다. 새로운 일자리를 알아보고 있다는 말을 감히 상사에게 하지 못하는 대부분의 기업에서는 찾아보기 힘들지만, 우리는 그 규율이 대단히 효과적인 제도라 믿는다.

이와 같은 투명한 정책은 기업과 직원 모두에게 도움이 된다. 우리는 업무적인 성장과 승진, 그리고 새로운 도전을 모색하고 있는 직원들에 대한 책임과 관련하여 자주, 그리고 공개적으로 논의 시간을 갖는다. 또한 이직의 과정을 부드럽게 처리한 직원들에게는 긍정적인 추천서를 제공하고, 우리의 인맥 네트워크에 대한 접근을 허용하고, 그리고 마지막으로 일하는 날까지 최선을 다한 그들의 열정을 인정하는 차원에서 금전적인 보상까지 보장하고 있다. 더욱 중요하게도, 우리는 1~2년 동안만 근무할 것이라고 의사를 밝힌 직원들에게도 그들의 업무적인 성장을 위해 지속적으로 투자한다. 일반적으로 기업들은 오래 머무르지 않을 것이라 생각되는 직원들을 채용하려 하지 않는다. 하지만 기업의 그러한 접근 방식으로 인해, 직원들은 자신의 계획을 조직에 알리려 하지 않는다. 반면 양측 모두가 책임감과 연대감을 느끼고 있다면, 갑자기 일을 그만뒀을 때 조직에 큰 구멍이 생길 것이라는 압박감을 직원들에게 전하지 않고서도, 기업은 훨씬 더 용이하게 그들에게 투자하고, 신속하게 권한을 부여할 수 있다.

은밀한 면담과 갑작스런 해고에 대해 이러한 대안적인 접근 방식을 도입하기 위해서는, 직원들의 이해관계와 목표에 관심을 기울이는 문화가 필요하다. 기업은 이러한 문화 속에서 직원들이 관리자와 함께 자신의 경력 선택에 대해 공개적으로 논의하는 것을 막을 것이 아니라, 오히려 격려해야 한다. 직원들은 현실적인 기대를 가져야 한다. 관리자는 상사이자 동료로서 직원들을 대해야 하고, 조직의 모든 구성원들을 어떻게 성장시킬 것인지 고민해야 한다.

이러한 노력의 결과, 대부분의 기업들에 비해 우리는 더 많은 직원들이 조직에 오랫동안 머물도록 하고 있다. 우리 직원들은 전문성과 업무 범위를 빠른 속도로 넓혀 가고 있으며, 승진할 기회는 더 많아졌고, 조직은 더 빨리, 그리고 더 유기적으로 성장하고 있다.

물론 이는 완벽한 시스템은 아니며, 모든 직원들이 이를 지키는 것도 아니다. 특히 〈현장〉에서 폭넓은 경험을 쌓은 고위 관리자들에게 이러한 카인드의 철학을 따르도록 하는 일은 더욱 힘들다. 특히 외부에서 합류한 고위 관리자들은 초반에 이와 같은 우리의 접근 방식에 대단히 회의적인 반응을 보인다. 그래도 우리는 대부분의 경우에 효과를 보이고, 직원들의 잔류 및 이직과 관련하여 조직이 자랑스럽게 내세울 수 있는 기업 문화를 새롭게 창조해 나가고 있다.

비서의 사다리

　직원들이 의욕적이고 자발적으로 일하게끔 하기 위해서, 회사가 그들을 성장시킬 수 있는 새로운 기술과 직무에 대한 교육을 계속하고, 동시에 필요한 분야의 조직을 확장해서 전문가를 확보하는 일은 중요하다. 나를 도와서 일할 사람들을 고용할 때, 나는 경험이 많은 사람보다 신선한 인물을 선호하는 편이다. 그들은 열심히 일할 뜨거운 열정을 갖고 있으며, 어서 성장하고 싶어 한다. 나의 목표는 그들이 카인드에서 다양한 역할을 맡아 보도록 교육시키는 것이다. 이러한 목표는, 내가 새로 온 비서에게 나에 대해 알아야 할 것들과 나의 경영 방식을 가르칠 필요가 없을 정도로, 기존의 비서가 그의 후임자를 가르쳐서 인수인계가 부드럽게 이뤄져야 가능하다.

　내 비서로 일했던 직원들의 다양한 경우들에 대해 생각해 보자. 예전에 내 비서로 있었던 다리아 샤이크는 원보이스의 사회 정치적인 일을 맡고 싶다는 꿈을 갖고 있었다. 그러던 어느 날 그녀는 나를 찾아와서 원보이스에서 일하고 싶다는 의사를 밝혔다. 우리는 원보이스 안에서 그녀의 자리를 찾아보았다. 몇 달 후 다리아는 원보이스에 합류했고, 교육을 받으면서 인수인계 작업을 처리했다. 이후로도 다리아는 계속해서 원보이스에 남았고, 여러 번의 승진을 거듭하면서 10년 뒤에는 전무가 되었다.

　다리아가 자신의 후임으로 선택한 인물은 킴 워커였다. 당시 킴은 몇 년 뒤에 대학원에 진학할 생각을 갖고 있었고, 실제로 떠나기 1년 전에 내게 그 사실을 미리 알려 주었다. 나는 그녀를 위해 추천서를 써주었다. 학교로 떠나기 전에 킴은 애디나 슐러슬(지금은 애디나 코헨이 된)의 교육을 맡았다. 그 과정에서 킴은 새로운 직원을 어떻게 가르치고 관리하는지를 배웠을 뿐만 아니라, 직장 상사로서의 경험을 자신의 이력서에 추가할 수 있었다.

애디나가 내 비서로 일을 시작한 지 2년이 되는 시점에, 그녀는 카인드의 조직 내부에서 또 다른 선택권을 찾아보기 시작했다. 그녀는 카인드의 사회적 사명에 많은 관심을 보였고, 당시 그와 관련된 업무는 마케팅 팀에서 담당하고 있었다. 그녀가 마케팅 팀으로 넘어가기 위해서, 우리는 또다시 기존에 애디나가 했던 업무를 맡아서 잘 처리해 줄 다른 사람을 발견해야 했다. 결국 우리가 애디나에게 카인드 무브먼트에서 일할 수 있는 기회를 제안했을 때, 그녀는 자신의 후임으로 가장 먼저 줄리아나 스토치를 선택했고 그녀를 훈련시켰다. 애디나는 줄리아나와 몇 달 동안 함께 일했기 때문에, 나중에 줄리아나 혼자서 업무를 시작했을 때에도 아무런 문제가 없었다. 그 변화의 과정은 완벽했고, 나는 줄리아나에게 아무것도 가르칠 필요가 없었다. 게다가 애디나가 여전히 같은 건물 안에서 일하고 있었기 때문에, 배경지식이 필요한 문제가 발생했을 때 줄리아나는 그녀에게 쉽게 도움을 청할 수 있었다.

당시 줄리아나는 대학을 갓 졸업한 신참이었지만, 경영진의 요구가 점차 높아지고 있던 상황에서도 내 비서로서 역할을 훌륭하게 소화해 주었다. 그녀가 입사한 지 18개월이 흘러, 나는 광범위한 역할을 통해 더 많은 책임을 부여하는 것이 그녀에게 도움이 될 것이라는 확신이 들었다. 나는 그녀를 위해 수석 비서관이라는 새로운 직함을 만들어 주었다. 다음으로 레베카 할펜을 새로운 비서로 채용하도록 했다. 줄리아나가 꾸준히 강력한 리더십을 발휘하고 내게 더많은 힘이 되어 주면서, 그녀의 역할 범위도 계속해서 확장되었다. 이로 인해 그녀는 더 수준 높은 경력을 쌓을 수 있었고, 그동안 우리는 레베카의 업무적 성장에 투자를 시작했다. 카인드가 이러한 조직문화나 고용 과정을 마련해 두지 않았더라면, 나는 아마도 비서들이일을 그만둘 때마다 처음부터 새로 시작했어야만 했을 것이며, 당연하게도 그 과정에서 소중한 시간과 업무적인 집중력을 잃어버렸을것이다. 이러한 문화는 또한 우리 조직을(그리고 구성원들의 집단적인 기억을) 더욱 풍요롭게 해주면서 똑똑한 인재들이 카인드에 오랫동안 머물도록 도움을 주었다.

일과 삶을 위한 카인드의 길

비즈니스와 삶이 긴밀하게 얽혀 있는 모든 기업가들과 마찬가지로, 나는 사무실에서, 밖에서, 그리고 주말에도 깨어 있을 때면 언제나(그리고 종종 다른 사람들이 자는 시간에도) 일을 했다. 하지만 첫째 아들이 태어난 이후로는 사무실에 머무르는 시간에 제한을 두고있다. 가급적이면 오후 6시 20분에 사무실을 떠나서, 아이들과 함께놀고 잠을 재운다. 물론 아이들이 잠들자마자 다시 집 안에 있는 노트북을 펼쳐 들기는 하지만, 그래도 나는 아이들과 미셸과 함께 보내는 시간을 가장 우선시하고자 한다. 가족은 내게 세상의 전부다.

우리 가족은 내가 카인드를 운영하는 이유이자, 좀 더 좋은 세상을 만들기 위해 작은 역할이나마 맡고자 하는 이유다.

나는 카인드 직원들이 가족과의 생활을 고려해서 할 수 있는 업무량을 스스로 결정하는 것을 가급적 이해하려 한다. 나는 그것이 합리적인 이기심이라 생각한다. 아이들이 충분한 관심과 사랑을 받지 못한다면, 그리고 가정과 일 사이의 조화를 이루지 못해 부부가 갈라서게 된다면, 하나의 공동체로서 우리는 이상적인 사회 건설에 기여하지 못하는 것이다.

우리는 우리 직원들이 최고 수준의 인재들이라 생각하며, 그들을 행복하게 하는 것이 당연한 일이라고 생각한다. 직원들의 행복을 위한 투자는 그들이 우리 조직에 관심을 기울이고 열정을 불태우도록 자극함으로써 다시 보상으로 돌아온다. 예를 들어, 우리의 한 마케팅 임원은 남편의 직장 문제로 뉴욕 시에서 다른 곳으로 이사를 가게 되었다. 당시 그녀가 맡고 있었던 업무는 원격적인 방식으로는 처리하기 힘든 일이었다. 우리는 그녀가 재택근무와 더불어 가끔씩 출근하면서 처리할 수 있는 새로운 업무를 조직 내부에서 찾을 수 있도록 도와주었다. 그녀와 논의한 끝에, 우리는 그녀를 유통 매장 소비자들에게 적합한 프로그램을 만드는 업무를 담당하는 소비자 마케팅 부사장으로 발령했다. 현재 그녀는 이사를 간 새로운 지역에서 그 업무를 처리하고 있으며, 일주일에 한 번 멀리 이동해서 고객들을 만나거나 본사를 방문하고 있다.

마찬가지로 원보이스에서 전무로 일하고 있는 다리아는 최근에 아이를 낳았다. 육아 휴직에서 돌아온 이후로, 다리아는 일정을 보다 탄력적으로 관리할 수 있기를 원했다. 그래서 우리는 부담감이 덜한 업무를 맡기기로 결정했다. 그녀는 원보이스에서 사회적 기업 업무를 이끄는 일을 새롭게 맡았고, 그 과정에서 후임자 교육을 도왔다.

기업이 성장하는 동안, 열린 의사소통의 철학은 더욱 힘든 과제가 된다. 이제 우리는 모든 직원들을 개인적으로 다 알 수 없게 되었고, 혼자서 일을 처리하는 미국의 기업 문화에 맞서 싸워야 하는 상황에 이르렀다. 직원들은 직장을 떠나는 날까지도 기업이 그들을 정말로 지켜 줄 것이라 믿지 않는다. 우리 직원들이 그러한 걱정으로 어느 날 갑자기 회사를 그만두겠다고 할 때, 나는 무척 가슴이 아프다.

직원 관리를 위한 원칙에 집중하기 위해서는 적극적인 리더십이 필요하다. 몇 년 전 우리 기업에는 다른 회사였다면 벌써 해고했을 정도로 성과가 좋지 않았던 한 중간 관리자가 있었다. 편의상 그의 이름을 에드먼드라고 하자. 그는 다루기 힘든 사람이었고, 직원들과의 관계 또한 좋지 못했다. 회의를 할 때면 언제나 혼자서 웅얼거리는 식이었다. 그리고 자신의 업무에 대해 너무 장황하게 설명을 했다. 데이터 분석에서도 잦은 실수를 드러냈다.

하지만 존과 나는 에드먼드가 대단히 창조적인 사람이며, 다른 직원들이 상상하지 못하는 해결책을 생각해 내는 비상한 재주가 있다는 사실을 알고 있었다. 그는 유능한 인재였으며, 기업의 이익을 항상 염두에 두고 있었다. 그래서 우리는 명예 규율에 따라 그에게 적합한 자리를 찾아 주고자 했다.

어떻게든 그를 붙잡아 두고 싶었기에, 우리 두 사람은 따로 시간을 내서 그에게 조언을 주었다. 그러고는 그의 장점을 마음껏 발휘할 수 있는 새로운 자리를 마련해 줌으로써, 그가 자신과 맞지 않는 업무로 스트레스를 받지 않도록 했다. 결국 에드먼드는 우리에게 최고의 성과로 보답해 주었다. 그와 그의 관리자는 카인드의 가치를 크게 높여 주었다.

열린 의사소통과 열린 마음 ─ 특히 상황이 여의치 않을 때

하지만 모든 이야기가 행복한 결말로 이어지지는 않는다. 누군가를 내보내야 할 때, 우리는 최대한 부드럽게 처리해야 한다. 최근 우리는 들어온 지 그리 오래되지 않은 한 고위 관리자를 내보내야 했다. 모든 사람들이 그가 우리 조직과 어울리지 않는다는 생각에 동의했지만, 그래도 우리는 그가 계속해서 사무실을 쓸 수 있도록 어느 정도 시간적 여유를 주고자 했다. 그리고 직원들에게 우리가 그 관리자를 존중하고, 그의 진실성을 높이 평가한다는 사실을 전달하고자 했다.

하지만 치명적인 실수를 저지를 때도 있다. 몇 년 전, 우리와 함께했던 어떤 직원(에드위나라고 하자)이 조직을 떠나는 일이 있었다. 그녀는 세부적인 일 처리에 충분히 주의를 기울이지 않았고, 이로 인해 우리 비즈니스에 많은 피해를 입히고 말았다. 이후 상사는 에드위나에게 해고를 통보했다. 하지만 안타깝게도 그 상사는 사무실의 모든 직원들이 지켜보는 가운데 그녀의 소지품들을 옮겨다 주면서 그녀를 사무실에서 곧장 나가도록 했다. 사무실 동료들은 모두 에드위나가 떠나는 모습을 지켜보았고, 그게 어떤 상황인지 분명히 인식했다. 그것은 정말로 직원들의 사기를 떨어뜨리는 사건이었고, 우리가 어떻게든 피하고자 했던 충격적인 방식의 해고였다.

그 사건이 있던 날, 나는 출장 중이었다. 나중에 그 소식을 전해 들었을 때, 나는 크게 당황했고, 나머지 팀원들의 사기에 미칠 영향에 대해 걱정했다. 나는 에드위나에게 전화를 걸어 회사가 그녀를 대했던 방식에 대해 사과했다. 또한 우리가 그녀에게 공정한 통지와 정당한 대우를 제공하지 않았기 때문에, 그녀가 스톡옵션을 행사할 수 있도록 했고, 이를 위해 대출을 해주었다. 에드위나를 잡기 위한 것은 아니었다. 사실 그녀는 우리의 성과 기준을 충족시키지 못했다. 그럼에도 그녀는 선의를 가진 훌륭한 인간이었다. 왜 우리가 그녀를 범죄자 취급해서, 그녀가 모욕감을 느끼며 사무실을 떠나가게 해야 한단 말인가?

이후 나는 팀 회의를 소집했고, 직원들 모두에게 어떤 직원을 내보내기로 결정했더라도, 그것은 우리 기업이 직원들을 대하는 방식이 아님을 강조했다. 그리고 그녀의 관리자가 자신의 실수를 분명하게 인식하도록 했다. 일자리를 잃은 사람의 입장에 서서 동정심을 느껴 보게끔 했다.

신뢰가 허물어질 때: 조심해야 할 순간

직원들에게 최선을 다하고자 하는 정책, 그리고 그들이 업무적인 난관에 봉착했을 때 함께 문제를 해결하려는 우리의 의지는 때로 부작용을 일으키기도 한다.

이러한 일이 카인드에서 일어날 수 있다는 첫 번째 조짐을 나는 몇 년 전에 확인할 수 있었다. 우리와 오랫동안 함께했던 한 직원(케빈이라고 하자)이 라스베이거스 전시회 출장을 마치고 돌아왔다. 케빈이 제출한 비용 보고서를 보면 그가 일주일 내내 거기서 일을 한 것으로 되어 있었지만, 다른 직원의 증언에 따르면, 그는 단 하루만 전시회장에 모습을 드러냈을 뿐 그 이후로는 나타나지 않았다고 했다. 나는 케빈에게 전화를 걸어 자초지종을 물었다. 그는 열심히 일했고, 스트레스를 많이 받았으며, 잠깐 휴식이 필요했다고 했다. 결국 나는 한 차례 경고로 그 사건을 덮기로 했다.

지금에 와서 생각해 보건대, 그때 나는 내가 믿었던 누군가가 회사의 시간과 비용을 마음대로 낭비할 수 있다는 경고 신호로서 그 사건을 받아들여야 했다. 하지만 그러한 생각은 내가 우리 직원들을 자신의 비즈니스 목표를 가장 효과적으로 성취하기 위해 스스로 결정을 내릴 줄 알고, 또한 마땅히 그래야만 하는 성인으로서 대우하고자 했던 우리의 오랜 정책과 모순을 이루는 것이었다. 내가 몰랐던 것은, 그 사건이 한 주 동안 게으름을 부리다가 다음 주에 열심히 해서 이를 보충하는 그러한 경우가 아니었다는 사실이었다. 그것은 더욱 심각하고 기만적인 사건들의 시작이었다.

얼마 후, 카인드의 사장인 존은 내게 케빈이 개인적인 여행에서 법인 카드를 사용하고, 휴가 기간을 마음대로 늘이고, 그동안 일을 한 것으로 거짓 보고하고, 그 밖에 이상한 행동들을 보이고 있다며 주의를 당부했다. 나는 그 상황을 바로잡아야 했지만, 사실 어떻게 처리해야 할지 고민되었다. 나는 직원들에게 최선을 다하는 기존의 입장, 그리고 케빈에게 책임을 물어야 할 필요성 사이에서 균형을 유지하고 싶었다. 게다가 당시 케빈은 우리가 급히 마무리 지어야 하는 프로젝트를 이끌고 있었다. 그리고 우리 조직에서 나를 제외하고 그 문제를 해결하기 위한 방법을 이해하고 있는 유일한 인물이었다(그것은 사실이 아닌 것으로 밝혀졌다. 이후에 드러난 바에 따르면, 케빈은 수개월 동안 최소한의 일만 했고, 부하 직원들이 그의 업무 대부분을 도맡아 하고 있었다). 상황이 그렇다 보니 나는 사장의 조언을 무시하고 그를 그냥 용서하고 넘어가기로 했고, 결국 리더로서 최악의 선례를 남기게 되었다.

얼마 후 케빈은 나를 찾아와 다른 국가에서 일을 할 수 있는지 물었다. 당시 케빈은 우리 회사의 발전에 대단히 중요한 업무를 맡고 있었고, 게다가 뉴욕 본사에서만 할 수 있는 일이었기 때문에 당혹스러웠다. 그가 지금의 업무를 그대로 유지하면서 재택근무로 전환하거나, 비행기로 왔다 갔다 할 수 있는 방법은 실질적으로 불가능했다. 하지만 그는 계속해서 해외 근무를 요구했고, 이유는 다만 개인적인 사정이라고 밝혔다.

케빈과 몇 차례 면담을 마치고, 우리는 대단히 공정한 해결책이라고 생각되는 대안을 그에게 제시했다. 일단 6개월 정도 과도기를 갖고, 그 기간에 그가 선택한 지역에서 일을 하면서 후임자 교육에 협조를 하는 것이었다. 그리고 퇴사할 때까지 우리 회사의 스톡옵션을 그대로 보유할 수 있도록 해주겠다고 했다(그 이후로 퇴직자들에게서 모든 주식을 다시 사들이는 정책을 새롭게 마련했다). 우리 기업으로서는 대단한 배려였고, 조직의 발전 단계에서 대단히 중요한 시기에 새로운 임원을 맞아들일 준비를 하고자 했다. 우리와 함께하지 않게 된 직원에게도 최고의 경력 기회를 열어 주려는 노력이 중요하다고 여전히 믿고 있었기에, 나는 그러한 제안이 우리 기업의 원칙과 조화를 이루는 것이라 느꼈다.

나는 케빈이 당연히 그 제안에 흡족해할 것이라 생각했다. 자신이 원하는 새로운 지역으로 이사를 가서, 그곳에서 새롭게 일자리를 찾아볼 수 있을 것이기 때문이다. 하지만 케빈은 화를 냈고, 자신을 무시한 처사라며 나를 비난했다. 예상 밖의 부정적인 반응에 나는 당혹스러웠다.

나는 직접 만나서 우리의 제안에 대해 논의해 보자고 부탁했지만, 그는 다시는 회사에 나가지 않을 것이라고 했다. 존은 내게 심상치 않은 일이 벌어지고 있으며, 우리는 그를 즉각 해고해야 한다고 조언했다. 그러나 나는 확신이 서지를 않았다. 나는 케빈의 사무실을 찾았고(보통 때라면 그가 자리에 없을 때 그를 방문하는 일은 없었겠지만), 모든 게 깨끗하게 정리되어 있다는 사실을 발견했다. 모든 흔적들이 말끔하게 사라졌고, 그가 있었던 공간은 말 그대로 텅 비어 있었다. 분명하게도 그는 앞으로 이곳에 돌아올 생각이 없었던 것이다. 그리고 우리의 제안은 아예 고려해 보지도 않았을 것이다.

나는 점점 더 신경이 쓰였다. 그래서 IT 팀에 요청하여 케빈의 컴퓨터를 조사해 보도록 했다. 하지만 하드 디스크는 완전히 지워진 상태였고, 어떤 데이터와 이메일도 남아 있지 않았다. 그는 틀림없이 무언가를 숨기려 한 것이다. 그렇다면 그것은 무엇이었을까?

IT 팀 직원들은 그날 밤 늦게까지 케빈이 회사 계정을 (부당하게) 사용하여 전송한 이메일들을 모두 추적했다. 그리고 그가 비밀리에 또 다른 일자리를 적극적으로 알아보고 있었을 뿐만 아니라, 우리의 경쟁 기업들 중 여러 곳과 이미 면접까지 봤다는 사실을 밝혀냈다. 또한 우리의 제품을 베끼기 위해 안간힘을 쓰고 있었던 경쟁 기업을 만나기 위해, 그가 지금 웨스트코스트로 이동 중이라는 사실까지 확인할 수 있었다.

그의 이메일을 통해 드러난 더욱 심각한 문제는, 케빈이 우리의 제품과 고객, 그리고 가공 작업에 관한 데이터까지 함께 가지고 가겠다고 제안했다는 사실이었다. 그것들은 모두 그가 카인드의 고위 관리자였기에 접근할 수 있었던 비밀 자료들이었다.

내가 믿었던 사람이 십 년 동안 우리 직원들이 힘들게 개발했던 기업의 소중한 비밀 정보를 경쟁 업체에게 넘겨주겠다고 한 이메일을 읽으면서 참담한 기분이 들었다. 그것은 단지 조직을 떠나는 문제가 아니었다. 기업의 정보를 빼내서 이를 경쟁 기업에 팔아넘기는 것은 완전히 차원이 다른 사건이었다.

며칠 동안 힘든 나날이 이어졌다. 케빈은 계속해서 내 전화를 피했지만, 결국 어렵사리 통화를 할 수 있게 되었다. 나는 최대한 냉정함을 유지하면서, 그가 정보 공개 금지와 이직 제한 조항에 이미 서명했었다는 사실을 언급했다. 하지만 그는 자신의 변호사로부터 그가 조만간 이사하게 될 주에서는 그러한 조항이 아무런 법적 효력을 가지지 못하며, 그래서 이를 따르지 않아도 된다는 이야기를 들었다고 했다. 비록 개업은 하지 않았지만, 나 역시 한 사람의 변호사였기에, 그의 이야기가 사실이 아니라는 것을 잘 알고 있었다. 분명히 우리는 뉴욕에 기반을 둔 기업이고, 뉴욕 주의 법률은 그 조항에 그대로 적용된다. 하지만 케빈은 자기 변호사의 말만 믿었고, 계속해서 다른 기업들과 접촉하고 있었다.

우리는 정보를 팔러 다니는 일을 그만두도록 케빈을 설득하지 못했고, 결국 법정으로 갈 수밖에 없었다. 우리는 금지 명령에 필요한 서류를 제출했고, 판사는 재판이 진행되는 동안에 케빈이 어떤 방식으로든 훔친 데이터를 사용하지 못하도록 하는 잠정적 금지 명령을 내렸다.

이제 우리는 그 금지 명령 서류를 가지고 그를 만나야 했다. TV에서 이와 관련된 내용을 접한 사람이라면, 그게 어떤 의미인지 (어느 정도) 이해할 수 있을 것이다. 화면 속 등장인물은 상대방에게 서류 봉투를 전달하고는 이렇게 말한다. 〈저는 전달해 드렸습니다.〉 서류가 물리적으로 전달될 때까지, 상대방은 판사의 명령에 대해 몰랐다고 주장할 수 있다. 이러한 점에서 케빈은 우리가 그에게 직접 서류를 전달할 때까지, 기업의 민감한 정보를 넘겨주고, 우리에게 돌이킬 수 없는 피해를 얼마든지 입힐 수 있었다.

우리는 변호사와 수사관들을 케빈의 집으로 보냈지만, 그는 거기에 없었다. 그가 있을 것이라고 생각되는 모든 장소는 물론, 우리가 가지고 있는 그의 모든 주소들도 뒤졌다. 하지만 성과는 없었다. 내가 그의 텅 빈 사무실을 발견한 이후로 일주일 하고도 절반의 시간이 흘러가고 있었다.

그의 행방을 파악하기 위한 오랜 수색 작업 끝에, 우리의 변호사들은 사립 탐정을 고용하여 카리브 해에서 비행기로 돌아오는 케빈을 가로막아서 그에게 서류를 전달하는 계획을 세웠다. 만약 케빈이 공항에서도 우리의 수사망을 피해 달아난다면, 다시 그를 어디서 만날 수 있을지 모를 일이었다.

오랜 기다림의 시간이 이어졌다. 전화기가 울렸다. 변호사는 우리 팀이 서류를 전달하는 데 성공했다는 소식을 전했다.

그러나 그것은 법정 싸움의 시작이었다. 사건 정황이 대단히 명백했기에, 판사는 잠정적 금지 명령을 영구적 명령으로 전환했지만, 그 몇 개월 동안 나는 많은 혼란과 아픔을 겪어야만 했다.

재판이 진행되는 동안, 우리는 케빈이 면접을 보았던 경쟁 기업들을 상대로 문서를 확인하는 절차를 진행할 수 있었다. 우리는 카인드의 비밀 정보에 열광했던 임원들 사이에서 오간 이메일들을 확인했다. 그리고 이후 법원은 데이터 전송 금지를 명령했다.

이번 사건으로 우리는 크게 좌절했다. 엄청난 법률 비용과 혼란, 그리고 분노에 이르기까지, 케빈은 그 모든 고통을 자초하긴 했지만, 그래도 나는 그에게 측은한 마음이 들었다. 한때 나는 그를 친구라 믿었다. 그때의 일을 떠올리면 지금도 안타까운 마음이 든다.

자신을 배신한 사람에게 동정심을 느끼는 것은 약한 모습을 드러내는 것일지도 모른다. 내게 이렇게 묻는 사람도 있었다. 〈왜 그런 사람에게 동정심을 느껴야 하는 겁니까? 바로 당신의 그런 면 때문에 그가 처음부터 당신을 이용하려 들었던 게 아닐까요?〉 분명하게도 나는 누군가 나의 믿음을 악용할 수 있다는 사실을 인정해야 한다는 것을 깨달았다. 나를 잘 아는 사람이라면, 내가 우리 가족과 직원들의 이익을 지키기 위해 충분히 강한 사람이라는 사실을 의심하지 않을 것이다. 또한 나는 카인드에서 그동안 구축해 왔던 신뢰와 투명성의 문화가 서로에게 도움이 되고, 기업은 그 보답으로 신뢰와 투명성을 얻을 수 있다는 사실을 한 번도 의심해 보지 않았다.

게다가 나는 동정심(자신에게 잘못을 한 사람에게조차)을 약한 모습이라 생각하지 않는다. 오히려 내면의 강인함을 드러내는 것이라 믿는다. 누군가로부터 공격을 당했다고 느낄 때, 우리는 일반적으로 그 사람을 해고하거나 의심한다. 우리는 그러한 일을 너무나 자주하고, 또한 지나치리만치 공격적으로 행동한다. 동정심이 부족할 때, 오해가 생기고, 기회를 놓치고, 그리고 서로를 연결하는 다리를 불태워 버리는 잘못을 저지르게 된다. 비즈니스 세상에서 오해는 가치를 파괴한다. 또한 지정학적으로 중요한 상황에서는 생명의 파괴로 이어진다. 나는 특히 우리가 위태로운 상황에 처해 있을 때, 동정심의 힘이 얼마나 강력한 것인지, 그리고 동정심을 발휘하기 위한 용기가 얼마나 중요한 것인지를 배웠다. 내가 카인드를 설립하고, 카인드 무브먼트를 시작하도록 해주었던 뜨거운 열정은, 우리 아버지가 인류 역사의 어두운 시절을 겪으면서 목격했던 동정심과 용기의 순간으로부터 비롯되었다. 우리 아버지는 친절함의 가치를 내게 물려주어야 할 의무감을 느꼈을 것이다. 이제부터는 그 이야기를 해볼까 한다.

8장

공감
공동체를 연결하고 창조하기 위한 역량을 이끌어 내기

홀로코스트 생존자의 자녀로 살아간다는 것은 자신에게 특별한 의미를 준다. 특히 인간의 나약함에 눈을 뜨게 한다. 사람들을 연결하는 다리를 구축하겠다는 나의 뜨거운 열정은, 우리 아버지에게 일어났던 일을 다른 사람들이 절대 겪도록 하지 않겠다는 일종의 생존 본능으로부터 비롯되었다. 오늘날 내가 이렇게 살아가고 있는 이유들 중 하나는 나의 할아버지와 아버지가 언제나 다른 사람들에게 친절했고, 모두를 존경으로 대했기 때문이다. 최악의 상황에서도, 어떤 이들은 자신의 목숨을 걸고서라도 도움을 주고받는다.

카인드의 탄생과 그 사회적 사명은 이러한 역사적 사실에서 비롯되었다. 카인드는 내 삶에서 가장 슬픈 기간들 중 하나로부터 시작되었다. 아이러니하게도 그동안 나는 개인적으로, 그리고 업무적으로 놀라운 성장을 이룩하게 되었다.

카인드라고 하는 브랜드를 생각해 냈던 2003년의 시작은 여느 해와 다름없었다. 나는 멕시코에 있는 부모님을 만나기 위한 깜짝 방문 여행에서 막 돌아온 상태였다. 여행에서 우리 가족은 참으로 오랜만에 푸에르트 바야르타에서 모두 모였었다.

당시 나는 거의 휴가를 내지 못했고, 부모님은 내가 그들과 함께 여행을 떠날 수 있을 것이라 기대하지 않았다. 그래서 부모님을 공항에서 깜짝 놀라게 하고 싶었다. 나는 여행 가이드에게 재킷과 모자, 안내판을 빌렸고, 어머니와 아버지 옆으로 다가가 목소리를 바꾸어서 이번 여행에 대해 설명했다. 처음에는 두 분 모두가 가이드 복장을 한 나를 전혀 알아보지 못했다. 그러다가 아버지께서 눈치를 채셨고, 놀라움에 말을 잇지 못하셨다.

그때는 내게 힘든 스트레스의 기간이었다. 나는 개발 중이었던, 그때까지 브랜드 이름도 짓지 못했던 건강 스낵에 대해 계속 고민하고 있었다. 당시 기업의 자금 상황은 대단히 심각한 수준이었다. 게다가 나는 월급도 제대로 챙겨 가지 못하고 있었다. 우리가 직접 관리할 수 없었던 생산 업체가 그들의 제품에 인공 성분을 첨가하는 것으로 공정을 바꾸면서, 우리는 어쩔 수 없이 주요 제품군을 접어야 했다. 이로 인해 우리의 자금 상황은 바닥을 드러내고 있었다. 또한 나는 원보이스 무브먼트의 출범으로 정신이 하나도 없었다. 더불어 당시 중동에서 들불처럼 번지고 있었던 폭력과 증오의 움직임에 아무런 대응을 하지 못하고 있다는 죄책감에, 잠도 제대로 이루지 못하고 있었다.

그래도 멕시코에서 가족들과 함께 보낸 일주일은 내게 한숨을 돌릴 수 있는 소중한 휴식이 되어 주었다. 나는 반데라스 만의 맑고 푸른 바다에서 배를 타고 달리며 『향수』라는 책을 읽었고, 아버지와 함께 그 책에 대해서 이야기도 나누었다. 나는 아버지를 꼭 끌어안아 주었고, 다른 형제들에게 질세라 그의 곁을 떠나지 않았다. 그때 우리 아버지의 넉넉한 풍채는 테디 베어를 떠올리게 했다.

나는 그렇게 새해를 보내고 사무실로 돌아왔고, 다시 우리가 직면하고 있던 과제에 곧바로 돌입했다. 그리고 며칠이 지난 2003년 1월 8일, 당시 운영을 총괄하고 있던 도리스 리베라가 내 사무실로 뛰어들어오며 울음을 터뜨렸다.

뭔가 끔찍한 일이 도리스에게 벌어진 것이 아닐까 걱정이 들었다. 도리스는 내게 우리 어머니가 자신에게 전화를 걸었고, 나쁜 소식을 전했다고 했다. 우리 아버지가 돌아가셨다는 것이다. 그 순간 나는 그녀가 뭔가 잘못 알고 있다고 생각했다. 그럴 리가 없었다. 나는 도리스에게 뭔가를 착각한 것이 아니냐며 물었다. 그러고는 곧장 어머니에게 전화를 걸었다. 어머니는 내게 아버지가 오늘 아침 세상을 뜨셨다고 말씀하셨다. 나는 이렇게 되물었다. 「무슨 말씀이세요? 심폐 소생술은 해보신 거예요? 할 수 있는 게 있을 겁니다. 의사에게 전화하고, 구급차를 부르세요. 그렇게 하셨어요?」 나는 상황을 바로잡아야 한다는 생각이 들었다. 마음 한구석에서 사실을 받아들이지 않았고, 얼마든지 바꿀 수 있다고 악을 쓰고 있었다.

그리고 어느 순간, 아버지가 다시는 돌아오지 않을 거라는 사실을 깨달았다. 눈물이 흐르기 시작했다. 세상에서 가장 사랑하고 존경했던 사람이 떠나 버린 절망적인 상황에 대처하기 위해 안간힘을 쓰는 동안, 문득 내 안에 있는 어떤 스위치가 켜지는 것이 느껴졌다.

나의 모든 생각은 가족들을 챙겨야 한다는 아버지의 말씀으로 쏠렸다. 나는 서류함 속에서 아버지가 내게 남긴 문서들을 뒤지면서, 그가 떠났기 때문에 내게 남겨진 책임에 대해서 생각해 보았다. 이제 나는 위기관리 모드로 돌입했고, 어떻게든 상황을 정리해야만 했다.

그날 캘리포니아에서 열릴 장례식장으로 떠나는 동안, 나는 피스웍스와 원보이스 일을 어떻게 처리해야 할지 알지 못했다. 일단 회사의 세일즈 업무를 총괄하고 있는 도리스와 라미에게 모든 일을 맡겼다. 몇 달 동안 자리를 비워야 할 상황에 대비를 해놓고, 나는 떠났다. 그동안 나는 가족과 함께 지내고, 어머니를 위로하고, 그리고 아버지의 사업들을 정리해야 했다.

도리스가 그 슬픈 소식을 내게 전했을 때, 마침 내 친구 다리 샬론이 나와 함께 사무실에 있었다. 그는 차로 나를 공항까지 바래다주었다. 그때 그가 내 곁에서 짐을 싸고 비행기에 오를 때까지 도와주지 않았더라면, 나는 아마도 그때 제대로 움직일 수조차 없었을 것이다.

유대인들에게는 수천 년 세월을 이어 온 장례 관습이 있다. 첫 번째 주에는 시바라고 하는 복상 기간을 지내게 되는데, 그동안 어머니와 형제들과 함께 일주일 내내 LA에 있는 부모님의 집에 머물렀다. 복상 기간 동안 유대인들은 외출을 하지 않고, 모든 거울들을 가려 두고, 면도나 이발도 일체 하지 않는다. 그리고 하루에 세 번 카디시라고 하는 망자를 위한 기도를 올린다.

원보이스의 탄생

우연의 일치인지, 나는 1월 15일에 LA에 있는 윌셔 블루바드 사원에서 500명의 청중들을 대상으로 원보이스를 주제로 한 연설을 하기로 되어 있었다. 하지만 일주일 내내 가족들과 함께 칩거를 하고 난 직후라, 청중들 앞에서 내 사업에 관해 이야기를 할 엄두가 나지 않았다. 아버지의 죽음으로 나는 손가락 하나 까딱할 힘조차 없었다.

연설은 시바가 끝나는 날로 예정되어 있었다. 연설이 있기 한 시간 전, 우리는 시바를 마무리하는 의식을 사원에서 치렀다. 그 의식은 스무 명 남짓한 가까운 친척들만이 참석하는 조그마한 가족 행사였다. 랍비 하비 필즈는 우리 모두가 탁자에 둘러앉아 아버지에 대한 기억과 그의 가르침을 함께 나누도록 했다. 그 시간의 주된 주제는 다른 사람들에 대한 아버지의 친절함과 관대함이었다. 우리는 그가 어떻게 사람들을 항상 웃게 하고, 그들에게 행복한 나날들을 선사했는지에 대해 이야기를 나누었다. 모두가 이야기를 마쳤을 때, 필즈는 우리에게 이렇게 말했다. 「아버지는 떠난 게 아닙니다. 지금 우리 곁에 함께 있습니다.」 정확하게 설명하기는 힘들지만, 나는 LA에 도착한 이후로 아버지가 내 안에 살고 있다는 느낌을 받았다. 잠이 들 때, 혹은 눈을 감고 내 자신을 들여다볼 때, 나는 단지 상상이 아니라 초현실적인 차원에서 그의 존재를 생생하게 느낄 수 있었다. 나는 아버지의 뜻을 받들어야 한다는 감성적인 의무감, 그리고 그의 가치를 받아들여야 한다는 열망을 느꼈다. 필즈는 나를 불러서 이렇게 당부했다. 「대니얼, 얼마나 힘든 일인지 나도 알고 있단다. 하지만 아버지는 오늘 저녁에 네가 원보이스 연설을 그대로 진행하길 바라실 거다.」

작년 가을에 우리 부모님은 원보이스를 주제로 한 연설을 보기 위해 나를 찾아오셨다. 당시 사람들은 대부분 이스라엘과 팔레스타인 온건주의자들을 기반으로 풀뿌리 운동을 전개하는 것은 물론, 미국에 살고 있는 바보 같은 멕시코 유대인이 그 운동을 이끌고 있다는 사실에 대해서 말도 안 되는 아이디어라 생각했다. 부모님도 처음에는 무리한 생각이라고 느꼈지만(또한 내가 언제 멋진 유대인 변호사의 길로 돌아갈 것인지 걱정하고 있었지만), 나의 도전을 자랑스러워했고 조금씩 그 가능성을 이해하기 시작했다. 유명한 이슬람 지도자인 이맘 페이잘 압둘 라우프는 나를 당시 세계 유대인 회의의 회장이었던 에드거 브론프먼에게 소개시켜 주었다. 두 사람은 원보이스의 자문단에 합류하기로 동의했고, IBM 재단은 후원을 약속했다. 원보이스는 점차 힘을 얻어 나가고 있었고, 예정되어 있었던 LA 연설은 6개월 전부터 준비된 것이었다. 내 친구이자 원보이스의 공동 설립자인 모하마드 다라우시는 원보이스 출범을 돕기 위해서 이스라엘의 이크살 지역에 있는 아랍 마을에서 비행기로 날아왔다.

그날의 연설은 내 인생에서 가장 힘든 순간들 중 하나였다. 나는 사람들 앞에서 연설하는 데 한 번도 어려움을 겪어 본 적이 없었다. 하지만 그날만큼은 연단에 오르기 전에 불안감을 느꼈다. 나는 화장실에서 일주일 동안 면도를 하지 않았던 내 얼굴을 들여다보았고, 심장 박동이 점점 더 빨라지면서 온몸이 땀으로 젖는 느낌을 받았다. 현기증이 일었다. 그래도 다행스러운 것은 그날의 일정을 위해 모하마드가 내 곁에 와주었다는 사실이었다.

그날 저녁 나는 영화 배우인 대니 드비토와 레아 펄만의 고향에서, 그리고 수십 명의 유명인과 감독 및 프로듀서들을 포함한 많은 군중들 앞에서 두 번째로 원보이스 강연을 했다. 몇 달 전에 내 친구인 조엘 필즈의 초청으로 많은 유명인들 앞에서 연설을 했을 때는 무척이나 흥분되었지만, 그날은 나도 모르게 책임감이 앞섰다.

이후 2년 동안, 나는 대부분의 시간을 중동 지역과 캘리포니아, 그리고 텍사스에서 보내게 되었고, 이따금 뉴욕을 방문했다. 그리고 형제들과 어머니와 함께 많은 시간을 보냈다. 나와 내 형제는 캘리포니아와 텍사스에서 아버지 사업을 정리했다. 그리고 중동에서는 모하마드와 함께 원보이스 출범을 준비하면서 텔아비브와 라말라에 사무실을 열었고, 직원들을 채용하고, 이사회를 구성하고, 자금을 끌어모았다.

합리적인 기업가들이었다면 아마도 나처럼 일하지 않았을 것이다. 신제품 출시는 언제나 그것만으로도 힘들다. 그럼에도 나는 먼 거리를 오가며 그 일을 처리했다. 비행기를 타고 돌아와서는 직원들과 함께 카인드 출범과 관련된 업무를 처리하고, 그리고 다시 비행기를 타고 날아갔다. 항상 이메일과 전화와 더불어 살았다. 그것들은 업무를 위한 나의 도구였다. 나는 아버지에 대한 의무를 느꼈고, 그래서 가족에 대한 책무를 다하고, 그의 기억 속에 있던 원보이스 무브먼트를 출범해서 우리가 발전하고 평화를 구축할 수 있도록 했다.

아버지가 세상을 떠나던 해, 나는 평생 처음으로 하루에 두 번 시너고그*synagogue*에서 예배를 드리면서 아버지를 떠올리며 오랫동안 묵상을 했다. 유대교의 장례 전통에 따라, 유대인들은 가족이 세상을 떠나고 일 년 동안 하루에 세 번 카디시를 낭송한다(오후와 저녁 예배는 잇달아 열린다). 나는 어릴 적부터 독실한 유대교 신자로 자라나지 않았기 때문에, 사실 그 의식을 행하는 이유를 이해하지 못했다. 나는 독실한 신자인 랍비에게 히브리 기도가 마음에 와 닿지 않으며, 이해하기 힘들다고 했다. 「왜 신은 내가 그를 숭배하는지 신경을 쓰는 걸까요? 신을 찬양해야 한다는 생각은 인간의 자기 과시 아닌가요?」 내게 그 의식은 공허하고 자기중심적인 것처럼 느껴졌다.

랍비는 내게 이렇게 말했다. 「대니얼, 이렇게 해보자꾸나. 우선 한 달만 해보고, 그래도 마음에 와 닿지 않는다면 그때 다시 이야기를 해보자.」 아버지는 랍비 샤인베르그를 진심으로 존경했다. 비록 종교적으로 독실한 분은 아니셨지만 할아버지가 세상을 떠났을 때 그 역시 카디시를 따랐다는 사실을 나는 알고 있었기에, 일단 그 말에 따르기로 했다. 또한 그 랍비는 내게 책을 한 권 주었다. 『피르케이 아보트*Pirkei Avot*』**라는 책이었는데, 곰곰이 생각하고 따라야 할 도덕적 격언들이 담겨 있었다.

2003년은 내게 가장 힘든 시절이었다. 아버지는 최고의 친구이자 스승, 그리고 영웅이었다. 한 달 동안 턱수염을 기르고, 유대교 장례 의식을 지키면서, 나는 내 몸속에서 낯선 존재를 느낄 수 있었다. 사람들이 나를 예전과는 다르게 바라보고 대하는 것 같았다. 그것은

* 유대교 회당.
** 선조들의 지혜라는 뜻이다.

아마도 나 스스로 심리적으로 많이 약해졌기 때문이었을 것이다. 세상 어디에서라도 카디시를 하루에 세 차례 낭송한다는 것은 중요한 약속이었다. 나는 스위스 다보스 세계 경제 포럼에서도, 중동의 여러 다른 지역에서도, 그리고 미국을 돌아다니면서도 그 약속을 지켰다. 하지만 그해는 동시에 내가 개인적으로 크게 성장할 수 있었던 시간이기도 했다. 카디시를 낭송하면서, 나는 예전에 경험하지 못했던 세상으로 나아갈 수 있었다. 카디시는 어떻게 더 훌륭한 인간이 될 수 있는지, 더 나은 세상을 위해 어떻게 행동해야 하는지, 그리고 어떻게 아버지를 기리면서 그가 내 안에서, 그리고 나를 통해서 살아가도록 할 수 있는지에 대한 묵상의 시간이었다.

카인드의 탄생

2003년 4월, 당시 개발 중에 있던 과일과 견과류로 만든 건강 스낵 바의 브랜드 이름을 놓고, 나는 마케팅 및 신제품 개발을 이끌고 있던 사샤 헤어와 함께 브레인스토밍 시간을 갖고 있었다. 이곳저곳을 돌아다니는 동안 나는 가끔씩 사샤를 만났고, 그리고 그사이에는 이메일을 통해 여러 가지 아이디어들을 주고받았다.

브레인스토밍을 갖는 내내 우리의 머릿속에는 카인드라고 하는 이름이 가장 크게 울려 퍼지고 있었다. 이 단어 속에는 우리의 모토가 되었던 〈여러분의 몸과 맛봉오리, 그리고 세상에 친절한 행동을 하라〉라는 이념과 연결된 인간적인 측면이 담겨 있었다. 여기서 우리는 맛이나 건강, 혹은 이 세상을 좀 더 친절한 공간으로 만들어야하는 사회적 책임 중 어느 것 하나도 희생할 필요가 없었다.

아버지의 정신, 그가 홀로코스트에서 살아남을 수 있었던 이유, 그리고 이후 그의 삶의 방식 모두가 동정심과 관련되어 있었기 때문에, 카인드는 특히 내게 많은 것을 의미하는 이름이었다. 아버지의 삶을 돌이켜 보건대, 그의 인생은 친절의 연속이었다. 은행 직원이든 은행장이든, 아버지는 모든 사람들을 똑같이 대했다. 종업원이든, 승무원이든, 아니면 별로 친하지 않은 사람이든 간에 아버지는 모두를 웃게 하셨다. 다른 사람들 역시 아버지에게 친절했고, 아버지의 적들까지도 그가 살아남게 도와주었다. 아버지는 자신의 삶을 통해 친절과 동정심이야말로 인류가 영속하거나 멸종하게 될 기준임을 몸소 보여 주셨다.

유산으로 받은 공감

나는 1968년 멕시코시티에서 태어났다. 누나인 일리애나, 여동생 태미, 남동생 시오마와 함께 그곳에 있는 유대인 보호 공동체에서 성장했다. 그 시설 안에는 5만 명에 이르는 주민들이 살고 있었다. 우리 부모님은 비록 종교적으로 열성적이지는 않았지만, 유대인 공동체 안에서 적극적으로 활동하셨다. 그리고 우리 남매들이 단지 협소한 유대인 공동체가 아니라, 우리를 둘러싼 더 넓은 세상의 일원으로 살아갈 수 있도록 교육에 많은 관심을 기울이셨다.

우리 어머니 소니아는 집에서 형제들을 돌보셨다. 어머니는 몇몇 유대인 가구들이 소를 키우며 모여 살았던 타마울리파스 주의 탬피코에서 어린 시절을 보냈다. 어머니의 가족들은 할아버지인 마르코스가 폴란드에서 이민을 와서 베라크루스 항에 도착했을 때, 그가 미국에 온 줄 알았으며, 몇 년의 세월이 지난 후에야 자신이 공부하고 있는 언어가 영어가 아니라 스페인어였고, 그가 살고 있는 땅이 미국이 아니라 멕시코라는 사실을 깨달았다는 이야기를 농담으로 즐겨 했다.

어머니는 외향적이고 상냥한 사람으로, 우리 가족 모두를 잇는 구심점이었다. 대부분이 가톨릭을 믿고, 유대인을 만날 일이 거의 없는 나라에서, 어머니는 스스로 유대인 대사가 되어야 한다는 남다른 사명감을 갖고 계셨다. 어머니는 택시 기사나 과일 장수들과도 친하게 어울리셨다. 영화를 보러 갈 때면, 우리 가족의 친한 지인인 〈엉클〉 조던은 우리 주변에 앉아 있는 모르는 사람들에게도 팝콘과 사탕을 권했다. 이는 우리 부모님이 받아들였고, 내가 지금도 따르고 있는 습관이다.

우리 아버지 로먼은 1930년 라트비아의 리가에서 태어나, 리투아니아 코브노에서 자랐고, 우리 할아버지 시오마는 거기서 코르셋을 만드는 작은 사업을 하고 계셨다. 할머니 로사는 내게 아버지의 동정심과 친절함을 잘 보여 주는 이야기들을 들려주셨다. 아버지가 네댓 살 되던 무렵, 한 가엾은 아이가 리투아니아에 있던 집의 문을 두드렸다. 추운 겨울밤 그 아이는 음식을 구걸하러 돌아다니고 있었다. 아버지는 곧장 부엌으로 가서 샌드위치를 만들었다. 자신도 무척이나 먹고 싶었을 샌드위치를 만들고 있을 때, 할머니는 그 아이가 참지 못하고 다른 곳으로 동냥을 갈지 모르니 서두르라고 했다. 아버지가 샌드위치를 들고 문밖으로 나섰을 때, 아이는 이미 가고 없었다. 그러자 아버지는 아이를 찾아서 샌드위치를 전해 주기 위해 겉옷도 걸치지 않은 채 맨발로 눈밭을 뛰어나갔다고 했다.

아버지가 자라면서 전쟁이 터졌고, 아버지와 그의 형인 래리는 유대인을 조롱하고 유대인 아이들을 괴롭히는 동네 꼬마들과 종종 다툼을 벌였다. 나치가 리투아니아를 공격했을 때, 유대인들의 삶은 급격히 어려워졌다. 전쟁이 발발했을 때, 아버지는 아홉 살, 그리고 큰아버지 래리는 열네 살이었다.

그들은 아파트 건물에 살고 있었고, 그곳의 수위는 리투아니아 사람으로 종종 술에 취해 있었다. 독일의 지배가 시작되면서 코브노 지역에서는 식량을 구하기가 어려워졌다. 그러던 어느 날 수위가 아버지에게 다가와 이렇게 말했다. 「배고플 거야. 날 따라와. 음식을 구할 수 있는 곳을 알려 줄 테니.」 아버지는 그를 따라 거리로 나섰다. 그러나 그가 가리킨 곳에는 사람의 시체가 놓여 있었다. 수위는 이렇게 말했다. 「이 남자는 유대인이야. 원한다면 잘라서 먹어.」

아버지는 내게 이렇게 말씀하셨다. 「그것은 잔인함의 시작이었지.」 그 이야기를 아버지에게 들었던 것은 내가 아홉 살 때였다. 그때 어머니는 이렇게 말씀하셨다. 「로먼, 겨우 아홉 살이에요. 그런 이야기는 하지 말아요.」 그러나 아버지는 이렇게 대답하셨다. 「대니얼에겐 이 이야기를 꼭 들려주어야 해. 그때는 살아남아야 했으니까.」

독일의 점령이 시작되면서 대규모 학살이 리투아니아 전역을 휩

쓸었다. 그리고 많은 유대인들이 주로 리투아니아 민병대와 나치 군인들의 손에 죽어 나갔다.

어느 날 그 수위는 군복을 입은 독일인들을 아버지가 살고 있던 아파트로 데리고 왔다. 그들은 우리 가족을 괴롭히면서 죽이겠다고 협박했다. 그러고는 할머니를 다른 방으로 데리고 갔다. 그때 아버지는 너무 어려서 할머니가 왜 울면서 뛰쳐나갔는지 이해하지 못했다. 아버지가 기억하기로, 그들은 아파트에 살고 있는 모든 주민들을 마당에 모아 놓고 이렇게 외쳤다. 「너희들 모두 총살시키겠다.」 그런데 그때 수위가 군인들에게 무슨 말을 속삭였고, 그러자 그들은 걸어 나갔다. 수위는 우리 가족들을 위층으로 데리고 갔다. 그러고는 다시 내려가 이렇게 소리쳤다. 「발사.」

한 인터뷰에서 내 사촌인 서지 블러즈는 그 사건과 관련하여 우리 아버지와 함께 진술을 했다. 우리 아버지는 그때 수위가 할아버지에게 했던 말을 이렇게 기억하고 계셨다.

「루베츠키, 내가 독일인을 데리고 와서 이 아파트에 살고 있는 모든 유태인을 죽일 거라는 사실을 알길 바라네. 당신만 빼고 말이야. 당신은 내게 손을 내밀어 악수를 청했던 사람이니까 살려 주는 거야……. 내게 작은 보드카병을 주었고, 점잖은 사람처럼 내게 말을 건넸지. 그래서 나는 당신을 죽이고 싶지 않아. 당신은 좋은 사람이니까.」

아버지의 말씀은 계속되었다. 「그 당시 이 이야기는 내게 큰 깨달음을 주었지. 그처럼 짐승 같은 사람도 자신을 인간적으로 대해 주었던 이를 알아봐 주고, 그리고 자비롭고 겸손한 태도는 언젠가 도움이 된다는 사실을 명심해야 한다는 걸 말이야.」

수위는 마음이 바뀌기 전에 빨리 아파트를 떠나라고 우리 가족에게 말했다.

너무나도 끔찍한 사건이었기에, 다른 사람에 대한 할아버지의 배려가 가족의 생명을 살렸다는 사실을 아버지는(그리고 나는) 절대 잊을 수 없었다.

아버지와 그의 가족, 그리고 4만 명에 이르는 코브노 지역의 유대인들은 유대인 거주 지역으로 몰려들었고, 거기서 끔찍하고 비참한 상황을 견뎌 내야 했다. 살아남은 자들은 인근의 강제 수용소로 보내졌고, 거기서 그들은 석유가 부족한 전시 상황에서 독일 전차들을 굴러가게 하기 위해 지역의 삼림에서 불쏘시개를 생산하는 일을 했다. 그곳은 우리 아버지와 가족이 결국 이르게 된 곳이기도 했다.

나치가 리투아니아를 떠나 소련으로 넘어가기 직전인 1944년, 그들은 우리 가족을 포함하여 수용소에 갇혀 있는 많은 사람들을 악명 높은 가축용 운반차에 실어서 철도를 따라 독일로 보냈고, 거기에는 더 무시무시한 수용소가 그들을 기다리고 있었다. 독일로 가는 도중에 사람들로 가득한 열차가 갑자기 멈춰 섰고, 나치들은 아무런 경고 없이 우리 할머니를 포함한 여자들을 모두 내리게 했다. 그렇게 할머니는 남편과 아들들과 작별 인사조차 하지 못하고 헤어지고 말았다.

아버지와 큰아버지, 그리고 할아버지는 결국 다하우 강제 수용소로 끌려갔고, 그곳에 수용된 굶주린 사람들은 인간 이하의 상황에 처해졌다. 그들은 독일군이 연합군의 폭격을 피하기 위해 짓고 있던 지하 공항의 건설 현장에서 강제로 노역해야만 했다. 힘든 고난 속에서도 세 사람은 함께 있을 수 있었고, 아버지는 할아버지 덕분에 거기서 살아날 수 있었다고 말씀하셨다. 한번은 할아버지가 신발이 없어 죽을 만큼 괴로워했던 아버지를 위해서 신발 한 켤레를 물물 교환으로 얻어 오시기도 했다. 또 한번은 아버지가 나르고 있던 폭발성 화합물의 엄청난 무게에 못 이겨 거의 의식을 잃어버릴 지경에 처하고 말았다. 그때 할아버지가 재빨리 달려와 넘어지지 않도록 부축해 주었다고 한다.

오랜 세월이 흐른 후에 나는 「인생은 아름다워」라는 영화를 보게 되었다. 대학살의 공포 속에서도 등장인물들이 기쁨과 유머의 순간들을 즐기는 모습에 살짝 불편한 느낌을 받았다. 나는 아버지에게 전화를 걸어 이렇게 물었다. 「제 마음에 와 닿지는 않았지만, 그처럼 참혹한 상황 속에서도 사람들이 함께 웃음을 나누고 농담을 주고받는 일이 가능했을까요?」

아버지는 말씀하셨다. 「그것은 대단히 중요한 일이란다. 특히 어둠의 순간에 나와 많은 다른 사람들은 네 할아버지의 유머 덕분에 살아날 수 있었단다.」 아버지는 동료 수감자들이 할아버지의 농담 때문에 즐거운 마음으로 살아갈 수 있었다고 설명하셨다. 심지어 할아버지는 독일 간수들에게도 농담을 건네서 그들의 인간적인 측면을 건드리기도 하셨다고 한다.

인간의 위대한 정신은 최악의 상황에서 그 모습을 드러낸다. 아버지는 위험을 무릅쓰고 그의 발치에 썩은 감자를 던져 주었던 독일 군인을 잊지 못하셨다. 아버지는 그것을 먹고 간신히 생명을 유지할 수 있었다. 그 독일군은 수감자를 도움으로써 곤경에 처할 수 있었음에도 아버지에게 음식을 주었다. 아버지는 감자(친절함의 짧은 순간) 때문에 살아남을 수 있었다고 항상 말씀하셨다.

전쟁이 끝나기 직전인 1945년, 나치는 다하우에서 우리 가족이 있었던 구역의 수감자들을 모두 수용소에서 데리고 나와 인근에 있는 산으로 올라가게 했다. 그때는 추운 겨울날이었고, 음식도, 체온을 유지할 옷도 없었다. 게다가 수감자들의 건강 상태는 극도로 나빴다. 사람들은 가파른 골짜기를 올라가다가 굴러떨어졌고, 눈보라가 덮치면서 아버지는 형과 할아버지와 함께 두터운 눈 아래에 파묻히고 말았다. 눈보라가 사그라지고 밖으로 빠져나왔을 때, 그들은 나치 간수들이 모두 사라졌다는 사실을 발견했다. 몇 년 만에 비로소 그들은 자유의 몸이 된 것이다. 사람들은 모두 산을 내려와 음식을 찾기 위해 마을로 들어갔다.

갑작스럽게 그들은 탱크가 다가오는 것을 목격했다. 나치일 거라 생각하고 겁을 먹었지만, 그들을 해방시켜 준 미군이라는 것을 알고는 안도했다. 나는 지금도 미군들에게 감사하는 마음을 갖고 있다. 그들이 없었더라면 나는 태어나지 못했을 것이기 때문이다. 수많은 미국인들이 히틀러를 막고 한 번도 만나 본 적 없는 이들의 목숨을 구하기 위해 자신의 목숨을 바쳤다.

전쟁이 끝난 뒤, 당시 스무 살 무렵의 우리 삼촌은 미 육군에 합류하여 베를린에서 통역관으로 일을 했고, 실종된 가족을 찾는 생존자들을 위한 재회 프로그램을 시작할 수 있도록 도왔다. 그리고 그 과정에서 삼촌은 할머니도 살아남았다는 사실을 확인할 수 있었다.

수용소에서 풀려난 후, 할머니는 잃어버린 가족들이 독일에 있다는 사실을 알지 못한 채 그들을 찾기 위해 리투아니아로 돌아갔다. 하지만 소련과 미국이 통제하고 있던 국경을 넘지 못했다. 할머니가 함께 데리고 있었던 사촌이 옷 안에 돈을 감추어 두었다는 사실이 국경 수비대에게 발각되었기 때문이었다. 이로 인해 할머니는 일 년이나 더 감옥 생활을 해야만 했고, 소련이 그 지역을 완전히 장악한 뒤에야 풀려나게 되었다. 자유롭게 돌아다닐 수 없는 상황에서 할머니는 피아노 교사로 일했고, 그동안 소련에서 벗어날 수 있는 기회를 끊임없이 살폈다. 1955년이 되어서야 할머니는 리투아니아에서 멕시코로 여행할 수 있는 비자를 발급받을 수 있었고, 마침내 거기서 12년 만에 남편과 아들을 만났다.

다하우 근처에서 우리 할아버지와 아버지를 발견한 연합군은 그들을 연합군이 차지했던 독일의 요양소인 상트 오틸리엔으로 회복을 위해 보냈다. 두 사람은 거기서 일 년 동안 건강을 챙길 수 있었다. 그런데 한번은 어떤 환자가 할아버지를 위협하는 사건이 있었다. 그때 아버지는 칼을 들고 그 미친 사람에게 당장 꺼지라고 소리를 질렀다. 하지만 할아버지는 아버지를 이렇게 타이르셨다. 「로먼, 저들 때문에 네가 짐승이 되어서는 안 된다. 너는 그들보다 더 나은 인간으로 남아야 한다.」 유명한 랍비 힐렐도 이렇게 말했다. 〈인간이 사라진 세상에서 인간으로 남기 위해 싸워야 한다.〉 나는 그의 말을 내 사무실 벽에 새겨 놓았다.

비자를 기다리면서 프랑스에 잠시 체류한 뒤, 아버지와 할아버지는 친척들 두 분이 전쟁 전에 이미 이민을 떠났던 멕시코로 넘어갈 수 있었다. 이후 삼촌 래리도 합류했다. 당시 아버지는 열여섯 살이었고, 러시아어와 독일어, 이디시어, 그리고 몇몇 슬라브어들도 할 줄 알았다. 아버지는 영화를 보고 책을 읽으면서 스페인어와 영어를 독학으로 익혔다. 중고 백과사전을 사서 혼자 공부했고, 그것들을 처음부터 끝까지 독파했다. 초등학교 3학년이 교육의 전부였지만 (독일 점령 이후로 학교에 돌아갈 수 없었다), 아버지는 내가 알고 있는 사람들 가운데 가장 학구적인 사람이었다. 결국 아버지는 아홉 개 언어를 구사할 수 있게 되었다.

멕시코에서 가족들은 모두 돈이 거의 없었기 때문에, 아버지는 공장에서 여러 개 교대조로 일하기 시작했다. 그럼에도 아버지는 살아남아서 너무도 행운이라 생각했고, 항상 다른 사람들을 도와주려고 했다. 그리고 거리에서 구걸하던 눈먼 걸인에게 종종 돈을 주고는 했다. 그런데 어느 날 그 걸인이 고급차에 오르더니 운전대를 잡고 유유히 사라지는 게 아닌가. 아버지에게 이 이야기를 들었을 때, 나는 사기꾼에게 속아서 화가 나지 않았냐고 물었다. 하지만 아버지의 말씀은 이랬다. 「도움이 절실히 필요한 사람에게 손을 내밀지 못하는 위험을 감수하느니, 차라리 넉넉한 사람에게 도움을 주는 게 낫단다.」

아버지는 인생의 끔찍한 기억들을 아무런 거리낌 없이 끄집어내는 보기 드문 능력을 갖고 계셨다. 그는 충만하고, 낙관적이고, 긍정적인 삶을 살았다. 감정적으로는 무척 힘들었겠지만 그런 비극이 두 번 다시 인류에게 일어나지 않아야 한다는 차원에서, 홀로코스트의 경험에 대해 우리에게 자주 이야기를 들려주셨다.

멕시코에 도착하고 어느 정도 시간이 흘러, 아버지는 귀금속 매장에서 일하면서 장사를 배웠다. 그러고는 할아버지와 함께 조그마한 귀금속 가게를 열었고, 스위스로 출장을 가고는 하셨다. 두 사람은 스위스 독일어를 아주 잘 구사했고, 덕분에 비즈니스를 수월하게 시작할 수 있었다. 그들은 부로바로 시작해서 카르티에와 오데마 피게, 그리고 롤렉스에 이르기까지 면세점 및 멕시코 시장에서 유명한 시계 브랜드들에 대한 판매권을 하나씩 따내기 시작했다.

몇 년 뒤 아버지는 홀로코스트에서 살아남은 네 명의 생존자들과 손을 잡고, 미국-멕시코 간의 가장 성공적인 면세점 체인들 중 하나인 국제 본디드 웨어하우스를 설립했다. 이 회사는 이후에 수차례 인수 합병을 거치면서 듀티 프리 인터내셔널에 흡수되었고, 그 뒤로도 여러 다른 기업들에 의해 인수되었다.

친절함의 마술

아버지는 친절함의 효과에 대해 뭔가를 알고 계셨다. 많은 과학 연구들은 사람들이 다른 이에게 친절을 베풀 때, 더 높은 행복감을 느낀다는 사실을 보여 주고 있다. 친절함은 마술적인 힘을 발휘하며, 카인드 사람들은 그 힘을 일컬어 순수 행복의 결정체라고 부른다. 실제로 친절을 베푸는 사람과 친절을 받는 사람 모두 더 많은 행복감을 느낀다[카인드 사람들은 〈kinding〉을 친절한 행동을 베푸는 것을 의미하는 명사로, 그리고 〈kind〉를 동사로 사용한다. 가령, 이렇게들 사용한다. 〈what a nice kinding(멋진 친절을 베푸셨군요)〉, 〈he kinded someone(그는 누군가에게 친절을 베풀었다)〉, 〈you've been kinded(호의를 받으셨군요)〉].

카인드가 성장하면서, 우리는 비즈니스와 사회적 사명을 동시에 발전시킬 수 있는 방법들을 모색했다. 친절함의 힘을 활용하는 것은 민감한 과제다. 지역 사회와의 협력을 위한 사업에 우리가 이름을 붙였던 카인드 무브먼트에서 우리의 과제는 사람들의 이타심, 그리고 숨겨진 의도가 없는 친절한 행동을 접할 때의 놀라움을 더럽히지 않고서, 사람들이 더 자주 친절하게 행동하도록 격려하는 것이었다. 카인드 무브먼트에서 우리의 목표는 진정성 있고 효과적인 방식으로 친절함을 이끌어 내는 일이었다. 우리가 사람들에게 〈서로 친절함을 나누고 카인드 바를 얻으세요〉 혹은 〈친절한 행동을 하고 라스베이거스로 떠나는 여행의 행운을 누리세요〉라고 말한다면, 그것은 친절함의 순수성과 친절한 행동의 마법을 완전히 파괴하는 일이 될 것이다. 친절한 행동을 자극하기 위해서는, 친절함 그 자체가 하나의 동기가 되어야 한다.

이러한 사명에 대해 생각하고 실천하는 방법과 관련하여 우리는 진화해 왔다. 예를 들어, 처음에 우리는 카인드 홍보 대사들이 다른 사람들에게 친절한 행동을 베풀고, 이를 통해 그들을 깜짝 놀라게 하고자 했다. 비가 오는 날에 택시를 타러 가거나, 혹은 각자의 목적지를 향해 걸어가는 사람들을 위해 우산을 씌워 주었다. 그리고 매장 소비자들이 구매한 식료품을 그들의 차로 함께 날라 주었다.

이러한 것들은 모두 충분히 친절한 행동이다. 우리 직원들은 여전히 그러한 일들을 하고 있지만, 이는 다분히 계산적인 것이기도 하다. 분명히 이러한 행동들은 고객들의 만족을 위해서 우리가 하는 일이며, 그러한 점에서 이기적인 행동의 영역에서 완전히 벗어난 것은 아니다. 물론 그러한 행동 자체에 잘못된 점은 없지만, 동시에 마술적인 측면 또한 없다. 지금까지 수백 년에 걸쳐 수많은 브랜드들이 그러한 방식으로 행동했다. 하지만 어느 순간, 우리는 친절함을 격려하는 우리의 여정에 지역 사회를 끌어들일 수 있다는 사실을 깨닫게 되었다.

우리는 우리 사회의 구성원들을 진정으로 친절한 행동의 주인공으로 나설 수 있게 했다. 이와 비슷한 개념을 우리는 케네디 대통령이 남긴 명언에서 찾을 수 있다. 그는 말했다. 〈국가가 자신에게 무엇을 해줄 수 있는지 묻기에 앞서, 자신이 국가를 위해 무엇을 할 수 있는지 묻길 바랍니다.〉 사람들은 진정한 영감을 얻고 싶어 한다. 그리고 친절한 행동을 베풀 수 있기를 바란다. 소비자들은 대부분 다른 사람을 위해 친절한 행동을 할 수 있는 능력과 힘을 축복으로 받았다. 우리는 카인드 사람들, 그리고 카인드 소비자들 모두 작은 격려를 얻는 것보다, 도움이 필요한 사람들에게 친절을 베푸는 행동으로부터 더 높은 만족감을 얻을 수 있다는 사실을 깨달았다. 우리는 바로 이러한 생각과 지혜를 깨달았고, 이를 실현하기 위해 오랫동안 노력하고 있으며, 여전히 지속적이고 활기차게 움직이고 있다.

2008년 카인드 무브먼트를 우리 지역 사회와의 공동 사업으로 전환하기 위한 노력이 시작되었다. 당시 내털리 고어비치라는 한 똑똑하고 젊은 직원이 원보이스에서 인턴 과정을 막 마쳤다. 그동안 그녀는 백만 명의 이스라엘 및 팔레스타인 시민들이 평화 협정을 다시한 번 촉구하는 청원서에 서명을 하도록 하는 운동에서 나와 함께했다. 내털리는 내가 카인드 대사들의 네트워크를 구축하는 작업에도움을 주기 위해서 카인드에 합류했다고 했다. 여기서 말하는 카인드 대사란 여러 도시 현장에서 뛰고 있는 파트타임 직원들로, 그들의 주요한 임무는 카인드 바 샘플을 사람들에게 나누어 주고, 친절한 행동으로 그들을 깜짝 놀라게 하는 일이었다.

나는 내털리와 함께 친절함의 물결을 일으킬 수 있는 우리의 아이디어에 대해 이야기를 나누었다. 그 아이디어는 고유한 암호가 들어있는 검은 플라스틱 카드를 사람들에게 나눠 주자는 것이었는데, 사람들은 그 암호를 이용해 타인에게 친절을 베푸는 사람들의 비밀 모임에 가입할 수 있었다. 우리는 친절한 행동을 하고(무료로 카인드바 샘플을 나누어 주고, 커피를 사고, 혹은 식료품을 들어 주는 등), 그러고 나서 비밀 초대장과 웹 주소, 그리고 암호 외에 아무런 설명도 들어 있지 않은 검은 카드를 사람들에게 건넬 생각이었다. 우리는 이를 그해 말에 실행으로 옮겼다.

나의 바람은 사람들이 호기심을 갖고 웹 사이트에 접속해서, 자신이 선행을 위한 어떤 비밀 모임의 일원이 되었다는 사실을 알게 되는 것이었다. 그 카드를 사용해서 사람들은 자신이 어떤 친절함을 받았는지 웹 사이트에 등록할 수 있었고, 그러한 친절함의 물결이 앞으로 계속될 것이라는 희망을 갖고 스스로 친절한 행동을 함으로써 다른 누군가에게 그 카드를 건네줄 수 있었다. 그리고 웹 사이트 상에서 그 카드가 어디까지 갔는지 확인할 수 있었다.

이 프로그램에서 우리가 특히 마음에 들어 했던 점은, 새로운 사람들이 카인드 바를 먹어 보도록 하는 것, 그리고 샘플을 나누어 주는 차가운 상업적인 시도를 특별한 순간으로 바꿀 수 있다는 것이었다. 이를 통해, 우리는 비즈니스와 사회적 사명을 동시에 추구할 수 있을 것이었다. 우리는 누군가에게 카인드 바를 선물함으로써 친절함의 물결을 시작하고, 그 친절함을 더욱더 따뜻한 형태로 다른 이들에게 전파하는 기반을 마련하고자 했다. 다시 말해, 나는 사람들에게 이런 말을 건네고 싶었다. 우리가 여러분에게 친절함을 베풀었으니, 이제 여러분이 다른 사람에게 친절함을 베푸시기 바랍니다.

그 프로그램을 설계하는 동안, 나는 내털리에게 두 가지 질문을 던졌다. 〈우리가 지역 사회에 친절한 행동을 하는 것이 아니라, 그들이 먼저 친절한 행동을 하도록 어떻게 격려할 수 있을까? 그리고 친절한 행동의 순수함을 지키기 위해, 이를 어떻게 실행해야 할까?〉

내털리와 함께 나는 이 프로그램에 생명을 불어넣기 위해 열심히 일했고, 결국 성공을 거두었다. 몇몇 사람들과 함께 아주 보잘것없는 자원으로 뉴욕의 첼시 지역에 있는 조그마한 다락방에서 시작한 우리의 카드들이 멕시코와 영국, 심지어 인도로까지 퍼져 나가는 모습을 지켜보는 것은 정말로 신나는 일이었다.

그러나 그러한 접근 방식에는 한계가 있었다. 첫째, 사람들을 오프라인 세상에서 끌어내어 온라인 공간으로 이동하도록 하는 것, 그리고 그들이 시간을 내어 직접 등록을 하도록 하는 것이 얼마나 어려운 일인지 과소평가했다. 둘째, 카드를 대단히 은밀한 형태로 만들어서 그게 무엇인지 궁금해하는 사람들만이 사이트에 접속하도록 했고, 그것이 문제를 악화시켰다. 셋째, 자신이 속한 연결 고리만을 추적할 수 있도록 허용함으로써 자신의 카드가 어디로 갔는지만을 확인할 수 있었다. 여러분의 카드가 그리 길지 않은 단계에서 생을 마감했다면, 그 경험은 여러분에게 별다른 감동을 주지 못할 것이다. 가장 긴 경우는 8~9단계로까지 이어졌지만, 한 사람이라도 그 흐름을 따르지 않으면 그대로 끝나고 말았다. 네트워크 효과에 따른 기하급수적인 측면도 발견할 수 없었다.

다음번 시도에서, 우리는 그 시스템을 개방함으로써 사람들이 자신의 연결 고리는 물론, 다른 모든 친절한 행동들의 연결 고리들도 함께 추적할 수 있도록 했다. 누구든 우리 웹 사이트를 방문해서 세상을 떠돌아다니고 있는 다양한 연결 고리들을 모두 확인할 수 있었다. 사람들은 가장 긴 고리를 확인할 수 있고, 자신과 가장 가까이에 있는 고리를 검색할 수도 있으며, 친절한 행동과 관련하여 다른 사람들이 올린 이야기를 읽어 볼 수도 있다. 이는 산뜻하고, 멋지고, 재미있는 방식이었지만, 삶의 패턴이라기보다는 일회적인 경험에 가까웠다. 사람들이 어떤 고리 안에 포함되기 위해서는 충분히 운이 좋아야 했고, 그런 다음 오직 한 번만 거기에 참여할 수 있었다. 우리 프로그램은 설계상 사람들의 반복적인 참여가 불가능했다. 그리고 단 한 사람이라도 자신의 카드를 다른 이에게 전달하지 않으면, 그 사슬은 죽어 버리고 말았다.

검은 플라스틱 카드를 가지고 했던 세 번째 시도에서, 우리는 플랫폼을 완전히 개방했다. 모든 사람들이 우리의 웹 사이트에서 직접 새로운 카드를 만들고 친절한 행동의 사슬을 스스로 시작할 수 있도록 했다. 또한 우리가 생각하기에 친절한 행동의 순수성을 해치지 않는 범위 내에서 인센티브를 제시했다. 우리는 친절한 행동에 가장 큰 영감을 준 활동에 대해서 5천 달러, 1만 달러, 그리고 2만 5천 달러의 상금을 내걸었다. 사람들은 직접 새로운 암호를 생성하여 자신이 선호하는 친절한 행동을 지지할 수 있고, 이를 자신의 동기로 삼아 친절한 행동을 실천하고 남길 수 있었다.

바로 이 단계에서, 우리는 마침내 친절한 행동의 순수성을 어떻게 유지할 수 있는지 이해했고, 올바른 인센티브를 발견해 냈다는 확신이 들었다. 세 번째 시도를 통해 우리가 많은 사람들에게 우리 혹은 그들 자신이 아니라, 자선 단체에 도움을 줄 수 있도록 동기를 부여했기 때문이었다. 일부 직원들은 사람들이 카인드 제품을 사야 성공한 것이라고 주장했다. 그러한 주장은 우리 프로그램의 순수성을 해칠 수 있었기 때문에, 나는 그 말을 받아들일 수 없었다.

문제는 사람들이 관심을 갖고 있는 자선 단체에 후원을 하겠다는 열정이 있음에도 불구하고, 많은 이들이 진지하고 솔직한 친절함의 명예 규율을 존중하지 않았다는 사실이었다. 우리는 양을 얻었지만, 친절한 행동의 질은 우리가 원했던 것보다 훨씬 낮았다. 가령, 어떤 사람은 이런 식으로 열두 번의 친절한 행동을 기록했다. 〈나는 형을 위해 문을 열어 주었다.〉 〈형에게 물을 한 잔 갖다 주었다.〉 〈형을 위해 문을 닫아 주었다.〉 사람들은 우리의 프로그램을 마치 게임처럼 즐기고 있었던 것이다.

우리는 사람들이 보다 진지한 자세로 참여하고, 그리고 한 번씩만 투표할 수 있도록 해야 한다는 사실을 깨닫게 되었다. 또한 자선 활동을 격려하기 위한 것이라고 하더라도, 인센티브 설계에 신중을 기해야 했다. 우리는 자선 단체들이 그들이 속한 지역 사회를 설득해서 후원받기를 바랐을 뿐만 아니라, 지역 사회의 모든 사람들이 친절함의 진정한 힘을 확실히 느끼기를 바랐다. 이 프로그램을 일종의 거래로 여기지 않기를 원했다.

카드 프로그램과 관련하여 내가 가장 불편하게 생각했던 부분은, 친절한 행동을 하고 나서 카드를 상대방에게 넘겨주어야 한다는 사실이었다. 아무런 문제가 없는 경우도 있지만, 어떤 때에는 대단히 어색하거나 이상한 행동처럼 보일 위험이 있었다. 고급 레스토랑에서 낯선 사람에게 음료와 함께 카드를 건네는 것은 깜찍하고, 세련되고, 누구든 충분히 받아들일 수 있는 행동이다. 하지만 노숙자에게 샌드위치와 함께 카드를 건네는 것은 불편하거나 부적절한 행동으로 보일 수 있다.

우리 직원들은 카드 프로그램이 애초의 목적을 제대로 달성하지 못하고 있다고 여러 차례에 걸쳐 지적했다.

당시 마케팅 부사장이었던 에리카 패트너는 내게 이렇게 말했다. 「너무 어지럽고 복잡하게 만들어 놓아서, 사람들이 카인드 브랜드에 관심을 기울이기가 힘듭니다. 소비자들은 이기적이고, 바쁘고, 마케팅 홍수에 빠져 있습니다. 우리는 그러한 사실을 인정하고, 간단하고 가치 있는 보상을 제시하는 프로그램을 만들어 내야 합니다.」

나는 이렇게 대답했다. 「소비자들이 안전지대를 벗어나게끔 해야 합니다. 그렇게 해야 할 의미 있는 근거를 제시할 수 있다면, 저는 사람들이 기꺼이 세상을 위해 친절한 행동을 할 것이라 믿습니다.」

에리카는 말했다. 「카드라는 형식은 좋지만, 사람들이 받아들이기에 다소 시대에 뒤떨어진 감이 있고, 확장 가능성도 크지 않습니다.」

나는 약간 비꼬는 말투로 이렇게 지적했다. 「마케팅을 하는 사람들은 항상 인간을 좀 삐딱한 시선으로 바라보는 것 같아요. 사람들에 대한 기대에서 좀 더 낙관적일 필요가 있습니다.」

에리카가 지적했듯이, 우리 조직에서는 이상주의(나)와 현실주의(나머지 팀원들) 사이의 갈등이 빚어지고 있었다. 나는 프로그램의 순수성을 지키길 원했지만, 이러한 접근 방식은 사람들의 참여를 떨어뜨리고 있었고, 이는 내가 인정을 해야만 하는 부분이었다. 하지만 반대로 실용주의에 대한 집착은 우리 프로그램을 다른 브랜드들과 구분하기 힘들게 할 것이었고, 결국 목표 달성을 어렵게 할 것이었다.

우리는 다음번(그리고 지금) 시도인 #카인드오섬#kindawesome 카드 프로그램에서 실질적인 돌파구를 찾았다. 이 프로그램은 완전히 다른 방식으로 작동한다. 그 아이디어를 내놓았던 사람은 바로 나의 전 비서였던 애디나 코헨이었다.

이 프로그램에서 우리는 우리 자신에게, 혹은 다른 누군가에게 친절한 행동을 한 사람들에게 #카인드오섬 카드를 건넨다. 이 카드의 목적은 친절함을 축하하고 표창하는 것이다. 내가 아이들 네 명과 함께 있을 때 어떤 숙녀가 우리에게 택시를 양보했다면(종종 일어나는 일이기는 하지만), 나는 그녀에게 우리의 #카인드오섬 카드를 건네준다. 지하철에서 누군가가 할머니나 임산부에게 자리를 양보하는 장면을 목격했을 때, 나는 그에게 다가가 카드를 건넨다. 그러고는 카드 뒷면에 나와 있는 문구를 가리키면서 이렇게 말한다. 〈친절하시군요. 당신의 친절함에 대한 감사의 의미로 드리는 것이니, 여기 웹 사이트로 들어가셔서 이 암호를 입력하세요.〉 실제로 그가 우리 웹 사이트를 방문해서 카드에 적혀 있는 암호를 입력할 경우, 우리는 그의 친절함에 대한 표창의 표시로 카인드 바 한 묶음을 우편으로 보낸다. 마찬가지로 그가 다른 사람의 친절한 행동을 목격했을 때, 다시 그 사람에게 #카인드오섬 카드를 건네게 되고, 그렇게 똑같은 과정이 반복된다.

임산부를 만나게 되면, 나는 그들에게 다가가 #카인드오섬 카드의 개념에 대해 설명한다. 그들이 도망을 치거나, 혹은 경찰을 부르지 않는 한, 나는 그렇게 만난 임산부들을 모두 카인드 홍보 대사로 끌어들인다. 임산부들에게 한꺼번에 10~20장의 카인드오섬 카드를 나누어 주어서, 다음번에 누군가가 그들에게 자리를 양보하거나 호의를 베풀었을 때, 상대방에게 카드를 건네줌으로써 친절한 행동을 표창하도록 한다.

이 프로그램의 마술적인 부분은, 친절한 행동이 이루어지는 순간을 우리가 중단시키지 않아도 된다는 것이다. 순수한 친절함이 완성되고 난 뒤에라야 우리는 비로소 그 사람의 행동을 축하할 수 있게 된다. 내 친구들은 자신들도 이 카드를 나누어 줄 수 있게끔 해달라고 끈질기게 부탁한다. 우리는 모든 카인드 홍보 대사들, 가장 충성스러운 카인드 팬들, 그리고 친구들과 디지털 기술을 통해서 카드를 널리 퍼뜨릴 수 있는 다양한 방안들을 모색하고 있다.

적절하게 활용하기만 한다면, #카인드오섬 카드는 우리에게 아주 효과적인 비즈니스적, 그리고 사회적 도구가 될 수 있다. 이상적인 시나리오에서, 우리의 다음번 마케팅 프로그램의 목표는 지역 사회 안에 살고 있는 수백만 명이 친절한 행동을 하고(직접 친절한 행동을 하거나 목격하고, 그리고 카인드 제품들을 공유하고, 입고, 혹은 소비하면서) 카인드 포인트를 얻는 것이다. 그들은 그렇게 얻은 포인트를 #카인드오섬 카드로 교환해서, 표창할 만한 친절한 행동을 한 친구나 낯선 사람에게 건넬 수 있다. 아직도 많은 사람들이 카인드 바를 먹어 보지 못했다. 이제 사람들은 선행을 통해 표창을 받고, 훌륭한 포인트를 쌓으면서, 우리 브랜드와 제품을 경험하게 될 것이다.

우리는 또한 카인드 바를 사람들을 격려하는 수단으로 활용하는 비즈니스 모델의 장점에 대해 자부심을 느낀다. 우리는 재치 있고 세련된 방식으로, 사람들의 몸과 맛봉오리에 친절함을 베푸는 건강 스낵을 가지고 친절함의 순간을 표창하고 있다. 포장 및 배송 비용까지 추가한다고 하더라도, 그 비용은 그리 크지 않다. 마케팅 투자를 통해 이보다 더 좋은 효과를 만들어 낼 수 있을까? 비즈니스 목표와 사회적 목표를 통합함으로써, 그리고 사람들이 우리 제품을 경험하고 다른 사람들과 카인드 브랜드를 공유하도록 함으로써 우리가 만들어 내고 있는 인간적인 따뜻함을 과연 기존의 광고가 따라잡을 수 있을까?

카인드 코즈

#카인드오섬 카드와는 별개로, 2011년부터 우리는 온라인, 오프라인에서 친절한 행동을 격려하기 위한 또 다른 플랫폼을 개발해 왔다. 앞서 검은색 카드 프로그램에서 참가자들이 기록으로 남겼던 행동들의 질적 수준에 실망하고 나서, 우리는 빅 카인드 액트를 지지하는 방안을 모색하기 시작했고, 우리를 도와서 빅 카인드 액트를 실천할 수 있도록 지역 사회를 고무하려 했다.

매달 첫 번째 화요일(카인드 화요일이라고 하는)마다 우리는 지역 사회 주민들을 초대해서 친절함을 상징하는 행동을 실천에 옮기도록 했다. 예를 들어, 자신을 격려해 주었던 여성에게 감사의 편지를 쓰도록 했다. 이런 방식으로 많은 사람들이 사소한 친절함을 실천하고 우리에게 알려 줄 때, 우리는 도움이 절실하게 필요한 사람들을 위해 지역 사회의 이름으로 빅 카인드 액트를 실행할 수 있다. 예를 들어, 유방암 치료를 받고 있는 여성들에게 편의용품 세트를 보낼 수 있다. 지역 사회도 이와 같은 친절한 행동에 동참할 수 있다. 그러나 사소한 친절함이 충분히 많지 보고되지 않는다면, 빅 카인드 액트는 실현되지 못할 것이다.

처음에 우리는 대규모 행사를 마련하기 위해서, 백 명의 사람들이 친절한 행동을 시작하도록 했다. 우리가 정한 첫 번째 임무들 중 하나는, 여름에 야외에서 일하는 사람들에게 시원한 음료수를 대접하는 것이었다. 이것의 성공은 더욱 주요한 프로젝트를 시작하는 계기가 됐다. 어떤 달에는 카인드 직원들이 나서서 자원 봉사자들과 함께 해변을 청소했다. 다른 달에는 신발 수백 켤레를 가난한 아이들에게 선물했다. 사람들에게 부모님의 일손을 거들어 주라고 한 적도 있었다. 충분히 많은 사람들이 그 행동을 실천으로 옮겼을 때, 카인드는 미국 전역의 보호소에 새롭게 들어온 가족들에게 기저귀와 아기 용품들을 기부했다.

처음 몇 달 동안, 우리 지역 사회 안에서 흥분감이 일었다. 참가자의 규모가 늘어났고, 우리는 그 프로그램이 선행을 하도록 주민들에게 활력을 불어넣고 있다는 사실을 눈으로 확인할 수 있었다. 그러고 나서 우리는 6월에 그 달의 빅 카인드 액트를 발표했다. 워싱턴 DC에 있는 캐피털 에어리어 푸드 뱅크와 손잡고 수천 명의 학생들을 대상으로 몸에 좋은 방과 후 식사와 영양에 관한 교육 프로그램을 제공하는 것이었다. 6월의 빅 카인드 액트를 실행하기 위해서는 1,200명의 사람들이 자신에게 맛있는 식사를 제공해 준 사람에게 오렌지를 선물하는 것과 같은 사소한 친절함을 베풀어야 했다. 우리는 그 프로그램에 관한 이야기를 널리 퍼뜨리기 위해 열심히 노력했고, 마감 시간이 다가오면서 참여자들의 수가 증가하는 모습을 웹사이트상에서 10분마다 확인하곤 했다.

그러나 우리가 제시한 임무를 받아들였던 사람들의 수는 1천 48명에 그치고 말았다. 처음으로 실패한 것이다.

우리의 마케팅 팀은 지역 사회 사람들에게 부정적인 소식을 전해야 한다는 사실에 걱정을 하고 있었다. 우리의 의사소통 책임자였던 엘르 래닝은 이렇게 말했다. 「대니얼, 카인드는 긍정적인 느낌을 주는 브랜드입니다. 그런데 왜 목표를 달성하지 못했다는 말을 전해서 사람들을 좌절하게 하고 그들을 비난해야 합니까? 왜 도움이 필요한 사람들을 원망해야 하는 겁니까? 그것은 우리 브랜드의 접근 방식이 아닙니다.」

나는 그녀와 에리카가 무슨 이야기를 하는지 이해할 수 있었다. 실패로 인해 지역 사회가 피해를 입어서는 안 된다는 뜻이었다. 나는 지금이 우리 직원들에게 지역 사회가 선행을 할 역량뿐 아니라 책임도 갖고 있다는 사실을 사람들에게 각인시키기 위한 중요한 기회라고 설명했다. 우리가 정말로 구성원들이 이끌어 가는 지역 사회를 구축하고자 한다면, 사람들은 이를 이해할 것이며, 결과를 떠나 자랑스럽게 생각하게 될 것이다.

우리는 이메일을 통해서 더 많은 지역 사회 사람들이 참여하도록 설득하지 못한 책임이 우리에게 있다는 메시지를 전했다. 우리는 대단히 진지했다. 지역 사회 구성원들이 카인드 액트를 맹세하고 촉발시키지 않는다면, 빅 카인드 액트는 실현이 불가능했다.

발신: 카인드 헬시 스낵
일시: 2011년 6월 8일 수요일 오전 9:49
제목: 우리는 실패했습니다

우리는 〈친절한 일을 하라〉 기준에 도달하지 못했습니다. 그래서 이번 달 빅 카인드 액트는 실현이 어렵게 되었습니다. 하지만 여러분의 참여로 다음 달에는 꼭 달성할 수 있을 것이라 기대합니다!

다음 달 카인딩 미션KINDING Mission을 확인하시고, 아래의 〈친구들에게 전하세요〉 버튼을 클릭해서 여러분이 알고 있는 사람들이 카인드 무브먼트에 동참하도록 격려하세요. 우리 모두가 한 가지 작은 친절한 행동을 실천한다면, 다음 달 빅 카인드 액트는 반드시 실현될 수 있을 겁니다.

카인드를 되찾읍시다!

하지만 정작 도움이 필요한 사람들에게 피해가 가기를 원치 않았기 때문에, 우리는 계획을 세워 두고는 있었지만 발표는 하지 않았던 기부를 추진하기로 결정했다. 그 결정은 우리 직원들이 내린 것이었다. 나의 원래 계획은 문제를 먼저 해결하고, 지역 사회가 우리와 함께 손을 잡기로 결정을 내린 후, 다음 달에 기부를 하는 것이었다.

실망감은 우리 지역 사회가 하나로 뭉쳐 다음 달에 친절한 행동을 실행하는 계기가 되었다. 새로운 빅 카인드 액트는 군인 친우회와 함께 귀국한 군인들을 위해 축하연을 열고, 50만 개의 바를 군인들에게 기부하는 행사로 결정됐다. 이번에 우리 직원들은 기회를 놓치지 않고자 했고, 더 많은 사람들을 선행에 끌어들이기 위해 최선을 다했다. 우리는 1천2백 명의 사람들이 그 달의 임무, 즉 자신을 지켜 준 사람들에게 감사의 편지를 쓰도록 해야 했다. 그리고 총 3만 744명의 사람들이 그 임무에 동참했다. 책임감이 위력을 발휘했고, 우리 지역 사회는 실패를 딛고 일어설 수 있었다. 우리는 지역 사회에 진정한 책임감을 부여함으로써, 더 많은 참여를 이끌어 낼 수 있다는 사실을 증명해 보였다.

여러 차례 보완을 거친 이후에, 우리는 오늘날 카인드 코즈KIND

Causes라고 하는 프로그램을 출범했다. 이제 누구든 세상을 보다 친절한 곳으로 만들기 위한 아이디어를 제안할 수 있다. 그리고 지역 사회 구성원들은 한 달에 한 번 로그인을 해서, 자신이 선택한 프로젝트에 투표할 수 있다. 사람들은 자신이 지지하는 친절한 행동을 직접 실천하겠다고 다짐하는 방식으로 투표를 하게 된다. 여기서 가장 많은 표를 획득한 아이디어는 보조금 및 카인드의 후원을 기반으로 실행에 옮겨지게 된다. 이러한 플랫폼에서 우리의 목표는 카인드 교환 시스템을 발판으로 삼아 궁극적으로 다음 단계로 도약하는 것이다. 우리는 한 달에 한 가지 프로젝트를 선정하여 후원을 하지만, 지역 사회가 나선다면 그 밖에 많은 훌륭한 프로젝트들을 후원할 수 있을 터였다.

우리는 더 행복한 세상을 만들기 위해 친절한 행동들을 계속해서 이어 갔다. 널리 알려지게 된 프로젝트인 플라워 월Flower Wall은 사람들에게 놀라움과 기쁨을 안겨 주면서, 이제 우리 샘플 행사의 일부로 자리를 잡았다. 여기서 우리는 사람들에게 카인드 제품들을 싱싱한 꽃과 함께 전달하면서, 다른 사람들에게 나누어 주라는 부탁을 한다. 그러면 두 명의 사람이 행복해지는 것이다.

친절한 행동을 격려하고 그 흐름을 이어 나가기 위해 활용했던 또 다른 방법으로는, 카인드 직원들이 직접 나서서 그들 자신의 지역 사회를 변화시키기 위한 프로그램을 주도하는 것이었다. 2012년 10월 허리케인 샌디가 이스트코스트와 뉴욕 시를 강타했다. 그때 우리 직원들은 지역 사회와 함께 재난 지역의 복구 작업에 도움을 주었다. 카인드 직원들은 현장으로 출동해서 잔해들을 정리하고, 수

많은 카인드 바를 이재민이나 초기 구호 작업에 나선 사람들에게 나누어 주었다. 직원들의 배우자 및 친구들도 점차 합류하기 시작했다. 직원들의 남편들은 특히 피해 상황이 심각한 스태튼 섬 지역의 이재민들을 위해 자전거를 타고 배터리와 양초, 그리고 카인드 바를 포함한 생필품을 나누어 주는 일을 맡았다. 나중에 우리 직원인 케이티 라이머는 이메일을 통해 내게 이렇게 말했다. 〈주민들이 우리의 도움에 감동을 받았습니다. 우리 카인드 팀이 이만큼 자랑스러웠던 적은 없었습니다.〉

사람들은 내게 이렇게 묻는다. 〈카인드 무브먼트는 잘 되어 가나요?〉 그러면 나는 단지 훌륭한 브랜드와 제품이 아니라, 우리의 노력이 하나의 물결이자 공동체, 그리고 마음가짐으로 자리를 잡기를 바라는 소망에 대해 이야기한다. 마케팅 광고처럼 들릴 수도 있겠지만, 우리의 마음은 진실하다.

카인드를 설립한 이후로, 분명하게도 나는 친절한 행동에 항상 촉각을 곤두세우고 있다. 나는 친절한 손길로 낯선 이들을 놀라게 할 수 있는 기회에 대해, 그리고 누군가를 행복하게 하는 행동이 내게 가져다주는 의미와 만족감에 대해 많은 걸 알고 있다. 나는 더 나아지기 위해, 그리고 다른 이들에게 더 친절하기 위해 끊임없이 노력하고 있다. 그리고 거의 매일마다 친절한 행동을 베푸는 것이 세상을 살아가기 위한 더 좋은 방법이라는 사실을 깨닫게 된다. 나는 인간이고, 실수를 저지르고, 조급하게 행동하고, 때로 짜증도 낸다. 하지만 친절함은 언제나 나를 더 나은 인간으로 만들어 준다. 나는 나의 역할을 카인드의 설립자이자 CEO라고 인식하고 있으며, 윤리와 인간적인 행동에서 최대한 높은 기준을 따라 살아가야 한다는 책임감을 느끼고 있다. 그리고 동료 직원들과 그러한 느낌을 공유한다. 이러한 에너지와 삶의 태도를 지역 사회 내부에서 다른 사람들을 돕기 위한 도구로 활용할 수 있다면, 변화를 위한 브랜드이자 기반으로서 카인드가 얼마나 강력한 힘을 발휘할 수 있을지 상상해 보자. 수백만 명, 혹은 수천만 명의 사람들이 스스로를 카인드 무브먼트의 일부로 바라본다면, 그리고 더욱 커다란 친절함을 위한 촉매로서 자신의 역할에 기뻐하고, 서로 동등한 만족감과 의미를 주고받을 수 있다면, 우리는 사회를 변화시킬 수 있는 놀라운 힘을 발휘하게 될 것이다.

결론적으로, 내 꿈은 〈*Do the KIND Thing*(친절한 일을 하라)〉이라는 표현이 공식적인 용어 사전에 등록되어서, 누군가 〈*Do the……*〉라고만 말해도 사람들이 〈*KIND Thing*〉을 떠올릴 수 있도록 하는 것이다. 나는 이 문구가 모든 사람들에게 친절한 행동을 떠올리게끔 영감을 주는 표현이 되기를 바란다.

이렇게 우리는 하나의 브랜드이자 제품, 그리고 기업에서 하나의 공동체와 운동, 그리고 마음가짐으로 자리를 잡아 가고 있다. 우리가 꿈꾸는 이상적인 세상 속에서, 사람들은 아침에 요구르트와 함께 카인드 헬시 그레인스 클러스터스를 먹고, 오후에는 카인드 다크 초콜릿 너츠 앤드 시 솔트 바를 먹고, 그리고 저녁에는 어떤 사람이 친절한 행동을 하는 것을 목격하고 그에게 #카인드오섬 카드를 건넨다. 그리고 사람들은 스스로 친절하게 살아가기로 마음을 먹었기 때문에, 도움이 필요한 사람들을 볼 때마다 그들에게 손을 내밀어야 한다는 책임감을 더욱 강하게 느낀다. 나의 목표는 우리 모두가 카인드 브랜드, 그리고 친절함을 자기 정체성의 한 부분으로 바라보는 것이다.

경영과 비즈니스에서의 공감이란 무엇인가

친절함과 공감은 조직 내부에서 문화를 구축하는 과정에도 도움이 된다. 모든 기업에서 직원들이 가장 걱정하는 것들 중 하나는 그들의 관리자들이 진정으로 자신에게, 그리고 자신의 업무적인 성장에 관심을 갖고 있는지에 관한 것이다. 우리 기업은 내게 공감하고 있으며, 하나의 인간으로서 내게 관심을 기울이는가?

카인드는 정말로 그렇게 하고 있다고 나는 확신한다. 기업을 구축하는 과정에서, 모든 직원들이 스스로를 가족의 일원으로 바라보도록 하는 일은 점점 더 어려워진다. 열 사람의 직원들과 서로 끈끈한 유대감을 나누는 접근 방식은 어느 순간부터 불가능한 일이 되어 버린다. 카인드는 이제 훨씬 더 큰 조직이 되었다. 성장을 하는 동안, 카인드의 문화와 가치는 우리가 누구인지 알릴 수 있는 유일한 통로가 되었다. 그러한 생각을 조직에 불어넣기 위해, 최근에 나는 많은 시간을 할애하고 있다.

이러한 카인드의 문화는 카인도스KINDOs(〈영광kudos〉을 살짝 변형하여)라고 하는 프로그램 속에 잘 드러나 있다. 우리 직원들은 매월 친절한 행동을 실천한 동료들을 축하한다. 이와 관련하여 한 가지 최근 사례를 잠깐 살펴보자. 한 직원이 카인드 캠퍼스 홍보 대사를 칭찬했다. 그는 자신의 딸이 대학 기숙사로 짐을 옮길 때 같이 따라가 도와주었고, 거기서 다른 학생들과 가족들에게 카인드 바를 나누어 주고, 또한 무거운 짐들을 계단으로 옮기는 일을 도와주었다. 〈그의 도움과 훌륭한 성품, 그리고 친절함은 하루를 정말로 활기차게 만들어 주었고, 사람들은 그가 떠난 지 한참 후에도 그가 보여 주었던 친절함에 대해 이야기를 나누고 있었습니다.〉

일반적으로 사람들은 공감을 하나의 비즈니스 기술이라 생각하지는 않지만, 실제로 공감 능력은 놀라운 가치를 만들어 낸다. 반면에 공감의 결핍은 가치를 허물어뜨린다. 앞서 언급했듯이, 당연하게도 사람들은 위협이나 상처를 받을 때 본능적으로 방어적인 자세를 취하게 된다. 어른이 되어 가면서 많은 사람들은 타인에 대해서, 그리고 비즈니스에 대해서 반사적으로 냉소적인 태도를 취하게 된다. 그러나 타인에게서 최악의 경우를 가정하는 접근 방식은 우리를 끔찍한 길로 데려간다. 여러분이 날카로운 반응을 보일 때, 상대는 그러한 공격적인 태도를 주의를 넘어서 불신으로 해석하게 될 것이며, 여러분이 인식하기도 전에 그러한 과잉 대응은 잠재적인 협력과 풍성한 관계의 가능성을 망쳐 버리고 말 것이다. 거래를 성사시키고 관계가 악화되는 것을 막고자 할 때, 상대의 입장에서 바라봄으로써 우리는 더 나은 의사 결정을 내릴 수 있다.

물론 대립적인 관계에서는 위협과 부당함에 굴복하지 않는 모습을 보여 주는 것도 필요하다. 하지만 감정적으로 대응할 때, 한계를 넘어설 위험이 있다(그러한 상황에서는 그렇게 하지 않기가 힘들다). 여러분이 우위에 있을 때, 먼저 공감을 표현하고, 관대한 모습을 드러내는 노력이 또한 중요하다. 상대방이 어떻게 상황을 바라보고 있는지 정확하게 이해하고자 할 때, 상대방 역시 여러분의 입장을 이해할 수 있으며, 신뢰를 기반으로 서로에게 공정한 결과를 이끌어 낼 수 있다. 대립 상황에서는 명예와 자존심의 문제가 거래의 경제학보다 더 강력하게 전반적인 상황에 영향을 미치게 된다. 바로 이러한 점에서 공감 능력은 긍정적인 결과를 이끌어 내기 위한 열쇠다.

비즈니스 기회가 아니라 지역적 분쟁을 해결해야 할 때, 우리는 더 많은 이익을 얻을 수 있다. 나는 이스라엘과 팔레스타인 간의 불신이 어떻게 사람들의 증오를 더 오래 지속되게 하는지, 그리고 더 깊게 만드는지 목격했다. 먼저 상대의 공격을 받고, 그래서 스스로를 지켜야 한다는 정당한 명분이 있을 때조차, 무력의 사용은 예외없이 양측 모두에게 피해를 입힌다. 친절함이 순수한 행복의 결정체인 것처럼, 공격성은 사회 속에서 혼란과 어둠을 증폭시킨다. 위험이 극에 달했을 때, 우리는 모두 함께 포용력을 넓힘으로써 획기적인 돌파구를 발견할 수 있다.

공감을 가르칠 수 있을까?

어떤 사람들은 다른 이들의 고통을 느끼는 능력, 그리고 도움을 주고자 하는 욕망을 갖고 태어난다. 반면, 다른 사람들은 이를 배워야 한다.

나는 모든 사람들을 평등한 존재로 바라보고, 그들을 친절하게 대해야 한다는 사실을 일찍이 배웠다. 그리고 그러한 깨달음을 실천하는 과정에서, 나는 때로 어리석게 보이기도 한다. 샌안토니오로 건너와서 로버트 E. 리 고등학교에 갓 입학했을 때, 나는 주변 상황에 대해 전혀 알지 못했다. 그 고등학교의 복잡한 사회적 질서 속에 그렇게 다양한 파벌과 하위 집단들이 존재하는지 몰랐다. 모든 사람들이 나와 똑같았던 멕시코시티의 사립 유대인 학교에서 전학을 온 나는 그곳의 사회적 신호들을 해석하는 과정에 많은 어려움을 겪었다. 나는 논쟁과 연극을 좋아하는 아이들과 친하게 지냈다. 그리고 어떤 날은 운동을 좋아하는 아이들과 함께 점심을 먹었고, 다음날은 뉴 에이지 펑크를 좋아하는 아이들과 함께, 그리고 그다음 날에는 멕시코계 미국인 아이들과 함께 어울렸다.

나의 패션을 사촌인 에디에게 맡긴 것은 아마도 실수였을 것이다. 나와는 달리, 에디는 패션에 관심이 많은 멋쟁이였다. 동시에 최신 유행에 지나치게 집착하는 아이이기도 했다. 나는 에디와 함께 쇼핑몰에 가서, 양옆에 지퍼가 달리고 곳곳에 주머니가 붙어 있는 파라슈트 팬츠를 샀다. 에디는 마이클 잭슨 스타일의 화려한 빨간색 가죽 재킷을 샀다. 또 다른 날에는 리바이스 청바지, 혹은 사립 학교를 다니는 부잣집 아이들이 종종 입는 랠프 로런 폴로 셔츠를 입었다.

어느 날, 내가 짝사랑하고 있던(피어싱을 주렁주렁 달고, 펑크스타일로 머리를 깎고, 어지럽게 염색을 했음에도) 앰버라는 소녀가 나를 따로 불러 이런 이야기를 했다. 「대니얼, 넌 네 자신을 정해야

해. 모든 게 될 순 없어. 그중에서 하나만 선택해야 해.」

나는 대답했다. 「그래도 억지로 나를 끼워 맞추기는 싫어.」

그러자 앰버는 말했다. 「어디에 속하는 게 싫다는 말이야? 넌 영어를 잘 못하니까 내 말을 들어! 한 가지 그룹만 골라.」 하지만 나는 어떤 고정 관념에 순응하기를 거부했고, 그래서 다른 십 대 아이들을 어리둥절하게 했다. 트리니티 대학으로 진학해서는 모든 클럽과 조직에 가입했다. 마치 영화 「맥스군 사랑에 빠지다」 속의 주인공처럼 살았다.

스탠퍼드 로스쿨에서도 비슷한 경험을 했다. 스탠퍼드는 아름다운 캠퍼스는 물론이거니와, 학생들이 오로지 자기 자신과 경쟁하도록 격려하는 분위기가 조성되어 있었다.

거기에 있는 사람들은 친절함을 위해 친절했다. 스탠퍼드에서 지냈던 3년 동안, 단 한 번의 예외적인 상황이 있었다. 당시 나는 아주 멋진 카사 루베츠키(내가 살았던 작은 아파트)에 매주 동료 학생들을 저녁에 초대해서, 내가 만들 줄 아는 유일한 요리인 데리야키 치킨을 내놓고는 했다. 그런데 한 녀석이 나를 가로막고서는 이렇게 물었다. 「네 목적이 뭐지? 사람들에게 그렇게 친절하게 구는 이유가 뭐야?」

나는 깜짝 놀랐다. 그가 왜 그렇게 이상하게 생각하는지 이해하지 못했다. 나는 그저 사람들과 어울려 즐거운 시간을 보내고 싶었을 뿐이다. 돌아보건대, 그때 나는 모든 사람들이 나처럼 다른 이들에게 친절함을 베푸는 성향을 갖고 있는 것은 아니라는 사실을 깨닫게 되었다. 그리고 이러한 깨달음을 통해서, 나는 이후에 카인드를 통해서 삶을 풍요롭게 하는 친절함의 위력에 사람들이 마음을 열도록 도움을 줄 수 있을 것이라고 생각하게 되었다.

사람들 사이에 다리를 구축하려는 노력은, 우리가 앞으로 직면하게 될 모든 도전 과제들을 감안할 때, 오늘날 기업 내부에서, 그리고 더 넓은 세상에서 특히 중요하다. 나는 하나의 사회로서 서로 협력할 수 있는 인간의 능력에 많은 관심을 기울이고 있다. 요즘 지하철을 타고 뉴욕을 돌아다닐 때, 특히 날씨가 궂어서 지하철이 많이 붐빌 때, 나는 사람들이 서로에게 대단히 공격적인 모습들을 드러내는 것을 보면서 두려움을 느끼게 된다. 급박한 상황이 아니다. 음식이나 물이 없어서 누가 죽어 가는 것도 아니다. 사람들은 다만 지하철을 기다리고 있었을 뿐이다. 좀 더 비좁고, 덥고, 혹은 느릴 뿐이다. 그럼에도 사람들은 때로 걱정스러울 만큼 비열하고 차가운 태도로 서로를 대한다. 우리 모두가 하나의 사회로서 이와 같은 실질적인 문제에 대처할 수 있을 때, 어떤 일이 벌어지게 될까?

향후 20년 동안, 인류는 기후 변화, 물과 식량 부족, 전염병, 핵 확산, 테러 등 지구와 인간에 관한 엄청난 문제에 직면하게 될 것이다. 우리가 이러한 문제들을 극복할 수 있는 유일한 방법은 함께 같은 편으로 맞서 싸워야 한다는 사실을 인식하는 것이다.

국가들로 이루어진 공동체 안에서, 우리가 함께 공유하고 있는 가치들을 아이들에게 가르치기 위한 공통된 교육 과정이나 합의가 아직 마련되어 있지 않다는 사실을 떠올리면, 항상 머리가 아프다. 비록 부모 세대가 국가와 민족을 단위로 대립을 하고 있다고 하더라도, 나는 동료 인간들과 공유하고 있는 가치에 대해 범세계적인 차원에서 아이들을 교육할 수 있는 프로젝트를 최근 몇 년 동안 구상하고 있다.

나는 앞서가는 전문가들을 한 자리에 모으고, 이러한 보편적인 가치 커리큘럼 기반을 마련함으로써 전 세계 학교들이 이를 활용할 수 있도록 하는 사업을 벌이고 있다. 우리는 IT 기업 및 글로벌 조직들과 손잡고서, 학습 도구들을 무료로 제공하고, 학교들이 우리의 프로그램을 받아들이도록 동기를 부여하기 위한 협력의 발판을 마련하고 있다. 그 프로젝트는 한 파키스탄 소년이 미국에 살고 있는 소녀와 공통점을 가지고 있다는 사실을 발견하도록 돕는 것이다. 결론적으로 나의 비전은 인류가 공유하고 있는 가치들뿐만 아니라, 그들의 유산까지도 자랑스럽게 생각하는 시민들로 이루어진 범세계적인 움직임을 시작하는 것이다.

이에 대한 인식이 있어야, 인류는 21세기에 살아남을 수 있을 것이다.

나와 마찬가지로, 서구의 많은 친구들은 테러와 원리주의를 걱정하고 있다. 내가 어떤 노력을 하고 있는지 잘 알고 있는 친구들은 이렇게 묻는다. 〈사우디아라비아의 와하브파가 기존의 노선을 바꾸도록 하려면 우리는 어떻게 해야 할까? 왜 부유한 아랍 국가들이 《이슬람 국가》의 테러 조직인 ISIS를 지원하는 것일까? 시리아의 아사드 정권이 수만 명의 사람들을 학살하도록 부추기고 있는 헤즈볼라와 이란의 지원을 어떻게 차단할 수 있을까?〉

물론 나는 파시스트가 아니다. 그래도 전제 정권의 공격과 학살을 막기 위해서 무력의 개입이 필수적이라고 생각한다. 어쨌든 2차

대전 당시 미국의 개입이 없었더라면, 나는 지금 여기에 없을 것이다. 하지만 절대적으로 필요한 순간에 무력을 사용하는 방법은 제쳐 두고, 교육은 앞으로의 분쟁을 방지하는 과정에서 어떤 역할을 맡을 수 있을까?

우리 자신의 가치와 우월성에 대한 인식을 다른 문화에 강제적으로 주입하려는 시도는 절대 성공을 거두지 못할 것이다. 세상의 모든 이들이 남들로부터 이해받기를 원한다는 사실을 깨달았다면, 우리는 더 나은 기회를 발견하게 될 것이다. 세상의 모든 아이들이 다른 이들과 공통점을 가지고 있다고 느낄 수 있는, 존엄과 평등, 존경에 뿌리를 둔 기반을 마련함으로써, 나는 이슬람, 기독교, 유대교, 불교, 힌두교 및 여러 다양한 종교를 믿는 사람들과 무신론자들까지 함께 대화에 참여하고, 서로가 인간으로서 공통점을 발견하도록 도움을 줄 수 있기를 원한다.

나는 어릴 적 보호 시설에서 자랐기 때문에, 우리 인간들이 서로 얼마나 고립되어 있는지 잘 알고 있다. 때로는 우스꽝스러운 오해도 있었다. 나는 우리 가족들이 집에서 쓰는 말이 이디시어와 스페인어가 섞인 말이라는 사실을, 한 기독교 친구가 내게 〈tuchas〉라는 말이 무슨 뜻인지 물어보기 전까지(그 친구가 모르는 이디시어로 〈엉덩이〉라는 뜻이지만, 당시 고립된 환경에서 자라다 보니 스페인어인 줄로만 알았다) 알지 못했다. 또한 나는 스페인어와 이디시어를 합친 〈pishar〉라는 말을 〈화장실에 가다〉라는 뜻의 동사로 사용하기도 했고, 오늘날 내 아이들 역시 그 표현을 그대로 사용하고 있다.

그러나 우리가 지금 배우고 있는 것들은 다른 사람들에 대한 이해가 부족할 때, 그들에게 엄청난 피해를 입힐 수 있는 위험한 편견들이다. 어릴 적 부모님이 여러분에게 편협함과 증오를 가르쳤다면, 지금 여러분에게 남겨진 것은 옹졸함과 외국인 혐오, 그리고 전쟁일 것이다.

내 친구들은 내가 순진하다며 이렇게 지적하곤 한다. 〈대니얼, 다른 진영에 대한 증오와 무지로 넘쳐 나는 사람들은 공유 가치에 관한 커리큘럼에 참여하기를 원치 않는다는 사실을 알고 있어?〉 물론 나는 사람들을 대화의 장으로 끌어내는 노력이 얼마나 험난한 여정이 될 것인지 잘 알고 있다. 하지만 시도도 해보지 않고 그냥 포기할 수는 없지 않은가? 우리에게는 게으름을 피울 여유가 없다.

9장

신뢰

다른 사람들이 이끌어 가도록 하기

카인드는 매년 세계 최대의 식품 전시회인 미국 서부 자연식품 박람회에 참가하고 있다. 2013년에는 캘리포니아에 있는 애너하임 컨벤션 센터에서 열렸는데, 우리는 거기에 1천8백 개 업체들 중 하나로 참여하여 제품들을 선보였다. 우리는 프루트 앤드 너트 바와 카인드 헬시 그레인스 클러스터스, 그래놀라 제품, 그리고 카인드 너츠 앤드 스파이스 제품군으로 새롭게 출시된 신제품들을 사람들에게 알리느라 정신이 없었다. 또한 일반적인 게릴라 마케팅 방법도 동원하여, 〈친절한 일을 하라〉 프로그램에 참여하기를 약속한 사람들에게 6천 장의 티셔츠와 가방을 나누어 주었다. 카인드 티셔츠의 물결로 넘실대는 바다를 바라보고 있으니, 전시장을 돌아다니고 있는 열 명 중 한 사람은 카인드 운동의 일원인 것 같았다.

하지만 중요한 작업은 전시장 위 2층에서 이루어지고 있었다. 거기서 우리는 전시실 한 곳을 빌려, 홀 푸드, 웨그먼스, 아마존, H-E-

B 등 가장 크고 신뢰 있는 유통 업체 열두 곳을 은밀히 초대해서 프레젠테이션을 잇달아 진행했다. 우리는 비밀 엄수를 조건으로 이들 업체의 구매 담당자들에게 특별히 새롭게 출시한 카인드 헬시 그레인스 바를 비밀리에 공개했다. 우리 직원들은 그곳 전시실을 카인드 티셔츠, 바닥에 설치하는 진열대, 매대 광고판, 그리고 우리의 모든 제품들로 화려하게 장식해 놓았다. 심지어 분위기에 어울리도록 브랜드를 넣은 냅킨까지 얹어 두었다.

신제품 출시에 대한 이와 같은 은밀한 접근 방식은 우리의 보편적인 전략은 아니었지만(보통 전시장에서 떠들썩하게 발표회를 가졌었다), 당시 우리는 새로운 카테고리인 그래놀라 바 시장에 진입하고 있었고, 경쟁자들에게 우리의 움직임을 들키고 싶지 않았다. 프리미엄 성분을 집어넣었기 때문에, 우리는 신제품의 가격을 어쩔 수 없이 대부분의 그래놀라 바 제품들보다 더 높게 책정할 수밖에 없었다. 우리는 기존의 주요 경쟁자들이 가격을 더 낮춤으로써 소비자들이 우리 제품이 아니라 그들의 제품을 계속해서 선택하도록 할 수 있다는 사실을 잘 알고 있었기 때문에, 신제품을 출시하는 중요한 순간에 그들에게 그러한 시간적 여유를 주고 싶지 않았다. 그래서 비밀 엄수가 필수 조건이었던 것이다.

그 전날 밤, 나는 약간 긴장이 되었다. 이번에는 내가 직접 프레젠테이션을 진행할 생각이었다. 이번 신제품 출시에 많은 것들이 달려 있었고, 기업의 설립자인 내가 제품의 특성들을 가장 잘 설명할 수 있다고 믿었다. 나는 호텔 방에서 노트북으로 프레젠테이션 준비를 했고, 그동안 당시 네 살이었던 장남 로미가 토끼 인형을 안고 곤히 잘 수 있도록 방 안의 모든 조명들을 꺼두었다. 내가 아이를 출장에 데려온 것은 그때가 처음이었고, 전시회가 끝나면 아이와 함께 디즈니랜드로 놀러갈 계획이었다.

가장 먼저 미국 최대 식품 체인점인 크로거가 첫 번째 회의 시간에 함께했다. 크로거에서는 총 다섯 명의 고위 임원들이 참석했고, 거기에는 우리의 오랜 바이어이자 오래전에 라미와 내게 처음으로 기회를 주었던 세실 보기도 포함되어 있었다. 작년 한 해 동안, 크로거는 우리의 매출 실적에서 강한 인상을 받았고, 그래서 자연식품 사업부의 부사장을 맡고 있던 메리 엘런 애드콕은 사업부의 내부 회의에 우리를 초대하기까지 했었다. 당시 메리는 자신과 함께 자연식품 전략을 공동으로 이끌고 있었던 임원인 존 카원에게 그 회의에 참석해 달라고 요청했다.

그런데 내가 막 이야기를 꺼내려고 하는 순간, 존 레이히가 갑자기 일어나서는 모든 사람들에게 인사를 건네면서 회의를 주도하기 시작했다. 그는 이렇게 말했다. 「이번 사적인 초대에 응해 주셔서 진심으로 감사를 드립니다. 이 회의의 목적은 완전히 새로운 카테고리로 출시한 우리의 놀라운 신제품들을 살짝 엿볼 수 있는 기회를 여러분들께 드리는 것입니다.」

그 순간, 그가 내게 어떤 역할을 원하는지에 대해 미리 협의를 했어야 했다는 생각이 들었다. 당시 나는 세일즈 회의에 거의 참석을 하지 못하고 있었고, 다만 내가 그 회의를 이끌어야 한다고만 생각하고 있었다. 하지만 존이 나보다 더 경험이 풍부하고, 이번 회의를 주최한 사람도 바로 그였으며, 나는 한 걸음 물러서서 그의 신호를 따라야 한다는 사실을 문득 깨닫게 되었다.

존은 사교적이고 친절했으며, 우리를 찾은 임원들과 쉽게 어울렸다. 그는 바이어들에게 자신의 목적이 신제품 출시를 위해 특별한 무언가를 만드는 것이었다고 설명하고, 우리와 우리의 고객들이 카인드 브랜드에 대해 가지고 있는 열정과 마음을 담은 짧은 홍보 동영상을 보여 주었다.

그러고 나서 회의실에서 여섯 명의 카인드 직원들이 프레젠테이션을 시작하도록 했고, 이들 모두는 이번 신제품 출시와 관련된 제품 및 정보에 대해 자세하게 설명했다. 우리 마케팅 임원들은 우리 브랜드와 신제품의 특징, 그리고 향후 홍보 전략에 대해 유창하게 논의를 이어 나갔다. 또한 카인드 헬시 그레인스 바에 들어 있는 다섯 가지 슈퍼 곡물인 글루텐 프리 오트밀, 아마란스, 퀴노아, 기장, 그리고 메밀이 가져다주는 건강과 관련된 장점에 대해서 영양 전문가의 이야기를 들었다. 다음으로 세일즈 팀이 크로거에서 우리가 거두었던 실적에 대해 보고하는 시간을 가졌다.

뒤이어 카인드에서 카테고리 관리를 책임지고 있는 이스라엘인 존 이지는 카인드에 〈불이 붙었다〉고 이야기하면서, 다른 주요 브랜드들보다 여섯 배나 더 빠른 성장세를 보이고 있다고 설명했다. 그는 이렇게 말했다. 「성공의 원동력은 충성도가 높은 소비자들입니다. 카인드 제품을 먹어 본 소비자들 중 88퍼센트가 재구매를 하고, 친구들에게 추천을 하고 있습니다.」 그리고는 글루텐 프리 식품 유행이 식료품 매장들을 휩쓸고 있다고 언급했다. 최근 24주에 걸쳐, 글루텐 프리 제품들이 에너지 바 시장 매출에서 23퍼센트를 차지하고 있으며, 그래놀라 시리얼 시장에서도 15퍼센트를 차지하고 있었다. 반면, 그래놀라 바 시장의 경우는 4퍼센트에 불과했다. 이지는 바이어들에게 이렇게 강조했다. 「아직 전국 규모의 브랜드들 중 어느 곳도 글루텐 프리 그래놀라 바 제품을 출시하지 않았다는 점에서, 우리는 중요한 기회를 발견한 것입니다.」

우리의 회의는 마치 교향곡처럼 흘러갔고, 모든 악기들은 완벽한 조화를 이루고 있었다. 거기서 나는 지나치게 건조하거나 물러 터진 그래놀라 바로 대표되는 카테고리 내에서, 적당한 식감을 개발하는 과제에 우리가 얼마나 집중했는지에 대해서만 이야기했다. 내가 제시했던 우리 제품의 특성은 씹는 맛이 살아 있으면서도 바삭한 느낌을 주는 식감이었고, 이는 감각적인 경험이라는 측면에서 중요한 차이를 만들어 내는 특징이었다. 프레젠테이션을 하지 않을 때, 나는 우리 직원들을 살펴보았다. 그들이 함께 협력하는 모습을 바라보는 것은 예술품이 완성되는 과정을 지켜보는 것과 같았다.

우리 직원들이 신제품에 대해 진정성과 통찰력을 가지고 이야기하는 모습을 바라보니 뿌듯한 마음이 들었다. 그들은 나 못지않게 프레젠테이션을 잘해 주었고(많은 점에서 더 나았다), 사람들에게 신뢰와 전문성을 느끼게 해주었다.

그 자리에서 크로거 팀은 모든 신제품을 그들의 전체 매장을 통해 판매하겠다는 확답을 주었고, 함께 협력해서 신제품을 홍보하자고 제안했다. 그것은 우리의 초창기 시절과는 확연히 다른 모습이었다. 카인드 제품을 크로거의 특별 식품 매장에 집어넣기까지 5년이 걸렸고, 그들의 매장 3천5백 곳 모두에 들어가기까지는 그 이후로도 몇 년의 세월이 더 필요했다. 나중에 크로거 팀은 이번 회의가 그들이 참석했던 최고의 회의들 중 하나였다는 답변을 보내왔다.

회의가 끝났을 때, 나는 회의실을 빠져나와 방금 눈앞에 펼쳐진 장면들에 대해 곰곰이 생각하면서 화장실로 향했다. 그리고 너무나 놀랐던 나머지 여자 화장실로 잘못 들어가고 말았다.

권한을 부여하기

그날 우리와 만났던 유통 업체들은 모두 신제품을 주문했다. 사실 우리의 제안이 그처럼 빨리 받아들여졌던 적은 여태껏 없었다. 그날 전체에 걸쳐, 성장하는 과정에서 신뢰가 핵심 요인이라는 점이 분명하게 드러났다. 우리는 신뢰도가 높은 고객 업체들에게 독점적으로 신제품을 공개하고, 협력 방안을 제시할 만큼 그들을 충분히 신뢰하고 있었다. 그리고 그들은 지난 수년 동안 우리 제품의 진실성을 믿었던 것처럼, 우리가 프레젠테이션에서 제시했던 데이터와 이야기들을 그대로 믿었다. 카인드 팀원들 역시 프레젠테이션을 이루는 다양한 내용들과 관련하여 서로를 신뢰했다. 무엇보다, 나는 한 걸음 뒤로 물러서서 우리 팀이 상황을 이끌어 가도록 맡겨 두어야 한다는 소중한 교훈을 얻게 되었다.

카인드는 헌신적이고 열심히, 그리고 한 번에 여러 가지 업무를 처리하는 제너럴리스트들로 이루어진 핵심적인 조직으로 시작해서, 외부에서 영입한, 혹은 특정 분야에 대한 열정을 갖고 내부적으로 성장한 스페셜리스트들로 이루어진 크고 전문적인 조직으로 성장했다. 좋은 사례로, 지금 카인드에서 신제품 개발을 총괄하고 있는 로드리고 술로아가는 초창기에 전자 상거래와 상표법은 물론, 마케팅 전반의 업무를 동시에 담당하고 있었다. 그러나 오늘날 그 모든 업무들은 300명이 넘는 직원들에 의해 이루어지고 있다.

조직의 성장과 함께 내 역할에도 진화가 일어났다. 예전에 나는 설립자이자 사장이었으며, 영업과 박스 포장, 배송, 그리고 수금 업무까지 모두 처리했지만, 이제는 한 걸음 물러서서 직원들이 조직을 이끌어 나가도록 힘을 실어 주고 있다. 나의 주요한 역할은 500명에 달하는 카인드 직원들에게 비전을 제시하고, 영감을 불어넣고, 그리고 팀들에게 조언을 주는 일이다. 즉 내가 창조한 문화에 영양분을 공급하는 일이다. 내가 기업에 영향을 미칠 수 있는 최고의 방법은 우리의 핵심 가치와 사고방식을 전하는 것이다.

사실 여러 차례의 비공식적인 프레젠테이션을 갖기 전에, 그리고 전시회 문이 열리기 전 아침에, 나는 우리의 전시 부스 아래쪽에 40명의 참가 직원들을 모아 놓고, 모두에게 우리의 가치에 따라 움직일 것을 당부했다. 그중 일부는 오랫동안 전시회에 참가한 직원들이었고, 다른 이들은 처음으로 행사에 나온 사람들이었다. 카인드 옷을 입고, 우리 제품들을 전시해 놓은 검은 진열대 주변으로 빙 둘러서 있던 모든 직원들에게, 나는 겸손과 끈기를 지켜야 한다는 점을 상기시켜 주었다.

나는 말했다. 「열정, 감사와 존경의 마음으로 모든 소비자들을 똑같이 대해야 합니다. 마치 그들이 최고의 고객인 것처럼 말이죠.」 나는 우리 제품들이 〈저절로 팔려 나가도록〉 하는 것만큼이나, 모든 행인들과 마주하고, 그들에게 우리 제품을 알리기 위해 최선을 다해야 한다는 사실을 직원들에게 강조했다.

기업가 정신을 유지하기 위해서는, 규모와 상관없이 모든 주문들이(그리고 모든 관계와 순간이) 오늘날 우리 기업이 어디까지 와 있는지, 그리고 내일 어디에 도달하게 될 것인지를 정의한다는 사실을 모두가 기억하는 문화를 구축해야 한다. 소비자들이 행사 부스를 지나가는 동안 가만히 앉아서 기다리고만 있다면, 여러분은 앞으로 5년 뒤에 〈그때가 평범함으로 들어서는 첫 번째 순간이었다〉는 것을 깨닫게 될 것이다.

직원들에게 매 순간이 중요하다는 생각을 각인시킬 수 있다면, 여러분은 이제 한 걸음 물러서서 그들이 이끌어 나가도록 할 수 있다.

직원들이 나를 신뢰하도록 하기

그날 부스 주변을 돌아보면서, 나는 몇몇 직원들이 처음 보는 얼굴이라는 사실을 깨달았다. 우리가 15명으로 이루어진 조직이었을 때, 그리고 모두가 나를 잘 알고 있었던 시절에, 나는 내 생각을 직접적으로 이야기했고, 그러한 이야기들 중 많은 부분은 건설적인 비판이었다. 하지만 어떤 직원을 처음 만나고, 이후로 육 개월이나 일 년 동안 다시 마주칠 일이 없을 때, CEO와의 첫 만남이 그들에게 위압감을 주거나, 혹은 사기를 떨어뜨리지 않도록 각별히 주의를 기울여야 한다는 사실을 알게 되었다. 그것은 내 성미와는 잘 맞지 않는 방식이었지만, 내가 어떤 직원을 아주 잘 알지 못하는 이상, 건설적인 비판이라도 그들의 상사를 통해 전반적인 점검의 차원으로 적절한 맥락에서 전달되도록 해야 한다는 사실을 배웠다. 그러한 과정이 비효율적인 것일 수 있겠지만, 그렇게 해야만 관리자들에게 스스로 팀을 이끌어 가도록 힘을 실어 줄 수 있다.

우리 조직이 성장하는 동안, 나는 임원들과 신뢰의 끈을 튼튼히 하려는 노력의 중요성을 깨닫게 되었다. 내가 그들을 신뢰하고, 그리고 그들이 성공하기를 바란다는 사실을 그들이 이해한다면, 그들은 내게 반론을 제기하고, 자신의 목소리를 내는 일을 두려워하지 않을 것이며, 또한 내가 동의하지 않는 사안에 대해 그들과 논쟁을 벌인다 하더라도 상처를 받지는 않을 것이다. 대기업에서 일하고 있는 직원들이 그들의 CEO(혹은 상사)가 비판과 신선한 아이디어를 지지하고, 환영하고, 소중하게 여긴다고 믿지 않을 때, 그들은 위험을 감수하고, 실수를 저지르고, 혹은 자신이 동의하지 않는 사안에 반대의 목소리를 내기를 주저한다. 이는 크렘린과 같은 분위기를 조성하게 되고, 조직 안에서의 위협은 진정한 논쟁을 질식시켜 버리고 만다. 마찬가지로 상사가 자신의 입장에 동의하지 않을 때, 직원들은 심한 압박감을 느끼게 될 것이다.

존 레이히와 나는 우리가 서로를 위해 존재한다는 사실을 잘 이해하고 있기 때문에, 특별한 관계를 잘 유지해 오고 있다. 우리는 자신의 역할과 책임에 대해 명확하게 이해하고 있다. 존이 일상적인 비즈니스를 관리하고 있다면, 나는 브랜드의 보호와 진화를 담당하고 있다. 우리는 다양한 사안에 대해 편안하게 논의하고, 비판이나 반대가 개인적인 것이 아니라는 점을 알고 있다. 내가 다른 사람들과 그러한 관계를 유지하지 못할 때, 혹은 어떤 직원이 나와 경쟁을 해야 한다고 느끼거나, 내가 그들을 지지하지 않는다고 느낄 때, 신뢰는 부족해지고 생산성은 떨어지게 될 것이다.

조언을 구하고 귀를 기울이기

나는 본능적으로 회의 시간을 주도하려고 한다. 내게는 대화를 지배하려는 경향이 있다. 지금 내가 노력하고 있는 일들 중 하나는, 한 걸음 물러서서 우리 경영 팀이 비즈니스를 이끌어 나가도록 하는 것이다. 자신의 능력과 성향을 효과적으로 활용하는 방법을 배우려는 노력은 대단히 중요하다. 그러한 여유를 찾지 못할 때, 경영 팀은 여러분을 대신하지 못할 것이다. 특히 회의석상에서 내가 먼저 의견을 제시하면, 나와 의견이 다른 직원들이 목소리를 내지 않을 것이라는 사실을 알고 있다. 그렇기 때문에 나는 먼저 다른 사람들의 말을 듣기 위해 노력하고 있으며, 특정 주제의 모든 측면들에 대해서 논의하기 위해, 반대를 위한 반대자의 역할을 자처하기도 한다.

내가 언제나 정답을 가지고 있는 것은 아니며, 때로는 조언을 구해야 한다. 식품 비즈니스에서는 자신의 개인적인 취향에 따라 제품을 개발해서는 안 된다는 점을 명심할 필요가 있다. 이는 다른 산업에서도 마찬가지일 것이다. 스스로를 한 사람으로 이루어진 포커스 그룹으로 바라보는 것은 위험천만한 일이다.

처음으로 피스웍스를 시작했을 무렵, 나는 어떤 지중해식 스프레드 제품을 들여와야 할지 고민하고 있었다. 당시 나는 말린 토마토 스프레드와 사랑에 빠져 있었고, 그 사랑은 비즈니스를 향한 열정을 타오르게 했다. 게다가 이스라엘에서 그 제품을 생산하고 있던 요엘이 내게 샘플로 보내 준 올리브 타프나드 소스 역시 마음에 들었다. 그때만 하더라도 나의 취향은 그리 고급스럽지 못했다. 페스토 소스는 그저 풀을 씹는 맛이었다. 그래도 요엘은 내게 페스토 제품까지 함께 주문하라고 요구했고, 결국 나는 그의 소원대로 말린 토마토 스프레드 5백 상자에 올리브 타프나드 5백 상자, 그리고 바질 페스토 1백 상자를 주문했다.

시장에 대한 이해도에서는 요엘이 나보다 훨씬 더 나았다. 페스토는 매장을 돌아다니는 소비자들에게 인기가 좋았고, 판매량도 말린 토마토와 올리브 제품보다 네 배는 더 많았다. 여기서 내가 얻은 교훈은 내 자신의 입맛과 취향만 믿을 것이 아니라, 다른 사람들의 의견을 구하고 주의를 기울여야 한다는 것이다.

거의 비슷한 시기에, 나는 경험 많은 임원들에게 적극적으로 도움을 요청해야 한다는 사실도 깨닫게 되었다.

내게는 반향판과 같은 존재가 필요했고, 그래서 나를 이끌어 줄 조언자들을 끌어모으기 시작했다. 조언자들로 이루어진 자문 위원회는 특별한 책임이나 법률적 의무를 지지 않았다(유한 회사나 개인 소유의 소기업들은 따로 이사회를 둘 의무가 없었다). 그들의 역할은 다만 주요한 의사 결정의 순간에 내가 훌륭한 전략을 세울 수 있도록 도움을 주는 일이었다. 당시 나는 그들에게 돈을 지불할 여유가 없었음에도, 그들은 아랍과 이스라엘 사이에 평화를 구축하겠다는 나의 사명에 대한 믿음으로 기꺼이 그러한 일을 맡아 주었다. 그래도 나는 그들에게 희망적인 동기를 선사하고 싶었고, 그래서 약간의 스톡옵션을 제공했다. 나중에 이들 자문가들은 그때의 스톡옵션으로 적지 않은 경제적 보상을 얻을 수 있었지만, 당시만 하더라도 그게 그들에게 의미 있는 보상이 될 수 있을 것이라고 장담하지는 못했다.

자문 위원회를 꾸리기 위해, 나는 조언이 필요한 다양한 분야에 대해 신중하게 고민했다. 내게는 법률 및 전략과 관련된 전문가, 그리고 금융과 식품 산업을 포함한 다양한 분야의 대가들이 필요했다. 나는 아버지께도 위원회에 참석해 달라고 부탁드렸다. 아버지는 기업가로서는 물론, 개인적인 차원에서도 나를 도와주셨다. 그렇게 아버지는 항상 내 곁에 있어 주셨다.

이미 법률 회사인 설리번 앤드 크롬웰과 컨설팅 기업인 매킨지 앤드 컴퍼니를 떠났지만, 그때의 인연은 그대로 남아 있었다. 그중에서도 나는 설리번의 리처드 우로우스키와 매킨지의 자크 안테비 두 사람에게 자문으로 활동해 달라고 부탁했고, 승낙을 얻어 낼 수 있었다.

몇 번의 우연 끝에, 나는 버몬트를 기반으로 크게 성공을 거둔 아이스크림 업체인 벤 앤드 제리스의 공동 설립자인 벤 코헨을 만나게 되었다. 피스웍스의 모험에 관한 기사가 「필라델피아 인콰이어러 The Philadelphia Inquirer」지에 실리면서, 나는 장기 보관용 지역 식품을 전문으로 하는 유명한 와이트 도그 카페(펜실베이니아 로스쿨 근처에 위치한)를 운영하고 있던 레스토랑 사업가 주디 윅스의 전화를 받게 되었다. 쥬디는 내게 그녀가 주최한 저녁 만찬에 참석해서, 내가 추진하고 있는 사업에 대해 이야기를 해달라고 부탁했다. 그리고 그 만찬이 모두 끝났을 때, 주디는 자신의 친구인 벤을 내게 소개시켜 주었다. 나는 그에게 완전히 매료되고 말았다. 벤은 사회적 기업가 정신(이 용어가 사용되기 전이었지만)의 대부로 알려진 인물이었다.

나는 벤에게 전화를 걸어 비행기를 타고 그를 만나러 가겠다고 했다. 하지만 그는 자신이 직접 뉴욕의 내 〈사무실〉에 들르겠다고 했다. 벤은 지하실 계단을 내려와서 쓰레기 압축기가 놓인 방을 지나, 재고로 가득한 창문 없는 나의 창고로 들어왔다. 우리는 박스 더미를 사이에 둔 채 접이식 의자에 마주 앉았고, 거기서 그는 내가 지금 하고 있는 일을 정말로 이해하고 있는지 확인하기 위해 몇 시간 동안 내게 많은 질문을 퍼부었다. 아마도 벤은 내가 그리 많은 걸 알고 있지는 않지만, 그래도 학습 속도가 빠르다는 사실을 파악했던 것 같다. 그리고 그 자리에서 자문 위원으로 함께 해달라는 내 요청을 받아 주었다. 그는 뭔가를 얻을 수 있다는 기대 때문이 아니라, 오로지 내게 도움을 주기 위해 그렇게 결정했다. 벤은 우리의 진지한 태도를 높게 평가해 주었고, 자신의 시간을 아낌없이 나누어 주었다.

에고의 균형 잡기

우리 위원회 멤버이자 나의 친구, 그리고 스승이기도 한 프레드 쇼펠트는 예전에 내게 금전적인 이익이나 욕망보다 인간의 행동에 더 많은 영향을 미치는 것은 에고라는 이야기를 들려주었다. 오랜 세월이 흘러서야 나는 그의 말속에 담긴 지혜를 이해하게 되었다. 우리 모두에게는 에고가 있다. 우리는 자신이 기여한 것을 인정받고 싶어 한다. 그리고 사람들의 존경을 원한다. 사실 이러한 욕망은 당연한 것이다. 인정과 존경을 받고 싶은 욕망은 종종 경제적인 이익을 압도한다.

이처럼 에고는 강력한 원동력으로 작용하기 때문에, 자신의 에고와 타인의 에고 사이에서 균형을 잡는 것은 대단히 중요한 기술이다. 에고 그 자체로 나쁜 것은 아니다. 건강한 에고는 꿈을 향해 나아가도록 자신감을 준다. 불안 또한 더 많은 것을 성취하기 위한 동기로 작용할 수 있다. 그러나 비대한 에고는 우리를 오만하게 만든다. 그리고 위축된 에고는 자기비판을 허락하지 않는다.

더 많은 성공을 거둘수록, 사람들은 더 많이 우쭐해한다. 다른 이들이 자신을 칭찬하고 존경하게 되면서, 우리는 그들의 모든 말들을 그대로 받아들이는 위험에 빠지게 된다. 그러나 진실은 팀의 모든 사람들이 여러분의 성공, 혹은 실패를 공유하고 있다는 것이다. 그렇기 때문에 그 모든 사람들에 대해, 그리고 그들의 기여에 대해 충분히 인정하지 않을 때, 원망과 사기 저하, 갈등을 촉발하게 된다. 그리고 이로 인해 사람들이 당신을 신뢰하지 않게 될 수 있다.

한번은 두 사람을 카인드의 새로운 이사회 멤버로 받아들였고, 나는 그들에게 강한 인상을 주고자 했다. 이를 위해 존과 여러 고위급 팀장들이 나서게 하기보다, 내가 직접 회의를 주도하면서 모든 질문에 일일이 답변을 했다. 그들에게 내가 모든 업무를 총괄하고 있으며, 전반적인 사안들을 고민하고 있다는 사실을 보여 주고 싶었다. 하지만 내가 왜 그런 사실을 증명해야 하는 것일까? 그때 회의실에 있었던 모든 사람들은 카인드와 나를 지지하고 있었다. 그날 밤 진지하게 고민을 했고, 모든 사람들에게 나의 실수를 인정하고 사과하는 메모를 썼다. 나는 그들이 나를 믿고 있으며, 내 존재를 증명해 보이기를 기대하지 않았다는 사실을 이해해야만 했다. 팀원들이 나서서 회의를 이끌어 가도록 함으로써, 그들의 믿음에 보답해야 했다. 그러한 노력은 다시 서로 간의 신뢰를 높여 줄 것이다.

자신의 일을 잘 처리하는 것과는 별개로, 조직 구성원들을 인정하려는 노력은 현명한 비즈니스 습관이다. 인정은 적어도 경제적 보상만큼이나 동기를 부여하고, 조직에 대한 충성심을 높여 준다. 마찬가지로 자신의 에고, 혹은 불안감 때문에 업무적인 차원에서 자신보다 재능이 뛰어난 인물을 받아들이지 않는 실수를 범해서는 안 된다. 이는 자신감처럼 보일 수도 있겠지만, 어느 순간에 이르면 다른 누군가의 뛰어난 재능에 위압감을 느끼고, 그가 자신을 넘어설 것이라는 걱정을 하게 될 것이다. 이와 같은 부정적인 본능을 이해하고, 확인하고, 떨쳐 버리려는 노력은 중요하다. 진정으로 훌륭한 기업을 구축하기 위해, 우리는 업무적으로 자신보다 뛰어난 인재를 발굴하고, 성장의 모든 단계에서 그들의 기여를 인정해 주어야 한다. 그들의 성공이 곧 우리의 성공임을 인정할 수 있도록, 우리는 자신의 에고를 설정해 놓아야 한다.

흥미롭게도 나는 자신감과 성공이 우리가 생각하는 것처럼 밀접한 관계가 있는 것은 아니라는 사실을 깨달았다. 많은 사람들은 자기 확신으로부터 출발하여 성공에 도달한다. 하지만 나이가 들면서, 혹은 주변 상황이 예측하기 힘들어지면서 불안감이 서서히 모습을 드러낸다. 이제 우리는 혁신과 성공을 위한 자질이 여전히 자신에게 남아 있는지 의문을 품기 시작하고, 스스로를 증명해 보여야 한다고 느끼게 된다. 그러나 이러한 시점에서, 우리는 한 걸음 뒤로 물러서서 내면의 소리에 귀를 기울이고, 다시 정상 궤도로 올라서기 위해 처리해야 할 문제점들을 확인하고, 우리를 가로막고 있는 부정적인 말들을 가려내는 노력이 중요하다.

하지만 다른 한편으로, 적절한 수준의 불안은 성공을 위한 강력한 원동력으로 작용할 수 있다. 이스라엘의 위대한 정치인이자 노벨상 수상자인 시몬 페레스 역시 이 점을 강조했다. 내가 다보스에서 열린 세계 경제 포럼의 저녁 만찬에 참석했을 때, 그는 사람들에게 이러한 질문을 던졌다. 「여기 모인 모든 사람들의 공통점이 뭔지 아십니까? 그것은 우리 모두가 불안감을 느끼고 있다는 것이죠.」 청중들(대기업 CEO, 국가의 수장들, 학계의 유명 인사들, 그리고 나와 같은 몇몇 풋내기 사업가들) 모두 어리둥절한 표정을 지었다. 페레스는 이야기를 이어 나갔고, 자신이 던진 말의 의미에 대해 이렇게 설명했다. 「어느 정도의 불안감은 좋은 것입니다. 그것은 우리를 앞으로 나아가게 해줍니다. 매일 아침에 더 많은 일을 행하고, 과거의 영광에 안주하지 않도록 합니다. 더 열심히, 그리고 더 오래 일을 하라고 재촉합니다.」 스스로에 대한 비판적인 시각을 무디게 하지 않는 한, 어느 정도의 불안감은 우리를 달려 나가게 한다.

리더의 솔선수범

리더십은 수동 기어 차량을 모는 것과 같다. 주변 여건에 따라 기어를 바꿔야 한다. 상황이 좋고 팀 사기가 높을 때는 긍정적인 에너지를 불어넣는 데 박차를 가해야 한다. 동시에 자아도취를 경계하고, 모두가 중심을 잡고 앞에 놓인 도전 과제에 집중하도록 하는 것 역시 리더의 역할이다.

예전에 스타벅스의 하워드 슐츠로부터 이러한 조언을 들은 적이 있다. 「성공은 자신의 많은 약점과 실패를 감춰 줍니다.」 특히 비즈니스가 성장하고 있을 때, 자만을 경계해야 한다. 리더의 역할은 제대로 진행되고 있지 않은 상황들, 그리고 경쟁자들의 위협을 발견하는 것이다. 강한 관성의 힘으로 성장을 거듭하고 있을 때, 리더는 거시적인 안목으로 상황을 주시하고, 적절하게 주의를 기울이면서 승리의 순간들을 축하해야 한다.

이러한 균형을 유지하기 위한 나만의 비법은 칭찬을 하면서, 〈동시에〉 압박을 가하는 것이다. 어떤 직원이 한 거래처에서 엄청난 매출을 올렸다면, 나는 본능적으로 칭찬을 하면서 그가 더 높은 목표를 바라보도록 자극한다. 예를 들어, 2년간의 노력 끝에 존 레이히와 토드 오루크가 트레이더 조스Trader Joe's와의 회의를 마치고 그들의 매장에 네 가지 맛 제품을 추가하기로 했다는 소식을 가져왔을 때, 나는 이렇게 말했다. 「대단합니다. 이제 시장에서의 성과를 기준으로 공정한 점유율을 확보하기 위해, 이들 매장에 다른 여덟 가지 맛도 추가하도록 합시다.」

반면, 팀이나 기업의 상황이 좋지 않을 때는 기어를 바꾸어야 한다. 여기서 리더의 역할은 직원들이 직면하게 된 실패 너머를 바라보고, 미래를 향한 비전에 주목하도록 영감을 불어넣는 일이다. 그러한 시점에서 누군가 잘못을 저질렀을 때(특히 나중에 후회할 만한 실수를 범했을 때), 여러분은 그들을 다독이고, 실패를 함께 책임지고, 전반적으로 훌륭한 성과를 상기시켜 주어야 한다. 교훈을 얻을 수 있는 기회, 그리고 실패로부터 이끌어 낼 수 있는 개선의 기회를 놓쳐서는 안 된다. 물론 친절한 어조로 이야기하면서, 도움을 주는 분위기를 조성하는 노력이 중요하다.

우리 문화의 또 다른 특징은 자존심 때문에 특정한 업무를 거절하는 사람이 없다는 것이다. 나는 조직 내에서 모든 사람들이 협력해야 한다고 믿고 있으며, 임원들은 물론이고 여기서 CEO도 예외가 될 수 없다. 무역 박람회나 여러 다른 행사장에서, 나는 다른 직원들처럼 상자를 들고 돌아다닌다. 예전에 한 친구는 상자를 들고 돌아다니며 물건을 파는 내 모습이 〈대표에게는 어울리지 않는〉 행동이라고 이야기했다. 「네가 이끌고 있는 기업의 대표로서 행동해야 하고, 모든 일들을 다 하려고 덤벼서는 안 돼.」 나는 그의 말을 따르기 위해 잠깐 동안이나마 노력했지만, 그것은 내게 어울리지 않는 방식이라는 생각이 들었고, 결국 원래대로 〈대표에게는 어울리지 않는〉 방식으로 돌아갔다. 나의 직원들과 함께 현장에 있는 것이 훨씬 더 마음이 편하다. CEO처럼 행동하지 않는 나의 모습이 어쩌면 비효율적이고, 또한 직원들에게 권한을 주지 않는 것처럼 보일 수 있다. 하지만 카인드 문화에서는 우리들 중 누군가 맡아서 하기에 사소하거나 중요하지 않은 업무는 없다는 사실을 강조하는 편이 훨씬 더 효과적이다.

카인드 마케팅 팀: 신뢰에 대한 사례 연구

카인드가 성장하는 동안, 내가 가장 많이 기여한 분야는 마케팅과 신제품 개발이었다. 이 두 가지는 비즈니스에서 내가 가장 사랑하는 분야이며, 내가 가장 많이 가치를 높일 수 있는 영역이라 생각한다. 하지만 우리 조직이 점점 더 많은 전문 인력들을 채용하기 시작하면서, 가슴 아프게도 그러한 업무를 다른 직원들에게 넘겨야 하는 상황이 벌어지고 있다.

브랜딩은 우리가 때로 충돌하게 되는 지점이다. 우리 마케팅 팀 직원들은 항상 완전히 새로운 아이디어를 소개하고자 하지만, 나는 브랜드를 지키려고 안간힘을 쓴다. 그래서 이 지점에서는 언제나 갈등이 빚어질 수밖에 없다. 기업의 설립자로서 나는 브랜드의 유산과 일관성을 지키는 방법을 잘 이해하고 있다. 우리는 카인드라고 하는 브랜드의 세부적인 사항들에 대해 대단히 신중하고 집요하며, 정체성의 일부를 함부로 양보하려 하지 않는다. 이러한 지점에서 내가 권한을 포기하는 것은 현명한 선택이 아닐 것이다. 내가 알고 있는 모든 것들을 마케팅 팀에 전수해야 하며, 그래야 그들도 브랜드 수호자가 될 수 있을 것이다. 어떤 점에서, 이는 우리와 함께 하고 있는 모든 새로운 직원들에게도 그대로 해당되는 말이다. 카인드의 DNA 가 시스템 속에 자리를 잡고, 직원들이 우리 브랜드의 특성을 진심으로 이해할 때, 그들은 우리 브랜드 약속과 조화를 이루는 의사 결정을 스스로 내릴 수 있을 것이다.

우리 마케팅 팀은 다양한 아이디어들을 내놓고 있다. 우리의 모토는 처음에 〈몸과 맛봉오리, 그리고 세상에 친절하라*Be KIND to your body, your taste buds, & the world*〉였다. 그러나 이제는 〈몸과 맛봉오리, 그리고 세상에 친절한 일을 하라*Do the KIND Thing for your body, your taste buds, & the world*〉로 바뀌었다.

마케팅 팀은 또 다른 아이디어를 내놓았다. 그들은 세상을 〈여러분의〉 세상으로 바꾸자고 했다. 나는 처음에 회의적이었다. 왜 모토를 바꾸어야 하는가? 왜 아직 고장 나지 않은 물건을 수리해야 한단 말인가? 하지만 곰곰이 생각한 끝에, 나는 그들의 주장이 옳았다고 결론을 내렸다. 새로운 모토는 우리 브랜드와 더 잘 어울렸다. 그 모토는 우리가 공유하고 있는 세상에 대해 주인 의식과 책임감을 가지라고 말하고 있다.

마케터들이 처음으로 조직에 합류할 때 생기는 문제들 중 한 가지는, 과거의 방식들이 모두 잘못되었다고 생각한다는 것이다. 마케팅 세상에서는 변화 자체를 위한 변화들이 많이 이루어지고 있다. 이러한 시도는 여러 가지 불필요한 작업을 요구하고, 때로는 브랜드에 피해를 입히기도 한다. 하지만 이번 아이디어는 전적으로 일리가 있었다.

우리 마케팅 팀의 통찰력을 보여 주는 또 다른 사례를 살펴보자. 기존의 우리 로고에는 두 개의 흰색 선이 가로로 놓여 있고, 그 사이에 〈KIND〉 문구가 들어 있었다. 그 두 선은 포장 디자인에서 로고를 가두어 놓으면서, 다른 문구들로부터 로고를 어느 정도 격리시키는 기능을 하고 있었다. 그러나 우리 마케팅 팀은 아래에 있는 선을 제거하면 KIND라는 글자를 오히려 더 돋보이게 할 수 있다고 생각했다. 그 아이디어는 시각 디자인의 심리학일 뿐만 아니라, KIND라는 문구를 거기서 끄집어낼 수 있도록 했다. 많은 사람들이 우리의 로고는 알고 있었지만, 우리의 이름은 잘 알지 못했다. 아래의 거추장스러운 흰색 선을 제거함으로써, 우리는 예전과는 다른 방식으로 〈KIND〉라는 이름을 제품과 동등한 것으로 만들어 주었다.

지난 10년 간 우리 브랜드는 일관성을 유지하는 방향으로 미묘하게 진화해 왔다. 가장 먼저 에리카 패트니는 내가 암묵적으로 따르고 있었던 일부 원칙들을 합리적으로 바꾸고, 체계적으로 정리하는 과정에 많은 도움을 주었다. 조직이 성장하고, 나의 의견 없이 직원들이 스스로 의사 결정을 내려야 하는 상황이 벌어지면서, 에리카는 이 원칙들을 문서로 정리하는 작업에도 기여했다.

다른 분야에서도 우리 마케팅 팀은 다양한 아이디어들을 내놓았지만, 나는 그들이 우리 브랜드의 역사와 함께한 경험이 없다는 이유로 받아들이지 않았다. 최근에 마케팅 팀은 시장에서 유행하고 있는 음료 브랜드와 제휴하고자 했다. 나는 타 브랜드들과의 제휴에 대단히 조심스러운 입장이었다. 일시적으로 유행하는 브랜드와 손을 잡으면서 진정성을 잃어버리게 되지 않을까 걱정이 되었기 때문이다. 그래서 우리는 원칙을 마련하기로 했다. 우리가 제휴하고자 하는 브랜드는 우리가 추구하는 가치와 조화를 이루어야 하고, 뚜렷한 장점이 있어야 하며, 그리고 우리 스스로 달성하기 힘든 목표에 기여할 수 있어야 한다는 것이었다. 이번 음료 브랜드의 경우, 그러한 원칙에 적합한 것인지 나는 확신하지 못했다. 우리는 일단 그 사안을 보류하고, 좀 더 고려해 보기로 했다.

또 다른 경우, 우리 마케팅 팀은 인쇄물 광고 등에 적용되는 검정색 바탕의 포장지를 모두 흰색으로 교체하기를 원했다. 나는 일단 그 아이디어를 거부했다. 하지만 특정한 상황에서는 탄력적으로 활용할 수 있도록 합의했다. 가령, 현장을 돌아다니는 우리의 지프 차량(스물네 곳의 시장에서 샘플을 나누어 주기 위해 사용하는)은 완전한 검은색으로, 칙칙하고 투박하게 보였다. 그래서 우리는 화려한 색상의 카인드 로고가 들어간 검은색 바의 이미지로 장식된 반짝반짝 빛나는 흰색 지프를 사용하기로 동의했다.

또한 웹 디자인 팀이 귀여운 과일 모양의 아이콘을 사용하자고 했을 때, 나는 그것이 우리 제품 속에 실제로 들어 있는 성분의 이미지여야 한다는 점을 강조했다. 그것은 내게 대단히 중요했다. 가짜 식품 이미지를 사용해서는 안 되었다. 식품 기업들 대부분이 그러한 방법을 남용함으로써 소비자들이 무의식적으로 제품 이미지들을 믿지 못하도록 이미 해놓았기 때문에, 우리는 제품에 들어 있는 성분들의 이미지도 사용하지 않고 있었다. 우리는 실제 제품의 이미지만을 사용하고 있다. 우리 브랜드는 진정성을 지향하고 있으며, 이러한 원칙에서 벗어나서는 절대 안 되었다.

똑같은 이유로, 나는 시각 디자인의 일부로 곡선과 원을 활용하자는 디자인 팀의 아이디어를 거부했다. 우리는 솔직한 브랜드며, 투명하고 직선적인 모습을 드러내게끔 훈련되어 있다. 곡선은 움직임과 운동, 유동성과 같은 또 다른 느낌을 전달한다. 아마도 과장된 말처럼 들릴 수도 있겠지만, 디자인은 소비자들에게 브랜드가 의미하는 바를 암시한다. 우리는 우리가 누구인지 알고 있고, 우리를 잘 드러낼 수 있는 디자인이 필요했다.

마케팅 팀이 제안했던 새로운 광고 문구에도 비슷한 문제가 있었다. 그것은 이러한 것이었다. 〈여러분의 맛봉오리를 속이세요*Trick Your Taste Buds*.〉 우리의 특허 변호사가 내게 그 문구의 상표 등록에 서명하라고 했을 때, 나는 그 문제점을 발견하게 되었다.

나는 변호사와 마케팅 팀원들에게 이메일로 이렇게 답장을 보냈다. 〈우리의 투명한 브랜드와 더불어 《속이다*Trick*》라는 표현을 사용하는 아이디어가 마음에 들지 않는군요. 몸에 좋은 식품도 이처럼 맛있을 수 있다는 사실을 농담처럼 표현한 것이라고 하더라도, 그러한 문구를 사용할 수는 없습니다. 우리가 강조하고자 했던 것은 오히려 그 반대로, 아무런 속임수가 없어도 건강하면서 맛있는 식품이 가능하다는 점입니다.〉

우리 브랜드의 관리자들 중 한 사람인 케이티 레이머 나훔은 내게 그 문구가 할로윈 시즌에 특별히 사용했던 표현이었으며, 거기서

〈속이다〉라는 표현은 기발하면서도 지나치지 않은 말장난이었다고 설명했다. 케이티는 끈기 있게 계속 설명했다. 〈카인드가 사탕보다 더 낫다는 사실을 소비자들에게 알리고 싶었던 겁니다.〉 결국 나는 특정한 시즌에 사용하는 방안에만 동의했다.

그러나 다른 제품이나 서비스들보다 더 낫다고 주장하는 형태의 마케팅 방법에는 동의하지 않았다. 예를 들어, 우리 마케팅 팀은 때로 헤드폰과 같은 다양한 선물들을 증정하는 행사를 제안했다. 이러한 아이디어가 그 자체로 잘못된 것은 아니지만, 일반적으로 소비자들은 카인드가 훌륭한 제품이기 때문에 이를 원하는 것이다. 인센티브나 선물, 혹은 프로모션을 개발할 때, 나는 다른 제품들보다 카인드 제품들을 더 많이 활용하고자 한다. 여러분의 제품이 사람들이 자연스럽게 좋아하는 것이라면, 그 제품을 돋보이게 하지 말아야 할 이유는 어디에도 없다.

신뢰와 전진

2013년 초에 스타벅스는 식품 전략에 변화를 주었다. 그들은 다른 유통 매장들에서도 스타벅스 브랜드가 붙은 제품들을 판매하는 것과 관련된 360도 프로그램을 추진하기로 결정을 내렸다. 스타벅스 CEO 하워드 슐츠는 그들이 직접적인 이해관계를 갖고 있는 제품들만 매장 내에서 판매하는 방안에 대해 고려하고 있었고, 이는 결국 스타벅스 매장에서 카인드 제품들의 판매를 중단하게 되는 것이라고 내게 솔직하게 털어놓았다. 당시 우리의 전체 매출에서 스타벅스가 차지하는 비중은 5퍼센트가 되지 않았지만, 그들은 우리에게 대단히 잠재력 있는 전략적 파트너였다. 성공과 실패를 스타벅스와 함께할 수 있다는 것은 내게 대단히 중요한 일이었다. 스타벅스는 가치를 공유할 수 있는 상징적인 기업이었다. 여태껏 카인드는 스타벅스와 같은 대형 업체를 포함하여, 기존의 거래처들 중 한 곳도 잃어버린 적이 없었다.

그들의 계획을 바꾸기 위해, 나는 하워드에게 몇 가지 아이디어들을 검토해 볼 시간을 달라고 부탁했다. 하워드는 자신이 신뢰하는 임원인 제프 한스베리를 우리와의 마지막 협상 자리에 보내겠다고 했다. 우리 팀은 앞으로 스타벅스와 관계를 계속해서 유지할 수 있을 방안을 찾아내기 위해, 스타벅스에 제안할 수 있는 창조적인 아이디어를 주제로 브레인스토밍을 시작했다. 일부 직원들은 우리가 계속해서 앞으로 나아가야 하며, 우리의 전략적 비전이 스타벅스와는 양립할 수 없다는 사실을 받아들여야 한다고 단호하게 주장했다. 나는 그들의 입장을 충분히 이해했지만, 그냥 포기하기에 앞서 우리 팀이 사고의 틀을 뛰어넘는 획기적인 아이디어를 제시함으로써 양측의 이해관계를 모두 충족시킬 수 있을 것인지(〈그리고〉 철학을 바탕으로) 확인해 보고 싶었다. 제프에게 향후 몇 년 동안 카인드가 믿음직스럽고 가치 높은 협력 업체가 될 수 있다는 사실을 입증하기 위해, 우리는 회의 시간에 창조적인 에너지를 모두 쏟아부었다.

회의가 끝나고, 제프는 일주일 안에 내게 전화로 스타벅스의 최종 결정을 알려 주기로 약속했다.

10장
주인 의식과 풍부함의 문화
지구력 강한 문화 구축하기

2013년 봄, 뉴욕에 꽃들이 가득 피어나고 있었다. 미셸에게는 넷째가 태어나기 전에 낭만적인 휴가를 떠나자고 약속했지만, 우리는 좀처럼 시간을 내지 못했고, 결국 맨해튼 도심에 있는 호텔에서 하룻밤을 보내기로 했다. 호텔 방에 비치된 소형 냉장고에 카인드 바가 없는 것을 확인하고는 즉각 관리자에게 전화를 걸어 우리 제품을 비치해 놓을 것을 요청했고, 그런 내 모습을 아내는 참을성 있게 바라만 보고 있었다.

다음 날 아침 일찍, 내 휴대 전화로 제프 한스베리의 전화가 걸려 왔다.

나는 아내에게 양해를 구했다. 「전화 좀 받아도 되겠지? 미안해. 기다리고 있던 스타벅스 전화라서.」 아내는 미소를 지었고, 그것은 받으라는 표시였다.

제프는 말했다. 「대니얼, 당신의 노력과 창의성에 정말로 감사를 드립니다. 우리는 당신의 제안을 높이 평가합니다. 하지만 서로 각자의 길을 가는 것이 좋겠다는 결정을 내렸습니다. 우리는 무엇을 성취하고자 하는지에 대해 아주 분명한 전망을 갖고 있습니다.」그러고는 우리가 스타벅스 매장으로부터 자연스럽게 철수하게 될 것임을 분명히 했다.

가슴이 아팠다. 나는 심호흡을 하고 제프에게 감사하다는 말을 전했다. 그리고 스타벅스와 함께할 수 있어서 기뻤으며, 이번 결정을 존중하고, 그리고 결정이 바뀌더라도 언제든 받아들이겠다고 말했다. 「우리와 관계를 다시 시작하는 것이 스타벅스에도 도움이 될 것이라는 점을 앞으로도 계속해서 설득시켜 드리도록 하겠습니다.」

나는 전화를 끊고 미셸을 쳐다보았고, 스타벅스와의 관계가 이제 끝이 났다고 말했다. 우울한 소식으로 우리 부부의 짧은 외출을 끝내는 게 마음에 걸렸다. 미셸은 아이들을 보기 위해 집으로 돌아갔고, 나는 다시 사무실로 향했다.

우리 직원들에게 이 소식을 어떻게 전해야 할까? 그때까지 스타벅스와의 모든 논의는 비밀에 붙여져 있었고, 몇몇 직원들만이 스타벅스가 다른 전략을 고려하고 있다는 사실을 알고 있었다.

사무실로 가는 길에 나는 이사회 멤버인 프레드 쇼펠트에게 전화를 걸었다. 그는 내게 이번 소식을 축소하거나 숨기지 말고, 조직의 도전 의식을 자극하는 계기로 삼으라고 조언했다. 존 레이히 사장 역시 비슷한 생각이었다.

두 사람의 조언은 지난 몇 년 동안 우리 조직이 기하급수적으로 성장하면서, 카인드의 가치를 모든 직원들에게 전파하겠다는 나의 우선순위와 조화를 이루는 것이었다. 주인 의식에 기반을 둔(동시에 민첩하고 탄력적인 기업가 정신에 뿌리를 둔) 우리의 기업 문화가 모든 직원들의 마음속에 깊숙이 자리 잡기를 바랐던 나로서는, 이번 사건이 공동의 책임감을 강화할 수 있는 좋은 기회였다. 상황이 좋을 때, 사람들은 성공이 당연한 것이며, 조직은 절대 무너지지 않을 것이라고 생각하는 안이함에 빠져든다. 하지만 이것만큼 진실과 더 거리가 먼 생각은 없을 것이다. 우리는 어느 것도 당연하게 받아들여서는 안 되며, 겸손과 성실을 잃어버려서는 안 된다는 점을 항상 명심해야 한다.

그로부터 일이 주 뒤에 나는 기업 전체로 전화 회의를 열었고, 거기서 다양한 사안들을 다루었다. 먼저 좋은 소식들을 함께 축하했고, 그렇게 이어진 좋은 분위기 속에서 스타벅스와 관계를 중단하게 되었다는 이야기를 전했다. 당시 카인드 헬시 그레인스 바는 여러 매장에서 인기몰이를 하고 있었고, 홈 쇼핑 채널인 QVC를 통한 신제품 출시는 첫날에만 50만 달러의 매출을 기록했다.

스타벅스 사건에 대해 이야기를 시작하면서, 나는 내가 얼마나 실망했는지를 숨기지 않았다. 나는 이번 일을 개인적인 차원으로 받아들였고, 이번 사건을 계기로 다양한 사안들을 부각시키고자 했다. 스타벅스가 유통 시장에서 차지하고 있는 특별한 지위 때문에, 우리가 오랜 시간에 걸쳐 그들의 매장에 진입하기 위해 많은 노력을 기울였다는 사실을 상기시켰다. 나는 스타벅스와의 관계를 유지하지 못한 것에 대해 나 자신에게 화가 나 있었다. 나는 우리 직원들에게 이번 사건은 카인드의 실적과는 아무런 상관이 없으며, 스타벅스가 추구하고 있는 전략적 방향 때문이라고 설명했다. 그 대목에서 나는 몇 주 전 자연식품 전시회에서 그랬던 것처럼, 모든 관계들이 우리에게 소중하다는 점을 다시 한 번 강조했다. 그 메시지는 어느 때보다도 사람들의 가슴속에 크게 울려 퍼졌다. 더 이상 우리는 아무것도 당연한 것으로 받아들여서는 안 되었다.

나는 직원들에게 최대한 많은 커피숍으로 카인드 제품을 집어넣으라는 과제를 내주었다. 그리고 그들은 실제로 그렇게 했다. 가장 먼저 우리는 카인드 브랜드와 어울리는 대형, 중형, 소형, 그리고 독립적인 커피 체인점 및 매장들을 확인했다. 다음으로 스페셜티 커피 무역 박람회들을 둘러보기 시작했다. 우리는 경험 많은 직원들이 커피 전시회들을 돌아다니며 새로운 유통 채널을 뚫어 보도록 했다. 그리고 커피 빈 앤드 티 리프Coffee Bean & Tea Leaf나 피츠 커피 앤드 티Peet's Coffee & Tea와 같이 잘 알려진 체인점들은 물론, 카인드를 사랑하고 충성도가 높은 수많은 독립 커피숍들로 진입했다.

또한 예전에 스타벅스 매장에서만 독점적으로 판매했던 블루베리 바닐라 앤드 캐슈 제품을 모든 채널의 매장들이 취급할 수 있도록 허용했다.

동시에 나는 스타벅스의 요구 사항을 어떻게 파악해야 할지, 그리고 그들과의 비즈니스를 어떻게 다시 가져와야 할지에 대해 창조적으로 생각하기 시작했다. 나는 많은 소비자들이 매일 스타벅스 매장에 들러 카인드 바를 찾고 있다는 사실을 알고 있었다. 그들은 편지와 이메일을 통해, 매일 아침 스타벅스 커피와 카인드 바와 함께하는 자신들의 일상에 대한 이야기를 들려주었다. 나는 우리가 스타벅스에 가치를 더하고 있다고 확신했다. 그렇다면 어떻게 우리의 가치(끈기, 투명성, 풍부한 자원, 창조성)를 활용함으로써 그들의 마음을 되돌릴 수 있을까?

풍부함의 문화

여러분이 자원이 넉넉지 못한 신생 기업의 소유주라면, 회사의 모든 지출이 다 자신의 주머니에서 빠져나가는 것처럼 느낄 것이다. 풍부한 자원은 대단히 중요한 요소다. 카인드는 자원을 할당하는 과정에서 주인 의식을 주입하고 유지하기 위해 많은 노력을 기울였다. 우리는 풍부함의 관점에서 모든 질문들을 바라보고자 했다. 어떻게 우리가 필요로 하는 〈모든 것〉을 얻을 수 있을까, 〈그리고〉 어떻게 그것을 가능한 낮은 가격과 최고의 조건으로 얻을 수 있을까?

사실 나는 예산이라는 말을 그리 좋아하지 않는다. 예산은 인위적인 개념이며, 직원들이 창조적이 아니라 인위적인 방식으로 생각하도록 유도한다. 물론 대규모 기업들은 각각의 부서들이 사업을 추진하기 위해 얼마나 많은 돈이 필요한지를 결정하기 위한 절차를 마련해 두고 있어야 한다. 하지만 나는 직원들이 스스로를 사장이라 생각하고, 예산은 하나의 지침 정도로, 즉 관리해야 할 한 가지 항목 정도로 생각하도록 권한을 부여하는 편이 훨씬 효과적이라고 믿는다. 나는 우리 직원들이 이렇게 생각하기를 원한다. 〈여기는 내 회사고, 나는 돈이 흘러나가는 모든 곳들을 관리해야 한다. 어떻게 더 적은 돈으로 더 많은 일을 할 수 있을까?〉 올해 예산을 다 소진하지 않으면 부서장이 내년 예산을 삭감할 것이라는 걱정(미국 기업들에서 보편적으로 나타나고 있는)은 내가 우리 직원들에게 바라는 태도와 상반된 것이다. 이는 주인 의식과 반대편에 있다.

앞서 이야기했듯이, 풍부함의 문화는 결핍의 문화와 다르다. 피스웍스의 초창기 시절, 나는 한 푼이라도 아끼기 위한 집요함 때문에 우리 직원들의 시간이라고 하는 소중한 자원을 함부로 낭비하는 잘못을 저질렀다. 예를 들어, 나는 기한이 넘은 미수금을 끝까지 추적해서 받아 내도록 했다. 나의 이론은 모든 상황에서 마지막 한 푼까지 쥐어짜 내야 한다는 것이었다. 그것은 당시 현금이 절박했기 때문에, 그리고 많은 유통 업체와 매장 들이 아무런 근거 없이 부당하게 미수금을 임의적으로 상계했기 때문이었다. 하지만 80달러를 지불하지 않고 있는 업체를 상대하는 데 소비한 우리 직원의 소중한 두 시간을 차라리 새로운 비즈니스 개발에 투자했더라면 더 나았을 것이다.

이후 직원들에게 월급을 주기 위해 매달 악전고투를 벌이지 않아도 될 만큼 충분한 자금을 확보하게 되면서, 나의 초점은 절약에서 풍부함으로 이동했다. 이제 카인드는 풍부한 문화에 집중하면서, 창조적으로 문제를 해결해 나가고 있다. 물론 여전히 쓸데없이 돈을 낭비하지 않기 위해 최선을 다하고 있으며, 이는 사장처럼 일하는 우리 직원들의 태도에 기반을 두고 있다. 과거와 다른 점은, 이제 우리는 비즈니스 확장에 도움이 될 것이라고 생각되는 곳에 과감하게 투자할 줄 아는 탄력성을 확보하게 되었다는 것이다.

주인 의식과 용기

주인 의식을 발휘하기 위해서는 용기가 필요하다. 단지 피고용인이나 투자자들 중 한 사람이 아니라, 주인으로서 일을 하는 데에는 분명하게도 더 많은 혜택이 있다. 하지만 주인은 동시에 불이익도 함께 짊어져야 한다. 여러분은 스스로에게 대답을 내놓아야 한다 (그리고 여러 명의 주인들 중 한 사람이라면, 서로에 대해서도 답변을 내놓아야 한다). 상황이 여의치 않을 때, 여러분은 문제를 해결하기 위해 필요한 모든 자원(금융 및 인적 자원)을 마련하는 것을 포함한, 모든 해결책들을 내놓아야 한다. 주인 의식은 여러분에게 많은 것을 요구한다. 세계에서 제일 높고, 제일 무서운 롤러코스터를 타고 있다는 느낌이 들 때가 많을 것이다.

또한 브랜드에 대한 주인 의식은 여러분에게 통제력과 예측 가능성을 가져다준다. 예전에 우리가 수입하고 있었던 호주 브랜드 제품의 생산 업체가 성분을 바꾸기로 결정했을 때, 우리는 스스로 자기 운명을 통제하지 못하는 것이 얼마나 위험한 것인지 깨닫게 되었다. 우리에게는 그 호주 제품의 제조 방식을 통제할 권한이 없었고, 황산염과 소르비톨을 첨가하겠다는 그들의 결정에 아무것도 할 수 없었다. 그때 우리는 두 번 다시는 우리의 미래를 다른 사람들의 손에 맡기지 않겠다고 다짐했다.

생산 과정에서 주인 의식을 갖기란 쉽지 않았다. 그것은 예전에 우리가 제품을 직접 생산하지 않았기 때문이다. 초창기에는 카인드 제품을 미국 안에서 생산하기 위한 시설을 갖추지 못했고, 그러다

보니 호주에서 제품을 만들어야 했다. 나는 호주 생산 업체에게 미국에 설비를 갖추는 방안을 제안했지만, 그들은 받아들이지 않았다. 호주에서 제품을 생산하는 방식에는 많은 불편함이 따랐다. 우선 호주 달러가 계속 오르면서, 환율 관리에 많은 어려움을 겪었다. 더욱 중요하게도, 해외에 있는 생산 라인을 감시하기는 극단적으로 어려웠다. 나중에 자체적으로 생산 시설을 갖추게 되었을 때, 우리는 즉각 일부 제품을 미국에서 생산하기 시작했고, 결국 전체 시설을 옮겨 오게 되었다.

종종 뒤를 돌아보면서, 내가 어떻게 이 길을 무모하리만치 용감하게 걸어왔는지 궁금할 때가 있다. 되돌아볼 때 그 길은 더 무서워 보인다. 아마도 산을 오를 때와 비슷할 것이다. 앞만 바라보며 한 걸음씩 산을 오르는 것보다, 절벽 위에 서서 아래를 내려다보는 것이 훨씬 더 무섭다. 그동안 내가 뒤를 돌아다보지 않았던 것은, 아랍과 이스라엘 주민들 사이에 평화를 구축하겠다는 사명을 갖고 일을 시작했고, 나의 믿음을 따라가는 것 말고 다른 길은 아예 생각조차 못했기 때문일 것이다. 혹은 아버지의 삶을 지켜보았기 때문일 것이다. 나를 성장시켜 주었던 어릴 적 경험들도 어느 정도 관련이 있을 것이다. 그러한 경험에는 청중들 앞에서 마술 공연을 하면서 담력을 길렀던 것도 포함되어 있을 것이다.

나는 부모님 앞에서 처음으로 마술 공연을 했다. 다음으로 형제들, 사촌들, 그리고 우리 가족들보다 더 엄격하고, 토끼를 숨겨 놓은 곳을 마구 지적해 대는 가족 지인들의 자녀들 앞에서 마술을 했다. 그동안 나는 청중들의 관심을 사로잡는 방법을 조금씩 배웠고, 아마도 점점 더 증가하는 압박감을 이겨 내는 능력도 함께 성장했을 것이다.

내가 열두 살 되던 해, 우리 아버지는 나를 멕시코 아카풀코에서 열린 국제 마술 대회에 참가하도록 했다. 그때 내 공연이 특별한 무대였다고 자신 있게 말하지는 못하겠다. 그날 무대 뒤에서 차례를 기다리며 서 있었던 기억이 생생하게 떠오른다. 그전에는 한 번도 300~400명이나 되는 청중들 앞에 서본 적이 없었기에 너무나도 긴장이 되었다. 그때 한 나이 많은 마술사가 내게 다가와 지금까지도 잘 써먹고 있는 팁 하나를 알려 주었다. 「모든 사람들이 꽃이라고 상상해 봐. 이 사람은 백합, 저 사람은 장미라고 말이야.」 그 방법은 많은 청중들 앞에 서야 하는 두려움을 잊게 하고 긴장을 풀어 주는 효과가 있었다. 꽃에 대한 상상은 모든 사람들이 옷을 벗고 있다고 상상하는 전통적인 방법보다 훨씬 더 효과가 좋았다. 여러분도 아마 청중들이 모두 옷을 벗고 있다고 상상하기를 원치 않을 것이다.

마술쇼 공연의 경험으로부터, 나는 상상력을 불러일으키는 첫 번째 발판을 마련할 수 있게 되었다. 마술이 그 무대를 이루는 개별적인 요소들의 합계보다 더 크다는 점에서, 마술 공연은 창조적인 사고를 자극한다. 내게는 마술과도 같은 카인드를 운영하면서 그와 똑같은 효과를 재현해 내기 위해, 우리는 노력했다. 우리는 〈그리고〉 철학을 활용하여 1 더하기 1을 4로 만들었다. 즉, 개별 성분들의 단순한 합계가 아니라, 그것들을 모두 조화롭게 완성하여 더욱 좋은 맛이 나도록 했다. 거짓된 타협에 굴하지 않고 새로운 마술의 길을 열어 가는 동안, 우리는 사회를 위해 더 많은 가치를 창출하게 되었다.

인간의 정신을 자극하기

주인 의식은 최고를 향한 열정을 가져다준다. 기업을 자신이 낳은 아기라고 생각한다면, 여러분은 누구보다 더 열심히 일할 것이다. 우리는 신입 사원에서 최고위 임원에 이르기까지 모든 정식 직원들에게 스톡옵션을 지급하고 있다. 조직의 모든 구성원들이 기업의 장기적 성공과 직접적인 경제적 이해관계를 갖도록 한다는 점에서, 스톡옵션은 인센티브로 기능하고 있다.

하지만 스톡옵션만으로는 충분하지 않다. 무엇보다 주인 의식은 태도를 말한다. 기업의 지분을 갖고 있으면서도, 주인 의식은 없을 수 있다. 실제로 많은 주식회사들이 직원들에게 회사의 주식을 지급하고 있지만, 그들의 태도는 공동 소유자가 아니라 단지 피고용인으로 머물러 있는 경우가 많다. 거꾸로 일부 기업들은 개인이 소유하고 있음에도 주인 의식에 못지않은 용감한 협력의 정신을 키워 나가고 있다. 주인 의식은 인간의 정신을 자극하고, 개인의 능력에 대한 인식과 그 능력에 따르는 책임감에 주목한다. 주인 의식을 갖는다는 것은 우리가 자신보다 더 큰 존재(하나의 거대한 가족)의 일부라는 사실을 이해하고, 서로를 신뢰하고 개인보다 함께 공유하고 있는 조직을 먼저 생각하겠다는 약속을 하는 것이다.

이와 관련하여 카인드에서 나타나고 있는 문제점은 몇몇 직원들이 지나치게 멀리 나아가고 있다는 것이다. 나는 그들에게 이렇게 말한다. 〈단거리 경주가 아니라 마라톤입니다.〉 체력 소진은 실질적인 문제다.

수요를 따라잡는 것은 생산 팀의 어려운 과제다. 빠르게 성장하는 기업에서 수요 예측은 쉽지 않은 문제며, 조직이 커지면 더욱 힘들어진다. 수요를 과소평가할 때, 매장의 진열대를 채우기 힘들게 되고, 그러면 유통 업체들과 문제가 발생하게 된다. 반면, 수요에 대한 과대평가는 수억 달러를 투자한 새로운 생산 설비가 놀게 되는 상황으로 이어진다. 예전에 새롭게 출시한 카인드 헬시 그레인스 바에 대한 시장 수요가 우리의 예측을 크게 초과하는 일이 벌어졌고, 생산 팀은 초과 수요를 따라잡기 위해 최선을 다해야 했다. 나는 물론 새로운 생산 목표량을 달성하기 위해 밤낮없이 일한 그들의 노고에 고마운 말을 전했지만, 동시에 공급에 차질이 생길까 봐 마음을 졸여야 했다. 나는 그들이 인력과 자원을 최대한 투입하도록 재촉해야 했다.

일과 삶의 균형을 맞추기 위해, 자신이 맡은 업무를 처리하는 것과 가족에 대한 책임감 사이에는 언제나 긴장이 존재한다. 우리는 어디에 균형점을 두고 있는지 스스로에게 끊임없이 물어야 한다. 업무는 우리의 관심을 빼앗아 간다. 스스로 우선순위를 정하지 못하고, 급박한 상황에 매번 스스로를 맡겨 버린다면, 우리는 결코 균형을 유지할 수 없을 것이다.

모든 직원들이 공동 주주로서 권한과 책임감을 가지고 있다고 느낄 때, 우리는 그들 모두가 자신의 라이프스타일에 가장 적합한 방식으로 업무에 최선을 다할 것이라 기대할 수 있다. 카인드의 업무 윤리는 우리가 비즈니스를 시작하면서 사무실에 새벽 3~4시까지 남아 있었던 시절만큼이나 강력하게 남아 있다. 그러나 이제 우리는 직원들이 그들의 가족에 대한 책임감과 함께 스스로 균형을 유지할 수 있도록 의식적으로 격려하고 있다.

조직이 성장하고 사회가 진화하면서, 기업은 직원들이 가정에 대한 의무를 지고 있다는 사실을 분명하게 인식해야 한다. 주인 의식이 강한 관리자들은 조직에 탄력성을 허용한다고 해서 생산성이 떨어지는 것은 아니라는 점을 잘 알고 있다. 물론 실천은 언제나 말보다 어렵지만, 그래도 우리는 열심히 노력하고 있다.

나는 모든 직원들이 나와 똑같은 자세로 일을 해야 한다고 생각하지는 않는다. 하지만 주인 의식을 바탕으로 모든 직원들이 함께 길을 열어 나가는 문화를 창조하기 위해 최선을 다하고 있다. 그러한 문화에서는 연공서열보다 능력과 아이디어가 더 중요하다. 물론 조직 체계는 존재하고, 주요한 의사 결정에 대한 최종 권한은 내게 있다. 그렇다고 하더라도 모든 구성원들을 존경과 평등으로 대하고, 모두가 각자의 목소리를 내고 조직에 기여하도록 격려하는 기업 문화를 구축할 때, 우리는 최고의 아이디어를 얻을 수 있을 것이다.

투자자들을 존중하는 태도 역시 도움이 된다. 카인드를 설립하기로 결정했을 때, 나는 피스웍스의 문을 닫고 새롭게 출발하거나, 혹은 다른 법인을 만들 수 있었다. 당시로서는 카인드가 피스웍스의 일부가 되어야 하고, 그리고 피스웍스의 투자자와 직원들이 새로운 벤처인 카인드로부터 혜택을 얻을 수 있도록 해야 한다는 점을 정확하게 인식하지 못했다. 카인드의 이념과 사명, 제품, 그리고 브랜드는 피스웍스와 완전히 달랐다. 하지만 내게 보내 준 사람들의 지지와 믿음을 존중하고, 새로운 브랜드의 지분을 그들에게 나눠 주는 것이 마땅한 일이라는 생각이 들었다. 그래서 단기적인 경제적 이익을 극대화하기보다, 내가 옳다고 생각한 일을 했다. 초기의 모든 투자자들이 함께했던 원래 법인 안에서 카인드를 설립했기 때문에, 몇 년 후 피스웍스를 분사한 이후에도 그들은 카인드의 놀라운 성장에 함께할 수 있었다.

이러한 노력이 내게 어떤 보답으로 돌아왔을까? 덕분에 나는 탄탄한 리더십 기반을 구축할 수 있었다. 그리고 더 많은 신뢰를 얻었다. 여러분이 파트너들에게 많은 관심을 기울일 때, 사람들은 이를 높이 평가하고, 여러분과 기꺼이 함께하고자 할 것이다. 카인드는 장기적인 차원에서 주주들과 관계를 유지하고 있다. 이는 모든 직원들이 우리 회사에 이해관계를 가지고 있는 것과 똑같은 개념이다. 내가 그렇게 노력하고 있는 이유는, 모든 직원들이 주주처럼 행동하고 생각할 때, 궁극적으로 카인드에 도움이 되기 때문이다.

무엇보다 충실함

사내 정치나 뒷이야기가 없는, 주인 의식에 기반을 둔 기업 문화를 구축하기 위한 필요조건은 충실함이다. 나는 충실함의 가치를 대단히 높게 평가한다. 나는 유능하지만 충실함이 부족한 사람보다 실수를 하더라도 선의를 가진 사람을 더 선호한다. 기업이 성장하는 동안, 나는 건설적인 의사소통의 정신이 조직 전반에 자리를 잡도록 하기 위해 애쓰고 있다.

나의 경험 법칙은 무슨 말이든 당사자 앞에서 해야 한다는 것이다. 그 사람이 없는 곳에서 이야기를 해서는 안 된다. 누군가에게 무슨 말을 꼭 해야 할 필요가 있다면, 당사자는 자신의 성장에 도움이 될 수 있는 건설적인 비판을 직접 들을 권리가 있다. 그 사람에게 도움을 줄 가능성이 전혀 없다면, 애초에 말을 꺼낼 필요가 없다.

이는 관리자, 그리고 우리 모두에게 가장 힘든 일들 중 하나다. 선한 사람들은 일반적으로 다른 사람에 대한 비판을 불편해한다. 하지만 솔직한 피드백에 소극적인 자세는 결국 조직에 피해를 입히게 된다. 나는 우리 관리자들에게 미묘한 비판의 기술을 배우게 함으로써, 각자의 팀원들을 위해 필요한 순간에 절차를 바꾸고, 그리고 발전할 수 있는 기회를 항상 마련해 주도록 격려하고 있다.

충실함과 윤리적 행동에 대해, 나는 똑같이 충실함으로 되돌려 주고자 한다. 스타벅스는 1년도 훨씬 전에 우리와 서로 다른 길을 가기로 결정을 내렸고, 그러한 전략적 방향을 우리에게 공식적으로 알려 주었다. 그와 거의 동시에, 우리는 카인드의 주식을 공개하는 방안을 진지하게 고려하고 있었다. 우리는 IT 분야의 일반적인 기업들보다 더 빨리 성장하고 있었고, 매출은 매년 두 배로 뛰고 있었다. 건강과 웰빙 분야는 1조 달러가 넘는 식품과 음료 시장에서 가장 빠른 성장세를 보이고 있었다. 실제로 많은 은행들이 우리에게 주식 공모를 권유했다.

나는 카인드가 주식 공개를 하고 나서 스타벅스가 곧바로 그들의 매장에서 우리 제품들의 판매를 중단할 경우, 카인드 주식에 어떤 영향을 미칠지 걱정되었다. 이 문제에 대해 신중하게 고민하면서, 나는 하워드 슐츠에게 이메일을 보내 면담을 요청했다. 하워드로부터 전화가 걸려왔을 때, 나는 혼자서 우리 쌍둥이 아들인 앤디와 요나를 보고 있었지만, 아기들을 돌봐야 한다는 말로 그에게 부담을 주기는 싫었다. 일단 아이들을 뒷마당에서 조용히 놀도록 해놓고, 나는 우리가 어떻게 스타벅스와의 관계에 가치를 더하고 있으며, 왜 우리와 함께해야만 하는지에 대한 이유들을 서둘러 늘어놓았다. 비즈니스 문제에 대한 걱정은 물론, 나는 점점 더 힘이 세지고 있던 18개월짜리 아기인 앤디와 요나에게 무척 신경이 쓰였고, 그러다 보니 쉴 새 없이 빠른 속도로 이야기를 늘어놓았다(평소에도 내 억양은 알아듣기 쉬운 편이 아닌데, 그때 내 이야기가 어떻게 들렸을지 충분히 짐작이 간다). 결국 하워드는 내 말을 가로막았다.

그는 말했다. 「대니얼, 잠깐만요. 제 이야기 좀 들어 보세요. 우리가 당신의 계획에 피해를 입히는 일은 없을 겁니다. 앞으로도 계속해서 당신의 제품을 취급할 겁니다. 우리는 이미 스타벅스의 전략적 방향을 알려 드렸어요. 언젠가 카인드의 제품을 더 이상 취급하지 않는 날이 오겠지만, 지금 당장은 그런 일이 없을 것이며, 주식을 공개하기로 한 당신의 결정에 개입할 생각은 없습니다.」 하워드는 아주 예의 바르게 이야기했다. 아마 다른 누군가도 우리에게서 양보를 이끌어 내기 위해 그런 식으로 이야기를 했을 것이다. 그러나 하워드는 분명히 한 수 위였다.

그 상황에서 나는 하워드가 취했던 분명한 입장을 존중했다. 그 이후로 15개월이 흐른 2013년 가을, 스타벅스가 그들 매장에서 우리 바 제품 대신에 그들의 자체 브랜드로 만든 과일과 견과류 바 제품을 출시했을 때, 나는 그의 말을 다시 떠올리게 되었다. 나는 카인드 사람들과 함께 스타벅스와 맞서 싸워야 할지를 놓고 논의했다. 어쨌든 세계 최대의 유통 업체들 중 하나가 우리 시장에 진입한다는 것은 대단히 위협적인 사건임에 틀림없었다. 우리는 그들과 맞서 싸울 수 있는 다양한 방안들을 살펴보았다. 그러나 결국 함께 비즈니스를 할 수 있는 기회를 준 것에 대해 감사하는 마음을 갖고, 선의와 존경의 관계를 그대로 유지하기로 결정을 내렸다.

언론들은 우리의 이야기에 많은 관심을 기울였고, 무슨 일이 벌어지고 있는지 확인하기 위해 연락을 취해 왔다. 나는 스타벅스에 대하여 신뢰를 드러내야 할 의무감과 함께, 중대한 손실을 관리해야 할 책임감을 동시에 느꼈다. 대부분의 언론 기사에서, 나는 그 두 가지 감정 사이에서 균형을 유지했다. 자사 브랜드 출시를 위해 기존의 외부 브랜드를 철수시키기로 한 스타벅스의 결정에 관한 기사에서, 「월 스트리트 저널」은 스타벅스에 감사함을 표하는 나의 말을 이렇게 인용했다. 〈《카인드》는 스타벅스가 그들에게 주었던 기회에 대해 감사하고, 그들의 전략을 존중하고 있다.〉 CNBC와 가진 인터뷰는 우리가 스타벅스를 얼마나 높게 평가하고 있는지에 대해 전했다. 하지만 한 잡지 기사에서 내 대답들 중 하나를 스타벅스가 우리에게 주었던 엄청난 가치에 대해 그렇게 고마워하는 것은 아니라는 식으로 보도했다.

순간 하워드를 실망시켰다는 느낌이 들었다. 나는 우리의 관계에 사려 깊게 접근해 주었던 하워드의 태도에 고마움을 잊지 않겠다고 다짐했었다. 그래서 그에게 직접 편지를 써서, 사과의 마음과 함께 개인적인 관계가 앞으로도 계속해서 이어지길 바란다는 소망을 전했다. 또한 카인드는 스타벅스의 훌륭한 전략적 파트너가 될 수 있음을 재차 강조하면서, 우리의 문은 언제나 활짝 열려 있을 것이라고 다시 한 번 말했다.

지속적인 확장: 팔 것인가 말 것인가

철저하게 조사하고, 여러 은행가와 자산 분석가, 그리고 동료 기업가들과 많은 이야기를 나누고 나서, 나는 여러 가지 이유로 카인드의 기업 공개를 하지 않기로 결정했다. 첫째, 우리는 외부 자금을 끌어들이지 않고서도 충분히 운영을 잘 해나가고 있었다. 둘째, 분기별로 계획을 세우고, 주가에 계속해서 신경을 쓰고(그리고 직원들 역시 주가의 불안정한 움직임에 휘둘리게 하면서), 월 가의 기대에 부응하기 위해 애를 쓰고, 혹은 자산 연구 분석가들과 펀드 업체들에게 브리핑을 하기 위해 돌아다녀야 하는 번거로운 짐을 떠안고 싶지 않았다. 셋째, 우리가 경쟁하고 있는 건강 및 웰빙 분야는 당시 뜨거운 관심을 받고 있었기 때문에, 우리는 절대 우리 기업의 주식 가격을 통제할 수 없을 것이라고 생각했다. 카인드의 주식 가격은 틀림없이 적절하고 꾸준한 수준을 넘어서 폭발적으로 치솟을 것으로 보였다.

단기적인 시각으로만 바라본다면, 우리는 사람들의 기대감을 이용하여 주식 가격을 크게 끌어올릴 수 있을 것이었다. 하지만 어떤 사람이 개인연금을 가지고 우리 주식을 1백 달러에 샀다가, 나중에 50달러로 추락하는 바람에 큰 손실을 입을 수도 있다고 생각하면, 마음이 편치 않았다. 게다가 기업 공개를 할 때면, 그 직전에 누군가 변호사를 고용하여 그 기업을 고소하고, 이를 빌미로 돈을 뜯어내려 한다는 이야기도 들었다.

물론 우리가 주식 공개로 들어간다면, 그렇게 들어온 자금을 가지고 다른 기업들을 인수할 수 있을 것이었다. 하지만 당시 우리는 인수 합병에 대한 구체적인 비전을 갖고 있지 않았다. 나는 사들이고 싶은 기업을 발견하지 못했고, 그것은 지금도 마찬가지다. 그보다 나는 우리의 일에 집중하고 싶었다.

기업 공개를 결정한다면, 우리는 더 많은 언론의 관심을 누리게 될 것이다. 그것은 우리가 하는 모든 행동과 말이 시장에 영향을 미치기 때문이다. 이는 주식 공개의 한 가지 매력적인 측면이다. 카인드의 비즈니스 모델을 대중들에게 널리 알릴 수 있는 기회도 생길 것이었다. 하지만 여기서도 다시 한 번, 우리는 주식 공개라고 하는 골치 아픈 작업 없이도 충분히 우리의 이야기를 널리 알리고 있었다.

내가 아주 중요하게 생각했던 기업 공개의 마지막 장점은, 우리 직원들에게 자금적인 여유를 마련해 줄 수 있다는 것이었다. 물론 나는 내 주식을 팔고 싶은 생각은 없었다. 하지만 직원들은 어쩌면 집이나 차를 사고 싶어 할 것이었고, 그러한 상황에서 비공개 기업의 환금성 없는 주식을 보유하는 것은 아무런 도움이 되지 못했다. 그러나 시장이 통제 불능의 상황으로 접어들었을 때, 새로운 직원들에게 발행한 스톡옵션이 액면가에도 미치지 못하거나, 휴지 조각이 되어 버릴 수도 있다는 사실이 걱정스러웠다. 그렇게 된다면 직원들의 사기는 크게 떨어질 것이었다. 그래서 나는 직원들이 갖고 있는 주식의 가치를 외부 시장의 손에 맡겨 두고 싶지 않았던 것이다.

대신에 우리는 직원들의 현금 유동성에 도움을 주기 위해 다양한 방법들을 고안하고 있다. 우리는 약간의 차입금을 통해서 모든 직원들을 대상으로 배당금을 지급하고 있다(내가 생각하는 관리 가능하고, 안전한 약간의 부채란 수익의 두 배 미만을 뜻한다). 또한 대출 프로그램을 통해서 직원들이 스톡옵션을 행사할 수 있도록 도움을 준다. 그리고 최대한 후하게 상여금을 지급하기 위해 노력한다. 마지막으로, 특정한 조건하에서 원래 발행 가격과 비교하여 매력적인 가격으로 기업이 직원들의 주식을 도로 사들이는 공개 매입 프로그램까지 실시하고 있다.

친구들은 내게 기업이 나중에 흔들리거나 무너질 경우를 대비해서, 팔기 좋은 시점에 회사의 지분을 매각하라고 말한다. 그러나 그것은 하나의 기업으로서 우리가 누구인지, 그리고 한 사람의 설립자로서 나는 어떤 역할을 맡고자 하는지와 관련하여 대단히 중요한 이야기다. 비즈니스의 한복판이라고 하는 유리한 지점에서 바라볼 때, 카인드는 유지 가능한 비즈니스며, 앞으로 수십 년 더 오랫동안 성과를 거둘 수 있을 것으로 보인다. 나는 카인드가 어마어마한 성장과 변화를 위한 탄력적인 기반을 확보하고 있다고 믿고 있으며, 이러한 흐름이 중단될 것이라 생각하지 않는다. 우리는 일시적인 유행이 아니라, 장기적인 시각으로 바라보면서 카인드를 설립했다. 가장 중요한 것은, 우리는 이 세상을 조금 더 친절한 곳으로 바꾸면서 원칙을 새롭게 만들고 성장하는 일을 즐긴다는 것이다. 그리고 나는 우리의 사명을 바꿀 생각이 없다.

몇 년 전, 중동 지역에 평화를 구축하는 일에 집중하기 위해서 기업을 매각하는 방안을 진지하게 고려했을 때, 이사회 멤버인 짐 혼설은 내게 이런 이야기를 들려주었다. 「대니얼, 순수한 자선 단체보다 카인드를 경영함으로써 사회에 더 많은 영향을 미칠 수 있을 겁니다.」

나의 대답은 이랬다. 「하지만 짐, 카인드를 운영하면서 어떻게 동시에 자선 활동에 집중할 수 있을까요?」

짐은 말했다. 「당신은 항상 〈그리고〉 철학에 대해 이야기하고 있습니다. 그런데 왜 카인드를 운영하고, 〈그리고〉 원보이스 일도 함께 해나갈 수 있다고는 생각하지 않는 거죠? 실제로 카인드는 자선 단체의 대표로서는 하지 못할 일을 할 수 있도록 기회의 문을 열어줄 겁니다. 놀라운 변화를 위한 신뢰와 기반을 가져다줄 겁니다.」

이후로 오랫동안 나는 짐의 조언을 감사하게 생각하고 있다. 나는 여전히 내가 품고 있는, 사회적으로 도움이 되는 여러 다양한 아이디어들을 실현할 시간이 없다는 사실에 안타까움을 느낄 때가 많다. 그래도 나는 카인드의 성공이 없었더라면 결코 도달하지 못했을 지위를 누리고 있다. 이제 나는 현명하게 행동한다면, 그러한 지위를 통해 좋은 일을 많이 할 수 있다는 사실을 알고 있다. 더욱 중요한 것은, 카인드 운동과 함께 사회적으로 영향력을 미칠 수 있는 비즈니스 모델을 섬세하게 조율해 나가면서, 사람들 사이에 다리를 연결하는 우리의 역량 또한 크게 성장하게 되었다는 것이다.

앞서 언급했듯이, 나의 목표는 카인드 제품을 단지 건강과 웰빙 분야에서 가장 신뢰할 만한 상품으로 만드는 것에서 끝나지 않는다. 나의 목표는 카인드를 하나의 기업에서 움직임이자 마음가짐으로 전환하는 것이다. 카인드 교환, #카인드오섬 카드, 그리고 카인드 코즈와 같은 아이디어들을 통해서, 나는 절박한 사람들에게 도움을 주고, 사람들이 기업을 바라보는 시각을 새롭게 바꾸어 나가고 있다.

장기적인 목표를 바탕으로 관계를 지속하기

기업 공개를 하지 않기로, 그리고 회사를 팔지 않기로 결정을 내렸지만, 2013년 말 우리는 개인 투자자들의 모임인 VMG에 유동성을 창출하기 위한 방안을 내놓아야 했다. VMG의 조언과 협력이 없었더라면, 카인드는 지금까지의 모든 일들을 이루어 내지 못했을 것이다. 우리는 원래 5년간 그들과 함께 하기로 약속을 했었고, 기간이 끝나면 이 투자자들에게 자금을 되돌려 주기로 했다. 그래서 2013년 여름부터 나는 그 돈을 마련할 방안을 강구하기 시작했다.

결국, 우리는 VMG의 지분을 사들이기 위해서 많은 부채를 떠안아야 했다. 회계 장부에 부채를 기록한다는 것은 상당한 자본 비용을 감당하고, 그에 따른 고통을 감수해야 한다는 뜻이었다. 그러나 우리는 이미 많이 성장했고, VMG의 투자자들은 집요한 협상가였기 때문에, 그들은 그들의 투자에 대한 이례적인 수익을 얻어 갔다.

나는 많은 부채를 짊어지고 싶지 않았고, 그래서 카인드를 다음 단계로 이끌고 가는 데 도움을 줄 수 있는 잠재적인 투자자들을 신중하게 물색하기 시작했다. 그리고 결국 내가 생각하기에 장기적인 안목을 갖고 있는 두 명의 든든한 투자자들과 손을 잡기로 했다.

대부분의 투자자들은 거래 중심적이고, 대부분의 기업가들은 관계 중심적이다. 투자자들은 이곳저곳을 벌처럼 날아다니고, 지금 있는 꽃으로 다시 돌아올 것인지 고려하지 않고서 매번 수익을 극대화하고자 한다. 반면, 기업가들은 매일 태양 에너지로 꿀을 만들어 내는 꽃이다. 투자자들은 투자 거래의 전문가들이기 때문에, 기업가들은 종종 불리한 입장에 처하게 된다. 기업가들은 제품을 만들어 낸다. 그리고 투자자들은 투자 거래를 만들어 낸다. 나의 경우, 오랫동안 우리 화단에 머물러 있을 벌을 선택하는 것이 무엇보다 중요했다.

스트롱 & 카인드

새로운 투자자를 받아들이기 위해 세부적인 사안들을 처리하는 동안, 우리는 매콤한 맛이 담긴 〈세이버리 바savory bar〉라고 하는 흥미로운 신제품 라인 출시를 서두르고 있었다. 2013년이 저물어 갈 무렵, 시장에서 성공을 거두고 있었던 영양 및 그래놀라 바 제품들 사이에는 한 가지 공통점이 있었다. 그것은 달콤하다는 것이었다. 나는 매콤한 바 제품들이 시장에서 거대한 잠재력을 드러낼 날이 올 것이라고 오래전부터 예상하고 있었다. 수많은 사람들이 그동안 감자칩이나 콘칩, 혹은 프레첼과 같이 영양과 칼로리가 낮은 매콤한 스낵들을 소비하고 있었다. 그렇다면 카인드는 왜 이와 같은 매콤한 바를 출시하지 않고 있었던 걸까?

우리는 이미 획기적인 신제품들을 개발한 경험이 있는 여러 유명 기업들이 세이버리 바 카테고리에 도전했지만, 실패했다는 사실을 알고 있었다. 이 말은 소비자들이 그러한 제품을 원하지 않으며, 우리 역시 성공을 거두기 어려울 것이라는 의미인가? 처음에 우리는 소비자들이 영양 바라고 하면 달콤한 맛을 떠올리고, 그리고 매콤한 바에는 관심을 기울이지 않을 것이라고 결론을 내렸다.

그리고 나서 우리는 영양이 풍부한 아몬드를 주요 성분으로 사용함으로써, 예전에는 소비자들이 느끼지 못했던 장점을 제공할 수 있다는 사실을 깨달았다. 소비자들은 매콤한 트레일 믹스*나 맛을 첨가한 혼합 견과류 제품들을 먹는 데 익숙해져 있었고, 그래서 우리는 매콤한 카인드 바 제품이 소비자들에게 쉽게 다가갈 수 있을 것이라 생각했다.

우리는 이 문제를 놓고 오랫동안 고민했다. 그리고 제조 방법에 대해 정말로 열심히 연구했다. 우리 개발 팀은 카인드에게 이 제품이 엄청난 기회가 될 것이라는 사실을 확신할 때까지 맛을 완벽하게 구현하고, 균형을 맞추기 위해서 오랜 시간 공을 들였다. 결국 우리는 그 비밀을 풀어냈다. 모두가 좋아하고, 특히 남성들의 관심을 자극할 수 있는 할라페뇨와 태국 스위트 칠리 같은 맛이 나는 바를 개발하는 데 성공했다. 우리의 신제품은 아주 맛이 좋았다(그리고 몸

---

* 견과류와 말린 과일들을 섞은 간식류 제품.

에 좋은 느낌도 주었다). 우리는 직원들을 대상으로 샘플 테스트를 실시했고, 아주 긍정적인 반응을 확인할 수 있었다. 뭔가 대단한 물건이 나왔다는 생각이 들었다.

우리는 매콤한 바 제품이 오리지널 카인드 바의 대체품이 아니라는 사실에도 환호했다. 말하자면 이는 카인드 바의 보충재였다. 소비자들은 때로 카인드 프루트 앤드 너트 바와 같이 달콤한 바를 원하기도 하고, 혹은 이번 신제품처럼 매콤한 바를 먹고 싶어 하기도 한다. 아니면 카인드 너츠 앤드 스파이스 바처럼 중간 맛을 찾기도 한다.

그래도 우리의 신제품은 소비자들에게 여전히 낯선 경험이었다. 성공적으로 출시하기 위해서는 이 제품을 위한 브랜딩 및 포지셔닝 작업을 완벽하게 해내야 했다.

처음에 우리는 브랜드 이름으로 카인드 볼드KIND Bold를 생각했지만, 너무 흔한 표현이라는 느낌이 들었다. 많은 브랜드들이 〈볼드〉를 제품을 설명하는 용어로 사용하고 있었다. 우리가 생각했던 수백 가지 브랜드 이름들 중 특히 〈스트롱Strong〉이라는 이름에 끌렸다. 이 제품에는 자극적인 맛에 더하여 단백질 10그램이 함유되어 있었기 때문이다. 하지만 〈스트롱〉은 지나치게 공격적이고 군사적인 느낌이 강했다. 주로 남성 소비자들에게 집중하고자 했지만, 그렇다고 해서 여성들을 배제시킬 생각은 없었다. 어느 순간부터 논의가 나아가지 못했다. 그렇게 몇 주가 흘렀고, 우리는 여전히 이상적인 브랜드 이름을 찾지 못하고 있었다.

2013년 6월 말의 어느 날 밤, 나는 미국에서 〈남자다움〉의 의미를 재정의하는 데 집중하는 자선 사업을 함께 이끌어 가고 있었던 제니퍼 버핏과 피터 버핏이 포함된 한 그룹의 사람들과 저녁을 함께하게 되었다. 제니퍼는 말했다. 「강하고 거칠어야 한다는 선입견에 맞서, 우리는 착함이 남성성과 양립할 수 있다는 사실을 입증하는 논의를 적극적으로 장려하고 있습니다. 친절하다는 것은 곧 강하다는 겁니다.」 그 순간, 내 머릿속에서 한 가지 아이디어가 번득였다.

제니퍼의 말은 내가 90년대 초반 피스웨어PeaceWear라고 하는 의류 기업을 시작하면서 꿈꾸었던 아이디어를 다시 한 번 떠올리게 해 주었다. 당시 나는 〈친절은 멋진 것It's Cool to be Kind〉이라는 슬로건과 함께 마케팅 캠페인을 벌이고자 했다. 나는 그 시대의 터프 가이들(실베스터 스탤론, 알 파치노, 그리고 로버트 드니로)이 정말로 거칠다는 게 무엇을 의미하는 것인지를 보여 주는 영상에 등장해서, 누군가를 향해 덤벼들려고 하다가 갑자기 부드럽고 친절한 행동을 하면서 시청자들을 놀라게 하는 장면을 상상해 보았다. 그들은 카메라를 바라보며 거친 목소리로 이렇게 말한다. 〈친절은 멋진 것.〉

하지만 걱정할 필요는 없다. 내가 그때의 아이디어를 실제로 실현해 보려는 생각은 하지 않았으니 말이다. 하지만 그러한 고민의 과정에서, 나는 결국 카인드 바의 신제품들을 위한 새로운 가치 제안을 만들어 낼 수 있었다. 우리는 병렬적 조합을 받아들여야 했다. 〈그리고〉 철학을 일깨워야 했다. 그래서 우리는 말 그대로 〈&〉 기호(〈그리고〉의 보편적 상징)를 활용해서 새로운 브랜드의 이름을 〈스트롱 & 카인드Strong & KIND〉라고 지었고, 이를 통해 상반된 두 가지를 한꺼번에 얻을 수 있다는 점을 부각시키고자 했다.

사람들은 일반적으로 친절과 강함이 서로 어울리는 개념이라 생각하지 않는다. 하지만 버핏 부부가 지적했던 것처럼, 실제로 중요한 순간에 친절함을 베풀기 위해서는 강인함이 필요하다. 가령, 누군가 괴롭힘을 당하고 있거나, 혹은 양쪽의 편을 모두 들어야 할 때가 그렇다. 스트롱 & 카인드는 아무도 나서려고 하지 않을 때, 바람직한 행동을 실천에 옮기도록 사람들에게 용기를 북돋워 주는 이름이다.

그 브랜드 이름은 또한 가공된 콩이나 유청, 혹은 인공 첨가물이 아니라, 순수 천연 성분인 10그램의 단백질을 포함하여(강한), 가공하지 않은 아몬드와 씨앗, 그리고 콩(친절한)과 같은 좋은 성분들이 전하는 강인함을 일깨운다. 게다가 사람들의 맛봉오리에도 친절함을 베푸는 강하고 자극적인 맛의 경험이 그 영양 바 속에 들어 있음을 말해 준다.

지금은 간단해 보이지만, 그 이름으로 결정하기까지 수개월의 시간이 걸렸다. 신제품 라인을 확장하는 과정에서, 전통적인 브랜딩 전략은 수직 관계를 기반으로 삼는다. 즉, 기존의 브랜드가 있고, 그 아래에 하위 브랜드들이 하나씩 자리를 잡는다. 나비스코의 리츠 크래커가 그 좋은 사례다. 나비스코의 전설적인 삼각형 문양은 하위 브랜드들을 돋보이게 하고, 그들에게 정당성을 부여한다. 기존 브랜드를 기반으로 신제품을 출시하는 경우, 일반적으로 두 가지 방식을 따르게 된다. 기존 브랜드로 신제품을 인증하거나, 아예 기존 브랜드로 출시하는 것이다. 우리의 경우에는 〈카인드의 스트롱 바*KIND's Strong Bar*〉로 할 것인가, 아니면 〈카인드가 인증한 스트롱 바*Strong*

Bar, by KIND〉라고 할 것인가 사이의 결정이었다. 여기서 우리는 말그대로 〈그리고〉 접근 방식을 활용했고, 평등함(스트롱 & 카인드)을 바탕으로 수평적인 구조를 만들어 냈다. 이를 통해, 우리는 흥미로운 가치의 수평적 관계를 부각시키고, 〈그리고〉 철학을 실현했다.

2014년 3월 우리는 스트롱 & 카인드 바를 출시했고, 그 반응은 뜨거웠다. 신제품 홍보를 위해, 우리는 카인드 브랜드가 품고 있는 두 가지 이상의 가치를 몸소 보여 주고 있다고 생각되는 유명인과 스포츠 스타들, 혹은 〈평범한 시민〉들을 물색하기 시작했다. 우리는 강한 캐릭터, 〈그리고〉 친절한 영혼을 드러내는 인물을 찾았다.

재회

스트롱 & 카인드 비즈니스에 집중하는 동안에도, 스타벅스는 여전히 내 마음 한구석에 자리하고 있었다. 우리는 수개월간에 걸쳐 스타벅스의 목표와 우리의 목표를 동시에 달성할 수 있는 방안들을 놓고 브레인스토밍 시간을 가졌다. 비즈니스 관계를 차치하고서라도, 나는 훌륭한 CEO를 넘어 리더의 모범으로 생각하고 있는 하워드 슐츠와 함께 개인적인 관계를 새롭게 이어 나가고 싶었다. 한번은 개인적인 안부 차원에서 그에게 전화를 걸었고, 우리는 서로 그동안의 소식을 나누었다. 그날 나는 어떤 비즈니스 아이디어를 제안할 생각이 전혀 없었지만, 우리의 대화는 비즈니스 관계를 다시 시작할 수 있는 방안을 찾는 쪽으로 흘러가고 있었다. 나는 하워드가 흥미로워할 만한 몇 가지 아이디어들을 말했다. 그리고 하워드는 그 것들에 대해 한번 생각해 보기로 했다. 그 이후로 이어진 8개월은 어떻게든 비즈니스를 구축하기 위해 안간힘을 썼던 두 조직 간의 진정한 신뢰와 노력의 롤러코스터였다. 결코 쉬운 과정이 아니었다. 스타벅스의 다양한 전략들은 우리의 아이디어들을 가로막고 있었다. 또한 우리는 대형 유통 업체와 함께하는 비즈니스에 따르는 위험도 동시에 걱정해야 했다. 어쨌든 그들은 당시 우리의 경쟁자였다. 그래서 무엇보다 용기가 필요한 도전이었다.

우리는 최선을 다해서 우리의 핵심 가치들을 시험해 보았다. 우리는 《그리고》 사고방식을 기반〉으로 하면서, 우리 〈브랜드에 충실〉하고, 동시에 스타벅스의 모든 요구를 만족시킬 수 있을 것인가? 우리는 스타벅스를 염두에 두고, 매력적인 신제품인 솔티드 캐러멜 다크 초콜릿 너트 바Salted Caramel Dark Chocolate Nut bar, 그리고 신제품 개발 팀의 최고 걸작으로 내가 손꼽는 아몬드 코코넛 캐슈 차이 Almond Coconut Cashew Chai를 개발했다. 우리는 스타벅스와의 협력 관계를 더욱 의미 있게 하는 노력과 우리의 〈목표〉를 조율할 수 있을까? 스타벅스 단골들은 바로 뒤에 줄을 서 있는 낯선 사람에게 종종 프라푸치노를 선물한다. 이에 착안하여, 우리는 함께 공유하고 있는 가치를 실현할 수 있는 공동 프로모션을 기획했다. 그것은 무료로 카인드 바를 나누어 주는 방식으로, 스타벅스 소비자들의 친절한 행동을 칭찬하고, 그들에게 친절함의 영감을 불어넣는 일이었다.

두 조직이 협력 관계를 다시 시작하기 위해 극복해야 할 복잡한 과정과 다양한 문제들을 감안할 때, 우리는 〈끈기〉와 인내를 그들에게 보여 주어야 했다. 많은 경우에, 끈기와 인내는 문제를 해결해 준다. 그러한 상황에서는 모든 일을 가급적 단순하게 처리하고, 직접적이고 〈투명한〉 접근 방식을 유지함으로써, 양측은 힘든 상황을 헤쳐 나가기 위한 신뢰 관계를 쌓을 수 있다.

나는 스타벅스 조직과 더불어 깊은 〈공감〉의 관계를 구축했고, 그들이 우리와 상반되는 결정을 내렸을 때에도, 최선을 다해 그들의 관점에서 그들의 결정을 바라보고자 했다. 그리고 결국 스타벅스의 모든 전략적 목표와 조화를 이루는 의사소통 전략을 마련했을 때, 우리 사이에 〈신뢰〉가 완전하게 자리를 잡았다.

2014년 가을, 스타벅스는 카인드 제품들을 그들의 매장에 다시 들여놓았다.

비즈니스, 혹은 사회적 기업을 세우는 것은 절대 쉬운 일이 아니다. 비즈니스, 〈그리고〉 사회적 기업을 동시에 세우는 일은 훨씬 더 어렵다. 목표가 원대할수록, 잘못된 방향으로 시작하게 될 위험이 더 크다. 스타벅스와의 경험은 목표에 도달하기 위해 필요한 한 가지 경험이었다. 다른 모든 고객 업체들처럼, 스타벅스 역시 그들의 전략적 우선순위를 언제든 바꿀 수 있다. 그러므로 우리는 스타벅스를(혹은 다른 모든 업체들을) 당연한 것으로 받아들여서는 안 된다. 우리는 모든 관계들이 우리에게 전부를 의미한다는 생각으로 접근해야 한다. 그리고 상황이 어려워질 때, 끈기를 잃어버리지 말아야 한다. 오히려 〈독창성〉과 진취성을 일깨움으로써(〈도전〉하고, 한계를 벗어나 사고함으로써) 상황을 돌려놓아야 한다. 우리가 만난 모든 사람들에게 보여 주었던 우리의 행동 방식, 난관을 극복했던 방식, 그리고 모든 관계에서 스스로를 조율했던 방식은 우리가 무엇인지, 그리고 무엇이 될 것인지를 정의해 주고 있다.

세상 속으로

이 책이 나올 무렵이면 우리는 아마도 10억 개의 카인드 바 판매를 달성했을 것이다. 우리가 세계 무대로 나설 시점이 찾아왔다. 2014년 가을부터, 우리는 어느 국가로 먼저 진출할 것인지, 단독으로 들어갈 것인지, 아니면 유통사를 끼거나 합작 회사를 설립할 것인지와 같은 세계화 전략과 관련된 문제들을 고민하기 시작했다.

세계 시장을 앞두고, 나는 약간의 두려움을 느꼈다. 지금까지 성장해 오는 동안, 나는 많은 실패로부터 해서는 안 되는 것들을 배웠다. 하지만 이제 우리는 한 번도 경험한 적이 없는, 그리고 교훈을 얻을 수 있는 실패가 없는 새로운 개척지로 나아가고 있었다. 새로운 도전에 직면하면서, 나는 다양한 전문 분야에서 우리의 가치와 사명을 실현하는 방법을 알려 준 새로운 인재들을 발견하고, 그들을 카인드가 다음 단계로 도약하는 데 실질적인 도움을 줄 수 있는 공동 소유주와 파트너의 자리로 끌어들이는 기쁨을 맛볼 수 있었다. 나는 카인드의 철학이 삶과 행동 속에서 우리를 이끌어 줄 구체적인 지침을 모든 이들의 가슴속에 심어 줄 수 있기를 소망한다. 이전과는 완전히 다르게, 우리 모두가 삶에서 더 많은 기쁨을 느끼고, 매일 더 많은 것들을 성취할 수 있도록 하는 가치를 불어넣어 주기를 바란다.

이제 다음 단계는 무엇일까? 앞서 이야기했던 것처럼, 나의 목표는 카인드를 훌륭한 제품, 건강에 도움을 주는 브랜드, 그리고 소비자들이 신뢰하고 사랑하는 믿음직한 기업이자, 지역 사회에 소중한 지혜를 가져다주는 마음가짐과 동의어로 만드는 일이다. 우리는 카인드가 수백만 명의 지역 사회 구성원들에게 주인 의식을 불러일으키는 움직임이 되길 원한다. 우리는 카인드가 진정한 방식으로 사람들의 삶에 다가가 그들에게 매일, 매 순간 이 세상을 좀 더 친절하고, 더 달콤한 곳으로 만드는 여정에 참여하라고 영감을 불어넣기를 바란다. 그리고 누군가 〈Do the……〉라고 말할 때, 모두가 〈Kind Thing!〉이라고 마음속으로 문장을 완성해 주기를, 그리고 그러한 생각이 우리의 비전을 일깨우고 우리의 구호에 의미를 불어넣어 주기를 바란다. 여러분은 우리와 함께할 것인가?

KIND

카인드 성장 도표
혁신 연대표

1994
〈수익만 추구하지 않는〉 기업으로 피스웍스 설립

PEACEWORKS

ONEVOICE

2002
원보이스 설립

2004
카인드에 대한 사업 구상. 카인드 프루트 앤드 너트 바 출시

KIND FRUIT & NUT

2008
자연 성분을 강화한 신약 홀 너트 앤드 프루트 바, 카인드 플러스 출시

KIND PLUS

2009
축적 기능한 방식의 카인디드 카드 첫 발급

KIND You've been KINDED

2010
〈친절한 일을 하라〉 캠페인 시작 가장 친절한 행동에 4만 달러의 상금을 걸다

Do the KIND Thing

2011
새로운 카테고리로의 첫 진입으로, 카인드 헬시 그레인스 클러스터스 출시

KIND HEALTHY GRAINS

2012
설탕은 5그램 이하로 줄이고, 온전한 견과류와 아몬드 사용하고, 인공적인 성분은 전혀 첨가하지 않은 카인드 넛츠 앤드 스파이시스 바 출시

KIND NUTS & SPICES

2013
그래놀라 바 카테고리로는 최초로 〈씹어 먹는〉 제품인 카인드 헬시 그레인스 바 출시, 카인드 코즈 프로그램 출범

KIND HEALTHY GRAINS

KIND causes

2014
건강 스낵 바 카테고리 안에서 처음으로 매콤한 스트롱 & 카인드 출시

STRONG KIND

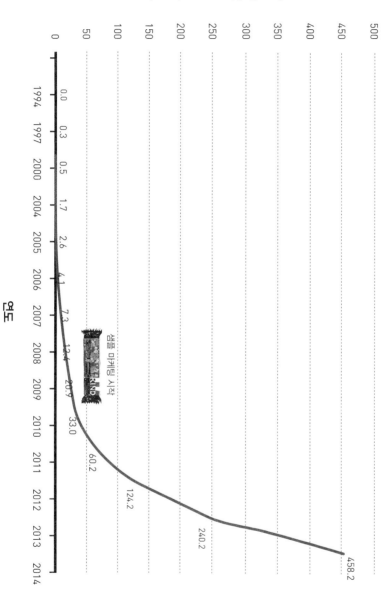

KIND

카인드 성장 도표

판매량 성장 추이

판매량 (단위 : 백만 개)

판매량 (단위 : 백만 개)

연도

1994	1997	2000	2004	2005	2006	2007	2008	2009	2010	2011	2012	2013	2014

0.0 0.3 0.5 1.7 2.6 4.1 7.3 12.4 20.9 33.0 60.2 124.2 240.2 458.2

샘플 마케팅 시작

KIND 카인드 성장 도표
유통 성장 추이

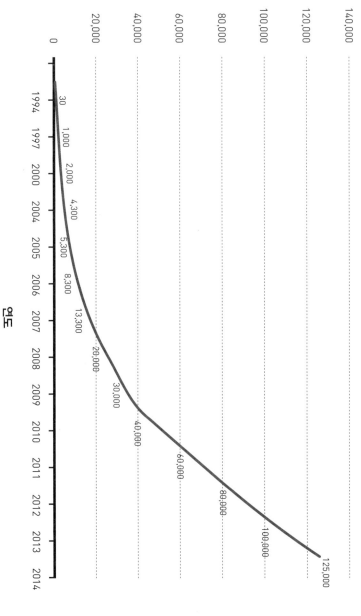

목
정
수

140,000
120,000
100,000
80,000
60,000
40,000
20,000
0

125,000
100,000
80,000
60,000
40,000
30,000
20,000
13,300
8,300
5,300
4,300
2,000
1,000
30

1994 1997 2000 2004 2005 2006 2007 2008 2009 2010 2011 2012 2013 2014

연도

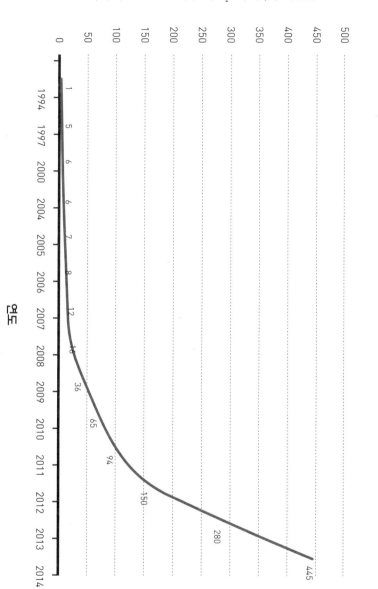

카인드 성장 도표

KIND 조직 성장 추이

지렬 수 (변 밴 밑 밑 는 든 름 편 틀 의 밑 밑 틀 의 지 럴 힐 함 틀 한 산)
지 럴 수

500
450
400
350
300
250
200
150
100
50
0

1994 1997 2000 2004 2005 2006 2007 2008 2009 2010 2011 2012 2013 2014

연도

1
5
6
6
7
8
12
18
36
65
94
150
280
445

감사의 글

『카인드 스토리』의 원고를 쓰고 편집을 하는 데 내가 상상했던 것보다 오랜 시간이 걸렸다. 우선 언제나 그러하듯 내게 보내 준 무한한 끈기와 지원에 대해 내 아내 미셸에게 감사를 드린다. 아내의 사랑을 받고, 그녀 덕분에 웃고, 그리고 항상 흔들리지 않을 수 있었던 것은 내게 축복이었다.

내털리와 앤디, 요나, 그리고 로미. 앞으로 몇 년 뒤 너희들이 이 책을 읽게 될 때,『카인드 스토리』속의 가치들을 통해 삶에 대한 열정과 목적을 발견할 수 있기를 바란다. 너희들과 함께 놀아 주지 못했던 오랜 시간만큼 가치가 있는 교훈들을 이 책에서 발견할 수 있었으면 한다. 나는 너희들과 함께 있어 행복하다. 가장 중요한 것은 너희들이 언제나 함께한다는 사실이라는 것을 잊지 말기를 바란다.

우리 가족이 함께할 수 있도록 해준 어머니 소니아 루베츠키, 그리고 우리들 마음속에 살아 계시고, 평생 자녀들과 함께하셨던 아버지, 그리고 우리 사촌 일리애나와 태미, 시오마에게. 여러분의 변함없는 사랑과 지지를 얻을 수 있어서 정말로 운이 좋았고, 함께 아름다운 가족을 이룰 수 있어 큰 축복이었다.

간략함이 나의 장점이 아니라는 사실을 알고 있는 모든 분들께. 그 점에 대해서, 하나 숀버거와 함께 일할 수 있어서 행운이었다. 하나는 오랜 시간 나와 함께 편집하고, 글을 쓰고, 그리고 내가 책 속에서 공유하고자 했던 많은 이야기들을 다듬어 주었다. 그녀가 없었더라면 나는 이 책을 쓰지 못했을 것이다. 게다가 함께하는 동안 그녀는 내게 심리 분석가이자 교사, 그리고 친구가 되어 주었다. 하나, 당신의 도움에 감사를 드린다.

보기 드문 에이전트이자 전략가, 그리고 친구인 제니퍼 조엘에게 고마움을 전한다. 출판과 글쓰기에 대한 제니퍼의 지혜와 안목, 그리고 정보에 나는 깜짝 놀랐다. 그녀는 내게 소중한 조언을 주고, 많은 시간을 투자하여 가르침을 전하고, 그리고 편집 과정에서 많은 도움을 주었다. 덕분에 이 책의 가치를 크게 높일 수 있었다.

뛰어난 편집 기술과 가르침, 인내심, 그리고 번득이는 조언에 대해 편집자 마니 코크런에게도 감사를 표한다. 그녀가 이번 프로젝트에 보여 주었던 헌신과 열정에 진심으로 감사를 드린다. 밸런타인과 랜덤 하우스 팀 모두에게도 고마운 말씀을 전한다. 나는 그들의 열정과 프로 정신에 강한 인상을 받았다. 그리고 여러분 모두와 함께할 수 있어 정말로 즐거웠다. 리비 맥과이어, 리처드 캘리슨, 라이언 도허티, 제니퍼 텅, 퀸 로저스, 토비 에른스트, 데니즈 크로닌, 신디 머리, 수전 코크런, 리사 반스, 멜리사 밀스턴, 그리고 멜리사와 마찬가지로 똑똑하고, 우연하게도 90년대 중반에 피스웍스에서 나와 함께했었던 그녀의 여동생 세라에게 감사드린다. 그리고 원고의 수정 작업을 이끌어 준 제니퍼 로드리게스, 치밀하게 교정을 맡아 주었던 브라이오니 에버로드, 그리고 교열 작업을 책임져 준 톰 피토니악과 에바 영에게 감사를 드린다.

나의 참모인 줄리아나 스토치, 비서 레베카 할펜, 그리고 이번 프로젝트가 시작될 무렵에 커뮤니케이션 책임자로 있었다가, 프로젝트가 끝날 무렵에는 전략 개발 부사장이 된 엘르 랜닝은 전체 과정에 걸쳐 내게 특별한 지원을 보내 주었다. 자문을 맡고 있는 저스틴 머비스와 더불어, 이들 모두의 현명한 조언들 덕분에 나는 많은 어려움에서 벗어날 수 있었다. 역시 많은 조언을 주었던 카인드의 커뮤니케이션 최고 부사장 조 코헨에게도 감사를 드린다.

특히 내 친구 조슈아 라모에게도 고마움을 전한다. 바쁜 일상과 많은 글을 쓰는 가운데에도 나를 위해 시간을 내주고, 전략적인 차원에서 나의 원고에 조언을 주었던 정성에 감사와 존경을 드린다.

홀로코스트 동안에 우리 아버지가 겪었던 일들에 관한 구체적인 사실 관계를, 내가 영화 기록물들을 통해서 확인할 수 있도록 도움을 주었던 서지 블러즈에게도 깊은 고마움을 전한다.

친절하게도 이 책의 초고를 읽어 준 한 친구는 내가 일일이 거론한 모든 사람들의 이름, 그리고 곳곳에서 언급했던 감사와 존경의 말들 때문에 마치 오스카상 수상 소감을 듣는 듯하다고 했다. 독자들을 존중한다는 점에서, 그리고 내 개인의 본능적인 욕구를 억제한다는 점에서, 나는 유통 업체와 피스웍스, 카인드, 원보이스, 마이예를 포함한 다양한 조직에서 일하고 있는 직원과 전략적 파트너, 스승 및 친구들의 이름들을 일일이 열거했던 부분들을 수정했다. 본문 속에서 동료와 직원들의 이름을 언급하는 대신, 나의 여정의 여러 단계에서 내가 성과를 거둘 수 있도록 도움을 주었던 모든 이들에게 여기서 감사와 존경의 말씀을 전한다.

나를 믿어 주고 내게 기회를 주었던 초창기의 투자자들, 우리의 첫 직원들 및 인턴들, 그리고 첫 번째 유통 업체와 납품 업체, 중간 상인들과 브로커 및 전략 자문들에게 깊은 감사의 말을 전한다. 이들의 적극적인 지원이 없었더라면, 피스웍스와 카인드 모두 자리를 잡고, 성공을 이루어 내지 못했을 것이다. 또한 원보이스 운동에 참여한 모든 기부자와 자원 봉사자, 활동가, 위원 및 자문가들에게도 우리의 비전을 실현해 준 것에 대해 고마움을 전한다.

함께 일하면서 배울 수 있는 축복을 내게 주었던 모든 자문가와 이사회 멤버, 친구, 투자자와 동료들, 자연식품 공동체 회원 및 유통 파트너와 스승들 모두에게 감사하다는 말을 드리고 싶다.

감사의 글을 썼던 그 주에, 나는 아내와 함께 우리의 지혜로운 자산 전문가인 데이비드 번스타인이 초대한 저녁 만찬에 참석하게 되었다. 그런데 그 레스토랑의 종업원이 나를 알아보고 미소를 지으며 인사를 건넸다. 「안녕하세요, 대니얼?」 그는 자비드 몰라베키리, 혹은 내가 종종 자보라고 불렀던 이스트 84번가 245번지 건물의 관리인으로, 21년 전 그 모든 일이 시작되었던, 창문 없는 끔찍한 지하실로 상자를 나르는 동안 나를 도와주었던, 그리고 언제나 웃음을 잃지 않고 필요할 때 나를 도와주었던 사람이었다. 자보는 내게 힘을 주는 친근한 사람이었다. 그럼에도 나는 오랫동안 그를 떠올리지 못했고, 만나지도 못했다.

자보와 마찬가지로, 나는 수많은 사람들을 내 삶에서 만났고, 그들은 모두 내 여정이 더 풍성해지도록 해주었다. 그들은 상황이 힘들 때 내 등을 토닥여 주었고, 즐거울 때에는 맘껏 웃어 주었다. 상황이 힘들고 〈그리고〉 즐거울 때에는, 등을 두드려 주면서 함께 웃어 주었다! 20년 동안이나 보지 못했던 모든 이들에게, 그리고 오늘 아침 나를 위해 문을 열어 준 관리인과 미소를 건넨 상냥한 낯선 이에게도, 나는 그들이 매일 우리가 살아가는 세상 속으로 가져다주고 있는 드러나지 않는 따스함에 대해, 그리고 카인드가 성장하는 과정에서 그들이 맡아 주었던 모든 역할에 대해 감사를 드린다.

충성스러운 고객들 덕분에 카인드는 아주 특별한 브랜드이자 기업, 그리고 마음가짐으로 자리를 잡아 가고 있다. 모든 고객들이 우리에게 보내 주고 있는 신뢰에 대해, 나는 무한한 고마움을 느낀다. 우리는 그들을 실망시키지 않기 위해 최선을 다할 것이다.

무엇보다 카인드에서 일하고 있는 훌륭한 직원들에게 감사를 전한다. 경영 팀 모두에서 오늘 아침에 들어온 직원들에 이르기까지, 나는 매일 그들로부터 배울 수 있다는 사실에 자랑스럽고, 감사하고, 그리고 축복을 느낀다. 〈친절한 일을 하라〉라는 슬로건 속에 담긴 의미는 우리가 공유하고 있는 약속을 향하여 계속해서 우리의 가치를 확장하게끔 할 것이다.

찾아보기

가정에 질문 던지기 16, 18, 46, 122, 152, 201, 202, 213, 215, 218

가족 생활 24, 61, 241, 335, 336

감사 165

개별적인 자금 관리 174

건강 후광 228

건설적인 비판 84, 306, 307, 338

게릴라 마케팅 212, 299

겸손 21, 51, 145, 146, 157, 180, 182, 183, 224~226, 266, 305, 327

경쟁 위협 18, 315

경제적 협력 40~43

공감 23, 24, 96, 140, 223, 253, 262, 289, 290, 291, 353

공개 매입 프로그램 343

공급과 수요 계획 335

공급 업체 23, 41, 197, 232

공정한 경쟁 233

과장 224

과장과 속임수 피하기 224

광고 186, 204, 210, 227, 281

그래놀라 51, 71, 134, 194~199, 299, 300~303, 346

그로브, 앤디 183

〈그리고〉 철학 14~20, 22, 26, 27, 32, 44, 61, 69, 102, 122, 152, 157, 158, 199, 201, 323, 333, 344, 349, 351

그리스 요구르트 227, 228

글루텐 149, 150, 195, 196, 198, 199, 302, 303

금융 23, 69, 153~158, 165, 174, 310, 331

기술 및 디지털 기업 115

기업의 사회적 책임 52

기존 가정에 대한 도전 16, 18, 46, 62, 122, 152, 173, 213, 215

꿈꾸기 27, 63
끈기 20, 28, 59, 67, 72, 76, 83, 87~89, 130,
    163, 178, 305, 322, 329, 353

남아프리카 30
내적 성찰 64, 85
넥타이의 기원 200
넷플릭스 109~111

다라우시, 모하마드 258, 259
다하우 강제 수용소 35, 266~269
단순함 21, 145~153, 220, 221, 223
대학살 14, 35, 267
데이터 분석 125, 242
독창성 22, 140, 185, 204, 217, 353
두 가지 목표 12, 19, 22, 26, 27, 32, 351

라벨 77, 78
라빈, 이츠하크 37
라우프, 이맘 페이잘 압둘 258
라이프 사이클 117
레이드 살충제 211
리더십 23, 183, 193, 201, 240, 242, 315,
    337
리투아니아 102, 145, 263~269

마술쇼 11, 90, 92, 101, 333
마이예 54

매장 생산성 126, 127
메디탈리아 107, 151
메밀 195, 197, 302
모순된 목표 18
모형 패키지 114
목적 19, 29
몽상 63, 64, 204, 208
무역 박람회 32, 76, 136, 316, 328
물류 130
미국 서부 자연식품 박람회 136, 212, 299
미투 제품 198, 199

바니스 54
바질 페스토 105, 119, 309
반복적인 매출 106, 115
반 질, 폴 54
발리 스파이스 120
밸런스 바 191, 192
버핏, 워런 53
보너스 93, 232
브랜드 승인 190, 192
브랜딩 22, 193, 234, 317, 348, 350
브레인스토밍 16, 17, 22, 35, 69, 150, 201~
    210, 261, 323, 351
브론프먼, 에드거 258
비서 238~240, 279
비코프, 다리우스 161, 162
비타민워터 161, 163
비판적 사고 22, 201, 208
빅 카인드 액트 212, 282~285

ㅅ

사무실 집기 170, 171

사해 화장품 12, 13, 38

상표 222, 233, 234

샘플 17, 113, 114, 127, 131, 137, 142, 169,
170, 177, 179, 182, 195, 196, 274, 286,
348

생산 16, 34, 35, 68, 131, 154, 220, 331,
332

성취 60~63

세계 경제 포럼 142, 261, 314

세이버리 바 346, 347

소비자 만족 110, 111

소비자 불만 196~198

슐츠, 하워드 315, 322, 339, 351

스리랑카 29, 30, 120

스타벅스 142, 143, 178, 179, 315, 322~
328, 338~341, 351, 352, 353

스톡옵션 25, 244, 247, 310, 334, 342, 343

스트롱 & 카인드 346, 349~351

슬래브 바 17, 69, 124, 148, 219

승진 236~238

시리얼 바 70, 71

시장 점유율 18, 123, 183, 211, 229

신뢰 24, 35, 51, 76, 106, 108, 114, 154,
155, 161, 182, 190~193, 221~230,
245, 251, 291, 299, 306, 308, 312, 317,
322, 334, 337

신생 기업 15, 73, 74, 122, 132, 152, 167,
186, 199, 215, 329

신용 기간 176

신제품 개발 22, 26, 45, 103~131, 188,
189, 190, 195, 215, 261, 300, 301, 305,
317, 347~352

실수 21, 23, 26, 44~46, 64, 74, 75, 84,
104, 105, 108, 118, 120~122, 146,
152, 167, 181, 214, 223, 229, 230, 231,
242~244, 287, 292, 307, 313, 316, 337

실적 58

실패 26, 45, 59, 64, 69, 85~89, 105, 121,
122, 132, 135, 146, 147, 157, 174, 195,
207, 209, 283~316, 323, 347, 354

ㅇ

아라파트, 야세르 37

아랍-이스라엘 관계 11, 30, 37, 58, 107,
204, 213, 310, 332

아마란스 195, 197, 302

아마존 217, 299

아메리쿠스, 돈 마르키토스(마르코스 메리
칸스키) 145

언론 보도 117

엉뚱함 210

에고 312~314

에너지 브랜드 161

열린 의사소통 219~223, 242, 243

예산 137, 329

오만 107, 147, 169, 312

오슬로 협정 37

오컴의 면도날 152

온라인 판매 215~217

와비 파커 226

외상 매출금 73, 137

우수 거래처 프로그램 119

운용 자금 174

원리주의 295

원보이스 257, 258, 259

위험 감수 135, 177, 221, 307

유통 79~82, 117, 126, 130~133, 177~
    179

유통기한 74

의심 85, 86

이직 235~237

인공 감미료 31, 32

인내 45, 72, 89, 151, 353

인도 54, 275

인도네시아 30, 120

인색함 167, 169, 170

인적 자원 26, 331

일과 삶 89, 146, 240, 335

제품 이름 150

조사 단계 86

주요한 재발명 215~217

주인 의식 25, 325, 329~337

주인 의식과 용기 331

지방 34, 149

진열대 공간 109, 199

진정성 23, 51, 53, 65, 149, 219~233, 272,
    303, 320, 321

집중 117, 120~126, 136~138

자기 비하 유머 183

자기 평가 20, 27

자산 실사 절차 154, 160

자신감 89, 99, 312~314

잘못된 타협에서 벗어나기 11, 15, 18

재고 관리 45, 119

재펜 카운슬러스 211

전도사 단계 85

전략적 투자자 155

전자 상거래 215~217

접근 가능성 181

정당성 51, 86, 131, 350

정신적 지름길 16

제품 설명 행사 119

창조적인 생각 16, 27, 170, 199, 203, 204,
    207, 212, 328, 333

책임감 25, 36, 141, 231, 236, 316, 334

초기 자본 167

충성도 107, 131, 223, 302, 328

친절함의 연결 고리 274~281

카인도스 프로그램 289

#카인드오섬 카드 279, 280~282, 288,
    345

카인드 교환 286, 345

카인드 너츠 앤드 스파이스 바 348

카인드 너트 딜라이트 바 186

카인드 다크 초콜릿 너츠 앤드 시 솔트
    바 188, 288

카인드 다크 초콜릿 체리 캐슈 바 222

카인드 로고 212

카인드 무브먼트 15, 19, 24, 214, 239, 251,
    272, 273, 285~288

카인드 세이버리 바 346, 347

카인드 솔티드 캐러멜 다크 초콜릿 너트 바 352

카인드 스트롱 & 카인드 351

카인드 아몬드 코코넛 캐슈 차이 352

카인드 어드밴티지 113, 216, 217

카인드 웹 사이트 216

카인드의 사명 50, 138

카인드 코즈 282, 285, 345

카인드 프루트 앤드 너트 바 33, 103, 126, 144, 185, 193, 348

카인드 홍보 대사 217, 272, 280, 290

카인드 화요일 282

카테고리 관리 125, 151, 302

커피 빈 앤드 티 리프 328

케냐 54

케네디, 존 F. 273

케이롤, 크리스티 54

코즈 마케팅 52

코카콜라 161

코코넛 워터 198, 199

코헨, 벤 206, 310

크라프트 푸드 191~193

클린턴, 빌 37

특별 식품 유통 매장 76~79, 117, 118, 127, 303

틀을 넘어서 사고하기 22, 26, 46, 185, 203

ㅍ

페레스, 시몬 314

페이스북 63, 115, 214

편집증 22, 183, 184

포드, 헨리 112

포장 디자인 114, 221, 319

포커스 그룹 111~113, 308

품질 105~116, 126, 196

풍부한 자원 138, 329

플라워 월 286

피드백 85, 115, 181~198, 338

피스윅스 14, 21, 30~54, 72~81, 90, 103~107, 117~120, 127, 136, 150, 175, 204, 208, 225, 256, 309, 310, 330, 336, 337

피스웨어 349

피츠 커피 앤드 티 328

필터 17, 207, 208

ㅌ

탄력성 330, 336

탄수화물 30, 149, 191

탐스 225, 226

투명성 23, 51, 219~230, 251, 329

투자 16, 17, 32, 59, 62, 72, 73, 81, 90, 97, 103~281, 330~346

ㅎ

혁신 22, 104, 122, 125, 126, 140, 143, 157, 184~199, 210~217, 314

현금 흐름 73, 137, 144, 167, 168

혈당 지수 33, 34

협력 39, 150

호주 32, 34, 72, 154, 219, 331, 332

회의주의 22, 85, 86, 209, 210

힐렐, 랍비 60, 269

옮긴이 **박세연** 고려대 철학과를 졸업하고 글로벌 IT 기업에서 마케터와 브랜드 매니저로 일했다. 현재 파주 출판 단지 번역가 모임인 〈번역인〉의 공동 대표를 맡고 있다. 옮긴 책으로는 『플루토크라트』, 『죽음이란 무엇인가』, 『똑똑한 사람들의 멍청한 선택』, 『디퍼런트』 등이 있다.

카인드 스토리 한 조각 스낵에 담은 비즈니스 철학

발행일 **2016년 10월 5일 초판 1쇄**

지은이 **대니얼 루베츠키**
옮긴이 **박세연**
발행인 **홍지웅 · 홍예빈**
발행처 **주식회사 열린책들**

경기도 파주시 문발로 253 파주출판도시
전화 031-955-4000 팩스 031-955-4004
www.openbooks.co.kr

이 도서의 국립중앙도서관 출판예정도서목록(CIP)은 서지정보유통지원시스템 홈페이지(http://seoji.nl.go.kr)와 국가자료공동목록시스템(http://www.nl.go.kr/kolisnet)에서 이용하실 수 있습니다.(CIP제어번호: CIP2016016221)